高等职业院校人力资源管理专业全国统编教材

# 人力资源服务实务

全国人力资源和社会保障职业教育教学指导委员会组织编写

主　编：杨　丽
副主编：朱雪君　曹　辉
主　审：朱莉莉

中国劳动社会保障出版社

**图书在版编目(CIP)数据**

人力资源服务实务/杨丽主编. -- 北京：中国劳动社会保障出版社，2021
高等职业院校人力资源管理专业全国统编教材
ISBN 978-7-5167-4906-7

Ⅰ.①人… Ⅱ.①杨… Ⅲ.①人力资源-服务业-中国-高等职业教育-教材
Ⅳ.①F249.23

中国版本图书馆 CIP 数据核字(2021)第 115203 号

**中国劳动社会保障出版社出版发行**
（北京市惠新东街 1 号 邮政编码：100029）
*
保定市中画美凯印刷有限公司印刷装订 新华书店经销
787 毫米×1092 毫米 16 开本 16.75 印张 299 千字
2021 年 12 月第 1 版 2025 年 7 月第 2 次印刷
**定价：35.00 元**

营销中心电话：400-606-6496
出版社网址：http://www.class.com.cn

# 高等职业院校人力资源管理专业<br>全国统编教材编委会

# 序

“高等职业院校人力资源管理专业全国统编教材”与读者见面了。这套教材是全国人力资源和社会保障职业教育教学指导委员会（以下简称人社行指委）组织编写的第一套针对高职院校人力资源管理专业的综合性教材，是人力资源管理专业学生的参考教材和学习资料。

**一、教材组织编写的背景**

习近平总书记指出“人才是实现民族振兴、赢得国际竞争主动的战略资源”，党的十九大报告明确提出“人才强国”战略，对新时代高等职业院校人力资源管理专业人才培养提出更高要求。

我国在高等职业院校开设人力资源管理专业 30 多年，该专业规模大、布点多。教育部公布的最新数据显示，全国开设人力资源管理专业的本专科院校共有 750 所，其中高职院校 288 所，平均每五个院校就有一所开设人力资源管理专业，毕业生规模为每年 1. 2 万~1. 4 万人。为满足迅速发展起来的人力资源管理专业教学需要，有关部门和高校组织编写了一系列教材，为这一专业的教学、人才培养、学科发展做出了贡献。但应该看到，由于我国人力资源事业发展变化较大、教材编写人员水平参差不齐等，人力资源管理专业教材建设从总体上讲还相当薄弱，存在体系不健全、内容陈旧、大量交叉重复等问题。这些问题不解决，不仅影响教学活动的顺利进行，而且影响这一专业的健康发展。

2015 年教育部印发了《普通高等学校高等职业学校（专科）专业目录》，为了更好地培养符合经济社会发展需求的高职人力资源管理专业人才，人社行指委受教育部委托，在对人力资源管理相关行业、企业、学校及毕业生展开广泛调研的基础上，组织全国相关院校优秀专家对人力资源管理专业教学标准进行了修订，并于 2019 年由教育部正式公布执行。

2019 年，人社行指委副主任委员单位北京劳动保障职业技术学院牵头组织的人力资源管理专业教学资源库已经正式列入国家职业教育资源库，并上线运行。人力资源管理专业教学资源库的建设和应用主要满足在校学生的学习需求、教师的教学及专业建设需求、社会学习者的自我学习及科普需求，建立在校学生学习资源中心、教师课程建设实践中心和社会学习者科普中心。在“互联网+”的应用模式下，建立与各学习中心相匹配的定制化学习路径，从而满足用户在PC端、平板端和手机端等各种工具的随时随地学习需求。

鉴于以上背景，基于对人力资源管理专业及这一专业人才培养高度负责的精神，人社行指委组织全国高等职业院校的优秀专家学者，编写了这套“高等职业院校人力资源管理专业全国统编教材”。

**二、教材组织编写的原则**

这套教材在编写伊始，即确定了五项编写原则：

1. 紧扣专业教学标准，突出职业教育特色。根据人力资源管理专业教学标准的培养目标及其对知识体系的要求，确立完整的课程体系和教材体系，充分满足该专业的学历教学和专业人员知识培训的需要。

2. 突出理论与实践相统一，强调实践性。适应项目学习、案例学习、模块化学习等不同学习方式和要求，注重以真实项目、典型任务、案例等为载体组织学习单元。

3. 立足现实，反映前沿，力求创新。在教材建设中，既反映已经成熟或公认的理论与学术思想，又能够反映具有代表性的人力资源领域的最新理论、最新技术和方法，在理论体系、结构框架、体例格式和写作风格上有自己的特色。

4. 立足高起点、权威性。为确保这一目标的实现，主编一般为教学经验丰富的一线人力资源管理专业教师，多位主编是人力资源管理专业国家级教学资源库的相应课程负责人，以确保教材能够满足适用性、权威性和先进性的要求。审稿人全部是人力资源管理领域的权威专家，由他们对大纲和成稿进行把关，以确保教材的理论性、系统性和科学性。

5. 线上线下，衔接开发。在教材开发上，与人力资源管理专业国家教学资源库配套开发，在课程设置、案例选用上充分发挥教学资源库的作用，使教师在使用教材的同时可以在教学资源库中找到相应的素材辅助教学，实现教材与教学库资源的配套使用。

**三、教材的体系设计**

本套教材的体系设计紧紧围绕人力资源管理专业教学标准的要求，请教学标准的执笔专家、审定专家进行解读，整理归纳出要开设的基础课和专业核心课，并与人力资源管理专业国家教学资源库相匹配。全套教材共13种，具体是《人力资源管理基础》《招聘与测评实务》《薪酬管理实务》《绩效管理实务》《培训管理实务》《劳动法理论与实务》《人力资源服务实务》《人力资源管理专业文书》《管理基础与实务》《员工关系管理实务》《组织行为管理实务》《劳动经济基础》《人力资源第三方服务实训》。

人力资源管理专业建设还处于逐步完善阶段，在人力资源事业发展过程中还会不断出现新情况、新问题。这套教材的编写也只能是反映人力资源事业发展的阶段性成果。希望广大人力资源管理专业教师和学生多提宝贵意见和建议，我们将在今后的修订改版过程中不断更新教材内容，提高教材水平，打造人力资源管理专业领域的精品教材，为人力资源管理专业学生能力和素质提升提供有力支持。

高等职业院校人力资源管理专业全国统编教材编委会

2021 年 1 月

# 前　言

党中央、国务院高度重视人力资源服务业发展，制定了一系列政策措施，加强统筹规划，加大改革力度，优化市场环境，推动人力资源服务业健康有序发展。目前中国已经初步形成了多层次、多元化的人力资源市场服务体系，人力资源服务内容也由最初的职业介绍、培训和流动人口档案管理等延伸至完整的人力资源服务产业链，包括政策咨询、求职招聘、劳动人事代理、就业指导、职业培训、创业指导、社会保障、劳务派遣、人才测评、人才搜寻、管理咨询和服务外包等多种业务。人力资源服务课程已经成为教育部人力资源管理专业教学标准中的核心课程，在这样的背景下，我们编写了本教材，本教材也是全国人力资源和社会保障职业教育教学指导委员会组织编写的高等职业院校人力资源管理专业全国统编教材之一。

本教材具有以下特点：

1. 体例新颖。本教材采用项目式教学单元构建内容体例，突破了传统章节体例，以项目为单位组织内容，以职业活动为导向，内容贴近企业的实际工作流程，着重培养学生的实践操作能力，使学生一出校门就能够胜任人力资源服务岗位的工作。

2. 内容丰富。本教材紧扣人力资源服务行业新变化，涵盖了人力资源服务行业的重要业态，对每一项业务的内涵、功能、发展及操作流程都进行了详细描述，并设计了习题，有助于学习者的自我检测。

3. 资料实用，案例丰富。本教材对每一个项目都设置了项目导入案例，有助于学生更直观地进入项目的学习。部分项目如外包服务在“知识准备”部分加入了著名人力资源服务机构的薪酬外包和员工关系外包的业务案例，加深了对操作流程的理解；同时，针对每一项任务要求，提供了任务完成常用的实际业务工具，供学习者借鉴，非常实用。

教材内容共分为 8 个项目，包括人力资源服务认知、人力资源招聘服务、高级人才寻访服务、人力资源培训服务、人力资源管理咨询服务、劳务派遣服务、人力资源外包服务、人力资源管理信息化服务。广东科学技术职业学院、珠海市蓝龙人力资源服务有限公司、江苏经贸职业技术学院、广东外语艺术职业学院、重庆青年职业技术学院、茂名职业技术学院参与了本教材编写研讨。广东科学技术职业学院人力资源专业主任杨丽教授担任主编，负责教材编写大纲的设计和最后的统稿定稿工作，项目一、项目二、项目三、项目七、项目八由杨丽编写，项目四由朱雪君编写，项目五由曹辉编写，项目六由陈珍珍、朱雪君编写。

本教材广泛吸取和参考了国内专家同行有关人力资源服务的学术研究和管理咨询成果，谨向相关著作、教材、文献、资料的作者表示衷心的感谢！尤其得到全国人力资源和社会保障职业教育教学指导委员会副主任委员、北京劳动保障职业学院李琦教授的指导和大力支持，在此一并致谢！由于编者水平有限，敬请读者批评指正！

编者

2021 年 11 月

# 目录

CONTENTS

# 目录

CONTENTS

# 项目一

# 人力资源服务认知

## 【项目导入】

### 一、主题案例

2016年，周某打工所在的工厂裁员，在老乡的介绍下，周某在斗米找到了共享单车运维员的工作。当时共享单车进入鼎盛时期，在给城市出行带来便利的同时，也创造了大量的工作岗位需求。周某通过斗米一对一培训，顺利通过面试，每天有序地进行车辆的摆放、调配等，收入相对不错，工作时间上也自由。

工作稳定后，周某将孩子安排到学校寄宿，想让媳妇一起来做单车运维。于是，周某的妻子张嫂也成了一名单车运维人员，和丈夫组成了夫妻档。平时工作中，两个人有说有笑，互相也能有个照应。由于共享单车运维的工作时间比较灵活，为了增加收入，周某在空闲之余还在斗米找了送外卖的兼职，而张嫂也顺利通过面试，通过斗米找到了超市收银员的兼职工作。如此一来，夫妻两人的收入除去房租和生活费，比周某在工厂打工挣的钱还多两倍。

随着共享单车退潮，2018年周某在斗米的招聘群里看到了生鲜配送员的招聘信息，由于其兼职做过外卖配送员的工作又会骑电动车，在斗米工作人员的帮助下，他顺利转型成了一名生鲜配送员，在家附近的3公里内为客户配送生鲜水果。平时不愁没单送，而且送得多还有额外的奖金。尤其赶上夏季单量猛增的时候，每月的收入也超过了一万元，而张嫂也在斗米的推荐下成了这家生鲜超市的水果理货员，与周某继续“夫唱妇随”。

如今，周某已经在老家建了新房，家里的老人和孩子都过上了稳定的生活，日子越过越红火。像周某一样从个人到其家庭都走上脱贫致富道路的例子，在斗米不在少数。斗米也希望能够充分发挥互联网的优势，用技术赋能，为贫困地区打通就业渠道，实现高质量充分就业。

案例中的斗米是一家灵活用工一站式服务平台，针对求职者，斗米致力于为中国蓝领与基层白领群体打造工作好、选择多、上手快的灵活就业服务平台，覆盖餐饮酒店、零售快消、互联网、物流快递、教育培训、话务客服等诸多第三产业（服务业）的兼职和全职类工作。

党的十九大报告强调，就业是最大的民生，要坚持就业优先战略和积极的就业政策，实现更高质量和更充分就业，而服务业则是吸纳就业最多的产业。一站式招聘服务平台斗米发挥互联网企业的优势和互联网的普惠效应，走出了一条“互联网+脱贫”的新模式。从案例中可以看出，该模式为基层求职者嫁接高效服务，助力脱贫，使求职者从个人到家庭走上脱贫道路，实现充分就业。

资料来源：企业时报网“2019 年中国人力资源服务业十大事件”。

## 二、学习目标

1. 了解人力资源服务的含义。
2. 了解人力资源服务的特征。
3. 掌握人力资源服务的内容。

# 任务一　人力资源服务概念和特征

## 一、知识准备

### （一）人力资源服务的概念

在科学技术进步和经济发展的进程中，人力资源的作用越来越明显，对一国经济增长的贡献也越来越大。而且，人们发现，人力资本水平的差异，会给不同国家的等量物质资本投入带来差别迥异的产出，这也促进了社会各界对人力资本投资和人力资源作用的认可。

人力资源的管理，应当是一种开发性的管理，应将人力资源挖掘出来，转化为巨大的生产力和社会发展的动力。近年来，有关人力资源管理理论的研究，综合了经济学、管理学、社会学、人口学及心理学等各学科的知识和研究方法，研究范围也拓展到以社会人力资源的开发与管理为宏观背景，来研究企业的人力资源管理。人力资源管理从最早的监督性或强制性管理发展到行为管理，再发展到开发性管理，是人力资源管理不断走向科学的一个过程，也是人力资源管理科学化水平不断提高的一个过程。

随着人力资源管理专业化程度的提高，管理的分工也更加明确，形成了企事业单位各自独具风格的人力资源管理模式。同时，为了迎接全球化、组织变化、知识工人短缺等新挑战，人力资源管理在不断创新中寻求变革，出现了专门以提供人力资源管理为核心业务的服务机构。为了应对企事业单位人力资源管理的新需求，人力资源服务行业利用信息化技术，实施网络化人力资源管理，建立起了更加有效的管理机制，不断推动人力资源服务向纵深发展。

综合上述人力资源服务产生的背景及当前国内外人力资源服务的实践，我们可以将人力资源服务概括为：相关企事业单位或用工组织将自身的人力资源管理和开发相关活动的部分或者全部交由第三方提供，由其通过专业化手段实施的外部化过程。从人力资源服务提供者的角度看，这表现为人力资源服务机构向客户企业和就业群体提供各项服务的过程。伴随着各项人力资源服务的发展，逐渐形成了一个包括招聘、猎头、测评、培训、劳务派遣等服务业态在内的相对独立的产业，即人力资源服务业。人力资源社会保障部、国家发展改革委、财政部发布的《关于加快发展人力资源服务业的意见》（人社部发〔2014〕104 号）将人力资源服务业定义为："为劳动者就业和职业发展，为用人单位管理和开发人力资源提供相关服务的专门行业。"

从实践意义上看，人力资源服务业的可持续发展关系到国家人才战略的实现，关系到相关产业结构的转型升级和效能提升，关系到广大就业群体的职业规划和发展，同时也关系到各阶层劳动关系及社会关系的和谐稳定。从运行体系上看，人力资源服务的实施过程包含若干实践主体、相互关联的服务业态和产品，反映市场需求及供应商战略的运营模式、技术标准和服务流程，以及相应的外部规制政策和法律依据。

### （二）人力资源服务的特征

结合产业经济发展的一般规律及其自身特征，人力资源服务业体现出产业依附性、地区不均衡性以及发展周期性的特征。相应地，人力资源服务企业的可持续发展需要遵循行业整体的客观发展规律，同时通过资源整合、模式创新及跨界竞争来克服发展过程中的潜在瓶颈。

#### 1. 产业依附性

产业依附性一般体现为人力资源服务企业与服务对象行业的产业链条、专业分工和组织流程间的适应性，以及与合作伙伴在资源整合、平台共享及渠道代理等方面的相互依附性。就前者而言，人力资源服务行业企业的组织架构、人员构成、专业能力、业务范围及服务标准，客观上要依赖于客户组织的内外部职能和业务发展需求。例如，在金融和通信服务行业，随着市场规模的不断扩大，以及产品结构的更加丰富，需要建立呼叫中心以满足相应的客户服务要求。对此，人力资源服务企业在整合一定规模客户需求基础上，可能通过有针对性的人员配置、专业化的岗前培训，以及现场管理等服务流程，为客户提供呼叫中心职能外包服务。就合作伙伴而言，人力资源服务企业作为市场中介组织，具有面向客户企业和广大就业群体的渠道功能。因此，O2O（online to offline，线上到线下）服务平台、金融、医疗、教育及文化体育等服务型产业，可能选择具备一定市场规模和品牌影响力的人力资源服务企业开展相关平台和项目合作。

#### 2. 地区不均衡性

人力资源服务业的地区不均衡性主要体现在该行业在经济较发达地区以及较不发达地区间的专业化和成熟度差异。一般而言，在产业聚集度高、人才汇集度高、经济基础雄厚以及政策环境良好的区域，人力资源服务发展得好；反之，如果该地区的第二和第三产业发展相对缓慢和滞后、人口城市化程度较低，且经济基础较为薄弱，则人力资源服务业就难以形成较大市场规模和产业集聚。例如，在北京、上海和深圳等一线城市，聚集了大量世界 500 强外资企业总部以及国有央企，并在京津冀、长三角和珠三角地区形成了一定规模的产业集群；相应地，也推动了包括中智、北京外企和上海外服在内的国有人力资源服务集团和一些外资人力资源服务提供商在该地区的落地和发展。

#### 3. 发展周期性

人力资源服务业的发展周期性主要取决于宏观经济的发展景气程度、相关行业企业的发展经营状况以及劳动力开发和供给的波动性。国外相关研究发现，从 20 世纪 70 年代开始，当宏观和产业经济处于上升周期时，相关产业组织可能需要补充一定规模的弹性用工，在此阶段非正式雇佣比例相对正式雇佣比例显著上升；然而，随着经济转向下降周期，用工组织可能逐渐减少临时用工的比例，从而减少用工成本并保护正式员工的就业安全。同样逻辑也可用于解释用工组织对外部人才的招聘需求增加，以及招聘计划缩减甚至冻结的变化趋势。

### （三）人力资源服务实践中的相关主体

人力资源服务实践过程中的相关主体可以从产业化服务视角进行分析，一般表现为服务提供方和服务需求方。与人力资源管理实践相比较，人力资源服务实践过程中的主体构成体现出市场化、多样化及网络化的特点，如图 1-1 所示。

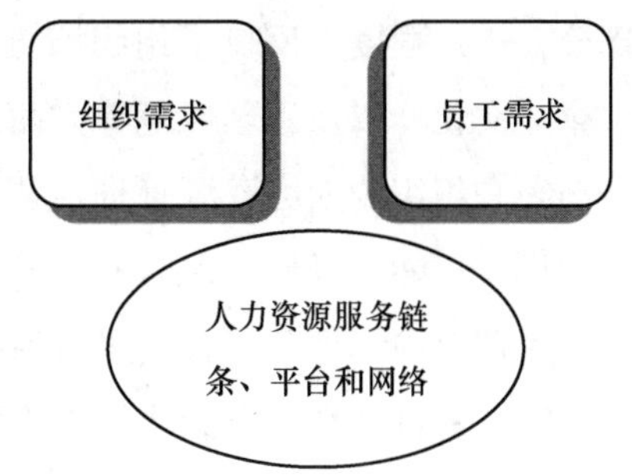


图 1-1 产业化服务视角下的人力资源服务主体关系示意图

在产业化服务视角下，服务提供方一般表现为以专业化人力资源服务企业为核心的功能性服务链条、平台或网络。人力资源服务企业能够结合市场及客户组织需求，以及自身的品牌和产品战略，开发和推广相应的服务项目，并辅助客户实施。常态化的服务项目包括基础性人事代理服务、招聘外包服务、培训及管理咨询服务，以及薪酬福利外包等方面服务。在服务项目开发和实施过程中，人力资源服务企业出于效率和有效性考虑，可能通过技术和管理手段提升服务流程的标准化、信息化和定制化；同时，通过整合相关的市场化服务资源，不断提升服务的规模经济性和范围经济性。例如，在弹性福利外包项目开发和实施过程中，人力资源服务企业可能会借助专业化的 O2O 服务平台、金融服务机构，以及第三方物流公司等主体，来共同实现针对跨行业和跨区域客户企业的福利产品设计、选型、交易和交付过程。

人力资源服务的需求方一般包括组织和个人两个方面。前者的服务需求主要体现为组织内部的人力资源管理和开发；后者的服务需求主要体现为组织内部的工作满意度和投入度，以及基于市场和专业的职业生涯规划和发展。通常情况下，组织及其内部员工的人力资源服务需求可能存在一致性和协同性。例如，弹性福利外包产品既可能为客户企业提供成本节约和员工关怀服务，又能够提升员工群体和个人的自我认知、服务体验和待遇满意度。

### （四）人力资源服务与人力资源管理的关系

我们可以从一个供需关系的角度来考察人力资源服务与人力资源管理的关系。从需求方的角度看，人力资源服务是人力资源管理外部化的过程，也是提升人力资源管理水平的一种手段。站在人力资源服务供给方的角度，人力资源服务的产品创新或项目开发，能够有效支持客户企业的人力资源管理变革、流程再造以及人才管理。因此，在资源开发和使用、制度建设和优化以及雇主品牌建设等方面，人力资源服务提供方与客户组织间可能形成战略性的合作关系。

#### 1. 需求视角下的人力资源服务和人力资源管理

从需求方角度看，对外部人力资源服务的选择和获取是其人力资源管理流程的组成部分，一定程度上反映了组织所处的市场竞争环境、人才战略和配置基础、发展目标、企业文化，以及管理规范等方面的情况。在实践过程中，来自供应商的人力资源服务与客户组织的人力资源管理流程间存在相应的互补性和替代性。客户出于成本和效率动机，可能选择代缴保险和公积金、委托档案管理，以及薪酬代发等人事代理服务，作为现有内部管理流程的补充和延伸；同时，当客户企业面临人力资源管理变革时，可能选择创新性和定制化的人力资源服务来实现流程再造或管理提升。

2. 供给视角下的人力资源服务和人力资源管理

从服务提供方看，如果要不断挖掘和满足客户组织的人力资源服务需求，并持续提升现有服务的规模和范围，客观上就要求其掌握并理解一般化的客户组织人力资源管理流程，同时实现与关键客户组织人力资源管理实践的战略契合。例如，集团化人力资源服务企业通常可以利用共享性人力资源服务平台，实现与众多客户企业在操作流程和数据管理方面的有效对接；某些管理咨询公司能够根据客户企业的变革性需求，利用其调研能力和专业顾问团队，为其定制系统性的薪酬及绩效管理方案，并提供相应的实施过程辅导。

## 二、任务要求

1. 准确描述概念

本任务要求学生能够准确描述人力资源服务的概念，并将其写出来。

2. 了解常用实际业务工具

本任务常用实际业务工具为人力资源服务概念地图，如图 1-2 所示。

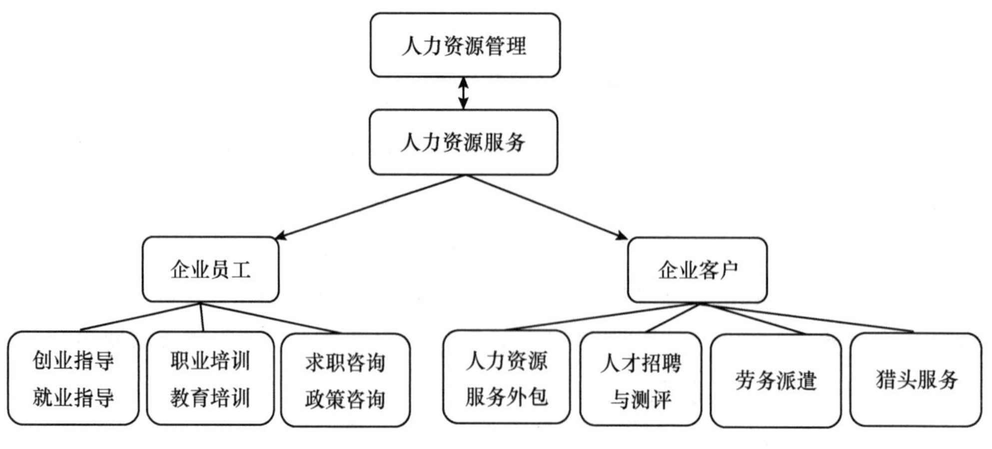


图 1-2　人力资源服务概念地图

## 三、任务评价指标和标准

"人力资源服务概念"任务评价指标和标准

| 指标及评价标准 | 得分 |
|---|---|
| 整体布局合理，核心主题居中，文字、线条、图表比例恰当（20 分） | |
| 中心主题明确，主题文字突出（10 分） | |
| 文字书写工整简洁（10 分） | |
| 目标明确，要素完整（10 分） | |
| 层级科学，逻辑合理，分类标准统一（30 分） | |
| 关键词提取精准、合理（10 分） | |
| 内容充实，体现概念的内容（10 分） | |

# 任务二　人力资源服务内容

## 一、知识准备

### （一）招聘服务

人才越来越被现代企业所重视，招聘服务已成为人力资源服务中不可或缺的部分。招聘服务的形式，因市场环境的变化以及企业发展的客观要求，从传统的粗放式服务模式逐渐衍生出定制化的、定位精准的、更加专业的服务模式。

#### 1. 招聘服务的含义

招聘服务对应于企业内部的招聘流程，是指招聘服务机构根据用人单位的人力资源规划和工作岗位要求，通过挖掘组织外部人才资源信息渠道和人才选拔操作，为用人单位提供经筛选后符合岗位要求的专门人才的服务形式。

常见的招聘服务内容包括猎头服务、中高端人才寻访及推荐服务、批量招聘外包服务、校园招聘外包服务、招聘渠道服务，以及招聘流程外包服务等。结合用人单位的人力资源规划和人力资源管理流程，用人单位可以针对不同层级、岗位，以及所在区域，在特定阶段内选择相关的招聘服务项目，以补充用人单位自身的招聘渠道、候选人资源、招聘团队，以及专业化的搜寻和甄选能力。

### 2. 招聘服务的作用

招聘服务的发展，源于社会经济的发展、产业结构的调整，以及企事业单位和各类社会组织对人才的多样化需求。随着用人单位对招聘服务要求的不断提高，招聘服务的作用也在不断提升。

（1）拓展组织外部招聘渠道

用人组织的招聘管理一般通过内部招聘和外部招聘来实现，结合组织内部人才储备和开发程度，以及用人需求的紧迫性、重要性和搜寻难度，用人组织可能通过市场化的招聘服务，以购买服务的方式选择特定的信息发布平台、招聘服务供应商以及相关职业社交网络，来增加现有的外部人才搜寻渠道，从而提升其人才搜寻效率，以及挖掘关键人才的有效性。实际操作中，用人组织经常选择多元互补的招聘渠道服务，从而最大限度地提升组织的招聘管理效能。

一般的招聘渠道可以划分为线上渠道和线下渠道两个方面。前者通常依赖于发布式和交互式互联网平台，以及微信等移动通信手段，典型的供应商包括猎聘网、领英、智联招聘以及58同城等。后者通常依赖于供应商在相关专业领域、职业分类，以及市场区域内的人脉渠道，更加适用于猎头及中高端人才寻访和推荐，典型的供应商包括科锐国际、万宝盛华、北京外企和德科等专业化招聘外包服务供应商，以及综合性人力资源服务解决方案提供商。

（2）优化用人组织招聘管理流程

常态化的组织内部招聘管理流程一般包括需求分析、信息发布、人员搜寻、面试甄选、背景调查，以及录用上岗等环节。结合岗位需求的差异，具体的企业内部招聘流程在招聘周期、搜寻方式、面试流程，以及录用标准等方面会有所不同，因此在批量招聘和关键岗位招聘过程中，特定的工作流程可能面临不同的产出效能。实际操作中，用人组织可以将部分招聘流程外包，从而改善招聘流程的效率性和专业性。典型的招聘流程外包项目可能包括其中某一项流程，或者是多项流程的系统外包。例如，科锐国际通过派驻招聘顾问的形式，与客户组织的具体用人需求对接，利用其多元化和相匹配的搜寻渠道，为客户提供全流程的招聘外包服务，并通过人员到岗率、招聘及时率，以及人员保留率等指标，来评价其流程外包服务的质量。

（3）提升用人组织雇主品牌形象

用人组织的雇主品牌关系到其对在岗人员的挽留，以及对外部求职者的吸引力程度，其可能在外部招聘过程中通过招聘服务提供商扩大在特定求职群体和就业市场中的影响力，提升品牌形象。例如，智联招聘、58 同城以及领英等招聘平台服务提供商，能够为雇主提供定制化的招聘广告发布服务，从而提升其在校园招聘、中高端岗位人才搜寻以及海外人才招聘等方面的候选人接入性，利用多媒体途径打造并宣传其雇主品牌。同时，智联招聘还通过线下服务形式，在指定高校范围内为雇主客户定制开发并执行校园宣讲活动，从而提升其在大学生就业群体中的雇主品牌认知。

(4) 提升用人组织人力资源配置和开发效能

用人组织在外部招聘过程中可能面临来自批量招聘的压力，以及针对关键岗位人才的搜寻难度。实际操作中，用人组织通常会依靠招聘服务提供商来提升其人才配置弹性，满足其在可持续发展进程中对关键技术、管理和业务人才的开发和储备需求。例如，德科等综合性人力资源服务提供商能够通过 1~2 天的快速搜寻和推荐，以岗位外包等形式满足客户企业对短期用工岗位的人员配置需求；生物医药等行业企业在发展过程中，可能通过专业猎头公司来满足其对产品和技术研发职能的人力资源开发需求。

### (二) 高级人才寻访服务

#### 1. 高级人才寻访的起源

高级人才寻访是“猎头”的正式称谓（下文有时简称猎头），是指为客户提供咨询、搜寻、甄选、评估、推荐并协助录用高级人才的系列服务活动。

关于猎头的起源，最通俗的说法是：在古老的原始部落时代，有一个食人部落，每当战争结束，人们就会把敌人的头颅割下来，作为战利品带回部落，悬挂于部落内，既炫耀了自身实力，也可有效地威吓来犯敌人，后人将这种行为称为“猎头”。

尽管猎头一词在历史的发展中带有几分原始的野蛮、神秘、恐怖气息，但在近代社会，猎头完全被赋予了崭新的含义，打上了新时代的烙印，并具有鲜明的时代特色。第二次世界大战后，美国最早将猎头用于特指人才搜寻。当时美国作为主要的战胜国之一，不仅大量搜罗战败国的机器、武器等“硬件”，更不遗余力地搜罗战败国的先进技术等“软件”，尤其是那些掌握了先进技术的精英人才。这样的一个过程被称为“headhunting”，即“猎头”。头脑是智慧、知识之所在，网罗人才就是为了获取他们头脑中的知识，获取最新、最前沿的技术信息。

第二次世界大战后的美国迅速崛起，部分归功于从战败国“猎取”了大量高素质人才，他们为美国科技发展做出了巨大贡献，并带来了大量财富。现代社会的人才竞争日益激烈，精明的商人们抓住企业对高级人才需求的重大商机，把为企业选用高级人才转变为彻底的商业行为，从中获取利润。随着经济的快速发展，猎头服务也得到前所未有的增长。目前，猎头服务已经发展为一个行业，成为现代经济社会的一个重要组成部分。

2. 高级人才寻访服务的发展

全球最早的高级人才寻访机构是1926年在美国诞生的迪克·迪兰人才搜索公司。目前全球最大的高级人才寻访公司是美国的光辉国际有限公司，成立于1969年，总部位于美国的洛杉矶。2009年，光辉国际被《福布斯》评为高管搜寻行业CEO搜寻有效率第一名。高级人才寻访服务公司以成熟的人才渠道、专业化的运营流程，承担了企业招募“将才”中最困难的环节，已成为发达国家不可缺少的专业服务机构。我国高级人才寻访服务是在20世纪90年代伴随外资企业的进入而开始发展的。随着市场经济的发展，高级人才寻访服务机构迅速增长，队伍日益扩大。总体来说，高级人才寻访服务行业呈现了以下几个特点。

（1）市场稳步发展，潜力巨大

国家推进“供给侧改革”、推进“一带一路”建设、实施创新驱动战略，各地广泛开展招才引智工作，以及企业转型升级和推进国际化进程等，进一步激发了对人才尤其是高级人才寻访服务的需求。2017年中高级人才寻访服务市场调研显示，56%参与调研的企业计划提高未来一年中高级人才招聘服务费用预算。参与调研的寻访服务机构成立时间分布显示，约1/3的寻访服务机构成立时间不到2年，60%的寻访服务机构成立时间在4年以内，成立时间满10年的寻访服务机构仅占11%，反映出高级人才寻访服务发展迅速。

（2）市场化程度高，寻访服务机构规模小

目前高级人才寻访服务领域是竞争激烈的红海市场，面临进入门槛较低、人才渠道和人力储备资源维系成本较高、替代性招聘渠道的威胁较大等挑战，属于高度竞争的行业与市场。2017年中高级人才寻访服务市场调研显示，参与调研的寻访服务机构中93%为民营企业，这说明了中国高级人才寻访服务市场化程度较高。而寻访服务机构中30人以下的寻访服务机构占81%，有69%的寻访服务机构营业收入在300万元以内，说明了寻访服务机构规模较小。

（3）顾问的能力是寻访服务机构核心竞争力

高级人才寻访的服务方式和服务流程决定了高级人才寻访服务顾问（以下简称顾问）对服务质量起到关键作用，顾问的能力是寻访服务机构的核心竞争力。近年来寻访周期的缩短、服务流程的改变及新技术的运用，一定程度上弱化了寻访服务机构对单一顾问的依赖程度，但并未动摇顾问能力决定服务质量这一根基。2017 年中高级人才寻访服务市场调研显示，顾问人均年产值主要在 10 万～20 万元、20 万～30 万元、30 万～50 万元，分别占 28%、33%和 24%。同时，我国寻访服务机构服务的高端性特征正在显现，很多机构 50%以上服务职位的年薪已经达到 50 万元及以上，在 2017 年中高级人才寻访服务市场调研中，这些机构已经占全部被调研机构总数的 37.5%。而在 2013 年的市场调研中，这些机构的占比为 31.78%。

（4）寻访机构服务地域及行业与经济热度关系密切

经济发展催生高级人才寻访服务需求。我国中高级人才寻访服务业务主要集中于一线城市、省会城市和环渤海、长三角、珠三角三大经济带。2017 年中高级人才寻访服务市场调研显示，中高级人才寻访服务企业总部位于华东地区的占比最高，达到 38%。此次调研的寻访服务机构中，只有 34%的寻访服务机构业务覆盖二三线城市。寻访服务机构顾问人均年产值也存在地区差异，华东区略高，西南区略低，此结果与区域经济发展有紧密关系。

### 3. 高级人才寻访服务标准

（1）高级人才寻访服务规范

为进一步规范我国高级人才寻访服务的开展，2019 年 12 月 31 日国家市场监督管理总局和国家标准化管理委员会发布了《高级人才寻访服务规范》国家标准，于 2020 年 1 月 1 日起正式实施。

（2）高级人才寻访职业道德准则

2012 年 6 月 17 日，中国人才交流协会高级人才寻访专业委员会正式成立。2013 年 10 月，中国人才交流协会高级人才寻访专业委员会发布了《高级人才寻访职业道德准则》。

（3）高级人才寻访服务收费规则

高级人才寻访服务费一般按照所聘用人才年薪 20%～30%的标准来收取。其比较常见的有两种支付模式。第一种是预付费模式。预付费模式是指在项目前、项目中和项目后（候选人入职）各收取 1/3 左右的费用。预付费模式通常伴随着客户的独家委托，当职位级别高、候选人库存量小或者客户希望低调招聘时采用较多。采用预付费支付模式的高级人才寻访机构通常在业内具有良好的行业声誉，并且拥有业绩卓越的猎头顾问，这些顾问会在与目标候选人接触的过程中，给候选人带来专业、舒适的体验，有助于提高雇主在行业中的口碑。同时由于这种收费模式能够有效尊重高级人才寻访机构的服务价值，机构会从维护品牌形象的角度，更客观地评估候选人。第二种是按结果付费模式，即在项目成功后才收取费用。大部分高级人才寻访机构都采用这种模式。如果招聘方对招聘活动并无太多顾虑或者希望接触到更多的候选人时，多采用这种方式。多数情况下，招聘方会同时委托多家机构进行招聘，对成功推荐候选人的机构付费。

4. 高级人才寻访行业展望

（1）“互联网+”将改变高级人才寻访行业格局

2015 年 3 月 5 日，李克强总理在政府工作报告中首次提出“互联网+”行动计划。将“互联网+”首次纳入国家经济的顶层设计，对于整个互联网行业以及整个中国的传统行业的创新发展意义重大。互联网在过去成就了很多成功的案例，如“互联网+通信”成就了 QQ 和微信等即时通信产品，“互联网+零售”成就了淘宝这样的电子商务企业。互联网具有打破信息不对称、降低交易成本、促进专业化分工和提升劳动生产率的特点，为经济转型升级提供了重要机遇。可以预测，随着移动互联网、云计算、大数据、物联网等互联网与高级人才寻访服务的深度融合，必然会改变高级人才寻访行业的分布格局。例如，互联网时代大数据资源的积累、社交媒体的兴起、移动互联网的快速发展等，使得信息资源在互联网上更加开放，猎头获取资源的方式已经不再局限于打陌生电话（cold call），而且借助互联网资源获取信息更加省时、省力和省钱。又如，高级人才寻访服务机构通过互联网可重新构建与客户及人才的关系，通过互联网将自己的业务模式与外界打通，通过平台的整合扩大资源获取渠道，形成规模化资源优势，降低信息不对称形成的壁垒。再如，社交媒体的开放性，让每个人在社交活动中均有自然的展示，他们的聊天话题、聊天内容、聊天时间、聊天对象等内容均有真实的展示，通过对这些信息进行标准化提炼和大数据分析，就能很好地了解一个人的性格、兴趣、能力、价值观等，这将有利于精准识别候选人，特别是对于一个组织发展的关键候选人的识别意义更为重大。

（2）高级人才寻访行业将出现新的整合

目前，我国高级人才寻访服务行业竞争非常激烈，尚未有垄断性的品牌出现。随着经济的全球化以及我国经济的快速发展，我国高级人才寻访行业的空间将会越来越大，行业的成长速度越来越快，预计在不远的将来，我国高级人才寻访行业将会出现并购浪潮，大浪淘沙之后将会诞生一些规模较大、知名度高、资金实力雄厚、信息化程度高、专业性强的大型高级人才寻访服务机构，有的机构未来可能还会去资本市场公开募股，并走上全球化扩张的道路。并购发生可能主要呈现以下三种形式：一是品牌知名度较好的高级人才寻访机构收购小型的、区域性的、专业性的机构；二是国际机构收购在国内运作比较成熟的高级人才寻访机构，直接进入中国市场；三是国际或国内知名大企业成立属于自己的猎头部门，为自己公司专门去猎聘各种人才。

（3）高级人才寻访业务的专业化趋势将更加突出

随着移动互联网的日益普及，信息的可得性大大提高，以前很难找到的人才信息，现在通过互联网似乎得来很容易，导致高级人才寻访的难度下降。其主要原因是少部分高级人才开始通过互联网上传简历，这直接给了企业 HR 机会；此外，部分中低端猎头职位也可以由网络招聘完成；而且越来越多的大企业有了自己的招聘团队，如有些公司设立高级招聘经理岗位，这些人的操作手法和猎头操作模式类似。尽管互联网使信息对称变得简单，找到一个人也变得更容易，但互联网解决不了高级人才寻访服务过程中的一对一专业咨询服务，而且大量的高端人才、专业人才，对于在互联网上公开简历信息也非常谨慎，他们的简历信息通过互联网很难直接找到。因此，很多通过互联网能够解决的人才寻访问题，HR 一般自己就能解决了，剩下不能解决的往往是难啃的骨头，要么很高端，难以获得信息；要么很稀缺，挖人的难度较大，如让猎头去定向挖某候选人等，这些职位的设立对企业往往非常重要，人选的适合与否有时甚至事关企业的成败。他们在选择高级人才寻访服务机构时也非常谨慎，对机构的专业化水平将提出更高要求，仅仅擅长搜索是远远不够的，还需要有丰富的行业经验，擅长谈判以及有说服候选人的能力。

（4）高级人才寻访服务模式将更加多元

高级人才寻访服务作为一种高端的人才招聘模式，在企业招聘高端人才时发挥着越来越重要的作用，但多年来行业的创新性不足，发展水平滞后于企业需求。随着社交化网络媒体和移动互联网的兴起，越来越多的创业者开始涉足这一行业，新的理念和新的技术开始引入，创新能力也被大大激发，创新者们开始摆脱传统操作手法，尝试一些高端人才寻访服务新模式。当前的主流服务模式仍是以服务客户为导向的模式，即 KA（key account，关键客户）模式，高级人才寻访机构力求成为企业的最佳供应商，而企业则委托多家高级人才寻访机构，并从众多机构推荐的候选人当中选择最适合的。但随着企业对高级人才寻访服务专业性和效率的要求越来越高，主动专注的模式，即 PS（proactive specialization，主动专注）模式开始得到越来越多行业人士的认同，使得越来越多的咨询服务机构相继建立多维矩阵结构，即专注服务行业与职能领域相结合，进而专注在 FILL（职能——function、行业——industry、地域——location、级别——level）领域，形成一个纵横交错的多维度矩阵架构。此外，随着人才在组织中地位的逐步提升，人才作为组织发展最重要的资源地位得以确立。高级人才寻访服务的模式出现了大的创新，开始由以企业为驱动逐渐转为以候选人为驱动。优质候选人模式，即 MPC（most placeable candidate）模式成为当下较为热门的猎头服务模式创新。这就要求猎头顾问必须有一个成熟完善的人才数据库，在专注的基础上，尽可能发挥候选人的最大价值。甚至有高级人才寻访服务机构将候选人同时推荐给多家客户，最终多方面综合选择。该模式进一步衍生为 C2C（candidate to clients），即以候选人为导向，针对候选人所期望的目标企业，猎头主动推荐。综合来看，当前高级人才寻访服务创新性越来越强，服务模式也越来越多元。

（5）高级人才寻访机构整体创新求变意识将大大增强

互联网的快速发展，改变了高级人才寻访服务的行业生态，一些低层次、低附加值、低效率的高级人才寻访业务必将被网络所取代，一些优质高级人才寻访服务机构的部分业务也将受到冲击，迫使这些机构加强创新，自我革命，提高运营水平。一是机构将更加重视与猎头顾问的平等合作。猎头顾问在高级人才寻访业务中对猎头资源的控制力强，极易引起高级人才寻访机构的裂变，而裂变对于机构的损伤是巨大的。目前，不少大的机构为了防止裂变，采取合伙人制的方法，让优秀的猎头顾问参与机构的收益分配，取得了较好的效果。二是业务多元化。越来越多的经营者们发现，高级人才寻访业务做大是一件很难的事情。很多机构开始借鉴国外的先进做法，尝试多元化的经营，也就是除了传统猎头业务外，还经营人事外包、劳务外包、管理咨询等业务，只要盘子做得足够大，就可以带来巨量现金流。三是布局国际化。随着在全球经济地位的提升，中国将会有越来越多的企业走向海外，而全球也将有更多的人才到中国来寻找发展机会。届时，先入为主的高级人才寻访机构在国际化人才资源储备、客户服务水平上都将有很大的优势。

### （三）培训服务

#### 1. 培训服务的概念

目前，培训服务已经成为我国人力资源服务业的重要组成部分。虽然政策研究者、理论界或业界对此并没有统一而权威的界定，但培训服务在国家政策的推动和日益扩张的市场需求下已有了长足的发展。

培训服务是指为客户提供与人力资源管理和开发相关的培训活动，通过改变知识、技能和态度以满足客户需求的过程。

需要指出的是，这里的客户既包括个体，也包括各类组织。政府、企事业单位和各类社会团体都可能成为培训服务的客户。

另外，还需要明确的是，广义的培训服务应涵盖对整个人口的人力资源培训开发，狭义的培训服务特指面向法定劳动年龄人口的培训服务。本书的培训服务则介于广义和狭义之间，是对已进入法定劳动年龄同时又不以退休年龄为限的培训服务。这一概念和《成人教育培训服务术语》国家标准中对成人教育培训服务界定的范围稍有差异。《成人教育培训服务术语》中的“成人”强调的是达到法定成年标准的人，是以 18 周岁为下限。我们这里讲的培训服务对象则以劳动年龄为下限，即 16 周岁。同时，培训服务对象的年龄上限不以法定退休年龄为限。那些已经过了法定退休年龄的人，如果他们的智力、体力、精力情况允许，依然可以成为社会上宝贵的人力资源，面向这部分人的培训服务也属于我们讲的培训服务。

#### 2. 培训服务的功能

如图 1–3 所示，培训服务的功能可以从三个层面来分析，一是对个体的功能，二是对组织的功能，三是对国家和社会的功能。

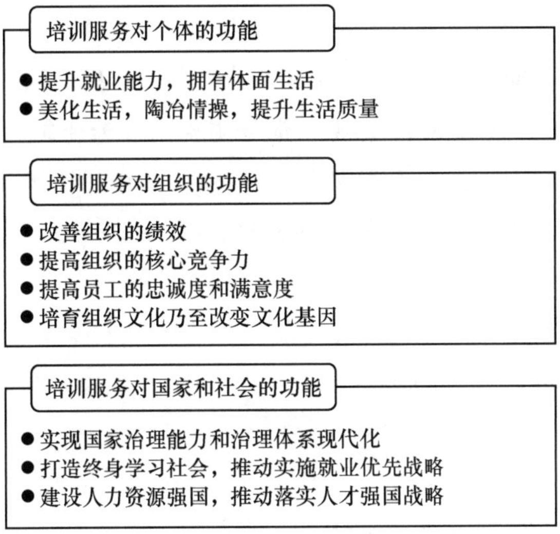

**培训服务对个体的功能**

- 提升就业能力，拥有体面生活
- 美化生活，陶冶情操，提升生活质量

**培训服务对组织的功能**

- 改善组织的绩效
- 提高组织的核心竞争力
- 提高员工的忠诚度和满意度
- 培育组织文化乃至改变文化基因

**培训服务对国家和社会的功能**

- 实现国家治理能力和治理体系现代化
- 打造终身学习社会，推动实施就业优先战略
- 建设人力资源强国，推动落实人才强国战略

图 1–3　培训服务的功能

#### 3. 培训服务的特点

（1）培训服务市场需求旺盛，发展潜力大

随着全球化程度的进一步加深，在经济新常态的背景下，进一步强化了中国对人才结构素质转型提升的要求。在人才强国战略和建设学习型组织的时代背景下，我国培训服务的市场前景广阔。国内的培训服务机构开始崛起，国外一流的培训机构也逐步加大对中国市场的扩张。在我国对人力资源服务业实行准入制度，对外资机构、港澳台有关机构进入大陆实行政策性限制的前提下，国外或港澳台地区的培训机构将加

大、加强与大陆有影响力的服务机构的合作力度。

国外或港澳台地区的培训服务机构带给大陆培训服务市场的挑战和冲击将是全方位的，不但会提升整个行业的专业水准，加强培训服务从业人员的流动，而且也将带来文化方面的碰撞。只有将培训服务扎根于中国的土地，才能真正获得大陆市场的认可，促进我国培训服务市场的发展壮大。

（2）专业化、个性化的培训服务需求日趋增长

近十年间，我国的培训服务市场有了突飞猛进的发展。培训服务的产品需求越来越多元，参训组织与学员的要求也越来越高。传统以面授为主的培训产品已经逐渐显现出局限性。培训服务购买方对培训产品质量的要求促使培训服务供应者不断提升产品的专业化水平。在强大的市场需求驱动下，培训服务市场将自发地转型，逐步趋向专业化道路，这其中不乏高端的、量身定做的培训服务产品。与我国经济结构的调整同步，人力资源服务业中的培训服务正从“粗放型”向“集约型”转变，将有限的培训资源用于最急需的培训项目上，将是立足于培训服务市场的最佳选择。不管是面向个人的技能培训，还是面向各类组织的员工培训，包括政府财政基金支持的各种项目，都开始高度重视培训的效果问题。例如，很多组织已经关注到员工年龄结构的变迁，对于年轻一代员工的培训将更重视受训学员的体验，关注他们的自我实现。凸显尊重和自由等价值成为很多培训服务产品的重要特点。对于公共财政购买的培训服务而言，为了提高公共财政资金利用的有效性，各级政府对培训服务产品的针对性要求更高。只有真正把培训需求调查分析工作做好、做扎实，深刻地洞察和把握培训需求方的需求，才能真正赢得口碑，树立品牌。

（3）培训服务市场分散，未形成品牌效应

总体上看，我国的培训服务市场集中度不高，品牌效应低。改革开放 40 多年来，在面向个体的技能提升培训方面，我国的培训服务市场上逐渐孕育出一批职业培训品牌，但是各类组织，尤其是企业组织的高端培训服务一般还是由国际一流培训机构提供。自 20 世纪八九十年代以来，国际一流的人力资源服务供应商开始进入中国市场，中国政府或企事业单位成为国际培训服务产品的购买者。相比而言，我国本土的培训服务品牌从党的十四届三中全会以后开始起步，进入 21 世纪后步入发展的快车道。但是，国内培训服务品牌依然满足不了培训服务市场对高端培训服务的需求，国内能进入世界一流梯队的培训服务机构还太少。也正因为如此，我国政府从国家产业布局上提出各种优惠政策，以推进中国人力资源服务产业品牌的建设。不少地方，培训服务产业成为地方政府着力发展的人力资源服务业业态。

## （四）人力资源管理咨询服务

### 1. 人力资源管理咨询概述

顾名思义，人力资源管理咨询是与“人力资源管理”以及“管理咨询”这两个关键词联系在一起的。从范畴上来讲，人力资源管理咨询是人力资源管理的组成部分，是管理咨询中的一项具体业务。

管理咨询是由独立的外部管理顾问或公司为帮助企业经营管理者解决其经营管理问题、提升其经营管理能力而进行的，诊断问题、提出解决方案、指导方案实施等一系列的智力活动。在全球经济一体化下的市场经济中，企业面临的国际和国内经济社会环境急剧多变，顾客需求越来越个性化，产品竞争越来越加剧，人才竞争也逐步白热化，企业生存和发展的难度越来越大。在此情况下，企业要获取持续的竞争优势，往往难以依靠自身力量获取某些资源或者占领某些先机，因此有效地整合其外部竞争商业模式以及内部管理体系成为一种必然。而这种整合往往难以单独依靠内部人员来完成，这时往往通过管理咨询活动寻求外部专家为企业提供支持，来提升企业的经营管理竞争力。

管理咨询对于我国而言，既不是新生事物，也是新生事物。就管理咨询本质而言，它是外部顾问为组织管理者进行谋划的活动。因此从这个意义上说，我国历史上不乏管理咨询活动。例如，孙膑为田忌赛马提出的“赛马规则”、苏秦游说六国提出的“合纵抗秦”，以及《隆中对》中诸葛亮为刘备提出的“联吴抗曹，三分天下”战略等，都是我国古代咨询的经典案例。当然，就现代意义上的管理咨询而言，它对于我国又是新生事物。改革开放以后尤其是进入20世纪90年代，在外资咨询公司的影响和带动下，我国本土管理咨询业才开始发展起来。

人力资源是一种活资源，是企业生存和发展的主体。随着产业的逐步升级以及企业竞争越来越激烈，人力资源将成为企业取胜的关键因素。企业因自身的各种条件限制，要想建立先进的人力资源管理系统就必须从外部寻求专业化的帮助，因此对人力资源管理咨询的需求也逐步增大。人力资源管理咨询是针对人力资源管理的一项管理咨询活动，是人力资源管理顾问或者顾问团队帮助企业发现和解决人力资源管理方面问题并提升人力资源管理水平及其有效性的过程。有效的人力资源管理咨询将促使企业正确、有效地开发人力资源，合理、科学地管理人力资源，为企业发展创造持续的竞争力。人力资源管理咨询的业务范围主要包括人力资源规划、工作分析、员工招聘、绩效考评、薪酬体系制定、员工培训和职业生涯规划等方面。

近年来，我国人力资源管理咨询业务发展迅速。在现有的人力资源咨询市场中，其业务提供主体可以分为有外资背景的咨询公司及本地人力资源管理咨询公司。有外资背景的咨询公司在我国发展迅猛，分支机构也越来越多，比较著名的有韬睿惠悦咨询公司、美世咨询公司、合意咨询公司、怡安翰威特咨询公司等。这些公司目前主要以跨国公司、国有企业等为主要客户对象。本土人力资源管理咨询公司目前也发展迅猛，经营较为成功的有北大纵横、正略钧策、华夏基石等。

另外，除给企业提供人力资源管理咨询服务之外，近年来机关事业单位也开始邀请专业机构提供政府绩效考评、事业单位绩效工资制度改革等人事管理咨询服务。目前，这类专业机构中最具实力和影响力的是人力资源社会保障部直属的中国人事科学研究院。

#### 2. 人力资源管理咨询的作用

现阶段，在我国关于人力资源管理咨询是否真的有价值的争论还很热烈。为此，我们有必要在此先探讨一下人力资源管理咨询的价值和作用。

（1）人力资源管理咨询能够为企业管理者更新管理理念

企业的经营管理，尤其是对人的管理，与管理者的管理理念有高度的相关性。纵观我国企业，不少经营管理者都被企业经营管理的压力奴役和驱使，整天都忙于日常事务或充当救火队员处理紧急问题，视野相对比较狭窄，获取和更新管理理念的渠道非常有限。而人力资源管理咨询活动，对于企业管理者更新管理理念很有效：一是对企业管理者实施人力资源管理咨询项目的影响过程，是对各级管理者尤其是高层管理者的管理理念更新的过程；二是人力资源管理咨询活动的诊断、内容设计以及实施环节，都有助于企业管理者更新管理理念；三是人力资源管理咨询过程的各种讨论活动，能够很好地实现对各级管理者的管理理念更新。

（2）人力资源管理咨询能够为企业提供人力资源管理决策支持

一般企业尤其是大企业或者高速成长的企业往往都面临着许多人力资源管理问题，需要进行决策，如组织模式决策、人事任免决策、绩效考评决策、薪酬决策等。人力资源管理咨询能够在企业进行人力资源管理决策时提供有力的支持：一是人力资源管理咨询可以帮助企业降低人力资源管理决策风险；二是人力资源管理咨询可以帮助企业提升人力资源管理决策的系统性和科学性；三是人力资源管理咨询可以帮助企业更好地统一中高层思想，推动人力资源管理决策的实施。

（3）人力资源管理咨询能够为企业解决存在的各种人力资源管理问题

人力资源管理咨询机构就像企业的医生，能够更好地为企业解决各种人力资源管理问题：一是人力资源管理咨询顾问走过的企业较多、见识较广，且具有较强的理论功底，掌握了各种管理诊断工具，能够更好地发现企业存在的问题以及未来可能出现的问题；二是人力资源管理咨询顾问具有为多家其他企业解决管理问题的经验，具有系统化的管理方法，能够更好地为企业提出解决问题的办法和方案；三是人力资源管理方案往往涉及个人利益，人力资源管理咨询顾问作为独立的第三方，没有利益纠葛，更加有利于人力资源管理解决方案的推行和实施。

（4）人力资源管理咨询有利于提升企业管理者的人力资源管理水平

现代管理理论强调企业管理者是人力资源管理的第一责任人，管理者的人力资源管理水平成为提升企业绩效的关键成功因素之一。人力资源管理咨询提升企业管理者的人力资源管理水平体现在：一是人力资源管理咨询有利于管理者掌握各种管理思路和管理工具，从而提升管理技能；二是人力资源管理咨询能够帮助企业构建科学、系统的战略性人力资源管理体系，进而系统地提升企业管理者的人力资源管理水平。

### （五）劳务派遣

#### 1. 劳务派遣的含义

由于各个国家和地区间有关法律概念上的差异，在世界范围内，劳务派遣并没有一个统一的表述，劳务派遣在各个国家和地区也有着不同的名称。例如，在我国大陆称为“劳务派遣”，在我国台湾地区则称为“劳动派遣”，在德国称为“员工出让”，法国称为“临时工作”，日本、韩国称为“劳动者派遣”，在美国则称为“暂时性劳务提供”“劳动租赁”等。

尽管各个国家和地区之间、各方学者之间对劳务派遣的称谓和定义不相统一，但其内涵和外延却基本一致：劳务派遣是指由派遣机构与派遣员工签订劳动合同，然后向用工单位派出该员工，使其在用工单位的工作场所内劳动，接受用工单位的指挥、监督，以完成劳动力和生产资料的结合的一种特殊用工方式，也是一种人力资源的配置方式，是一种就业形式，是一种劳务经济。

综合国内外学者对劳务派遣管理概念界定的各种不同观点，分析劳务派遣这种用工形式的特征和运行规律，结合《中华人民共和国劳动合同法》（以下简称《劳动合同法》）对劳务派遣的相关规定，劳务派遣的定义应当为：劳务派遣是指依法设立的劳务派遣单位出于营利之目的，依据与用工单位签订的劳务派遣协议，将与之建立劳动关系的劳动者派往用工单位工作的一种特殊的劳动用工方式。

与传统的劳动关系不同，劳务派遣中的劳动关系涉及三方主体，因此其劳动关系特点较传统典型的劳动关系来说也更为复杂。在传统的劳动关系中，雇主与签约劳动者构成了双方主体，而在劳务派遣关系中，这种双方主体关系是由派遣机构与派遣劳动者组成的。劳务派遣关系中，除了传统的双方主体外，还包含一个重要的第三方主体——与派遣公司签署劳务派遣协议的用工单位，即劳务派遣公司是劳动者的法定雇主（即用人单位），用工单位由于用工管理关系成为与劳务派遣公司有连带责任的主体。

由此可见，在劳务派遣活动过程中，劳动者的劳动合同签约方为派遣机构，而具体的工作单位和劳动服务对象则是第三方的用工单位。在这一过程中，劳动者的雇用和使用发生了分离，派遣机构与劳动者之间的雇佣关系是一种有关系而无劳动的劳动合同关系；而用工单位与劳动者之间则是一种有劳动而无关系的用工管理关系；用工单位与派遣单位之间则是一种民事合同关系。

一般来说，劳务派遣的具体运作程序是：用工单位根据工作实际需要，向派遣机构提出所需人员的标准和工资待遇，由派遣机构通过市场方式搜寻合适的人选，把筛选出的合格人选送交用工单位，由用工单位确定最终人员；然后，用工单位与派遣机构签订劳务派遣协议，被聘人员与派遣机构签订劳动合同；最后，派遣机构将与自己建立劳动合同关系的员工派遣到用工单位进行工作。需要指出的是，派遣单位是此过程中派遣劳动者的劳动合同缔约方，是法定上的唯一雇主，因而其对派遣劳动者负有完全的雇主责任，实际的用工单位基于劳务派遣协议的让渡，拥有对派遣劳动者的用工管理权并负连带责任。劳务派遣的具体过程如图 1-4 所示。

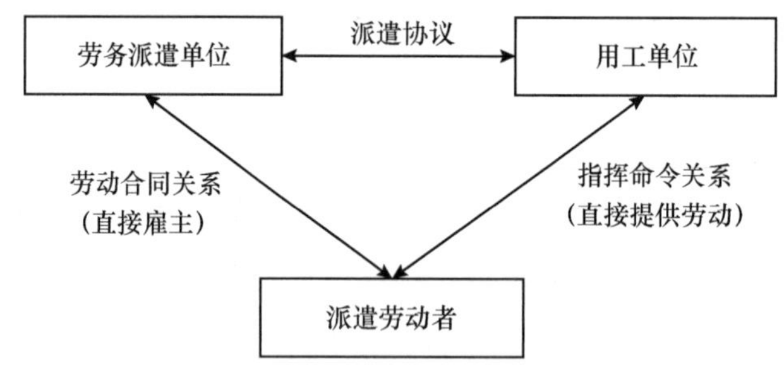


图 1-4 劳务派遣示意图

总之，尽管有关学者对于劳务派遣的定义不尽相同，对劳务派遣的具体称谓以及所包括的范围界定也有不同，但是，劳务派遣是由用工单位、派遣机构、派遣劳动者三者形成的特殊的劳动关系这一点是共通的。

劳务派遣之所以能够引起各方的广泛关注，是因为其与传统的就业形式相比，具有明显的不同之处。因此，无论从何种角度对劳务派遣进行定义，我们都应该把握好劳务派遣自身所独具的特征。

### 2. 劳务派遣与其他用工方式

(1) 劳务派遣与职业介绍的区别

职业介绍是指职业介绍机构在接到招聘方（企业）和应聘方（求职者）的申请之后，在两者之间进行斡旋，最终使两者的雇佣与被雇佣关系成立的过程。职业介绍与劳务派遣最大的不同是职业介绍机构和求职者之间没有雇佣和被雇佣的关系，仅仅是通过斡旋让用人方和求职方的雇佣和被雇佣关系成立，两者的雇佣关系一旦成立，职业介绍机构的工作即宣告结束。

职业介绍一般分为公共（免费）职业介绍和有偿职业介绍。一般来说，政府部门从事的职业介绍活动为公共职业介绍，为劳动者提供免费服务。其他的职业介绍机构均为营利性职业介绍。职业介绍也涉及三方主体，分别是求职者、用人单位和职业介绍机构。职业介绍行为的本质是一种居间行为，职业介绍机构和求职者之间的关系只是简单的介绍服务关系，而用人单位和劳动者之间则存在着法定的劳动关系。劳务派遣机构为用工单位和派遣员工提供的服务中，虽然也含有职业介绍部分，但是提供的服务并没有因职业介绍行为的终结而终止，并且其他劳动管理服务的比重大于职业介绍服务的比重。这是职业介绍与劳务派遣的区别之一，否则，劳务派遣机构就会归到职业介绍中去。这也是现实当中，登记型劳务派遣极易与职业介绍相混淆的重要原因之一。职业介绍的三方主体关系如图 1-5 所示。

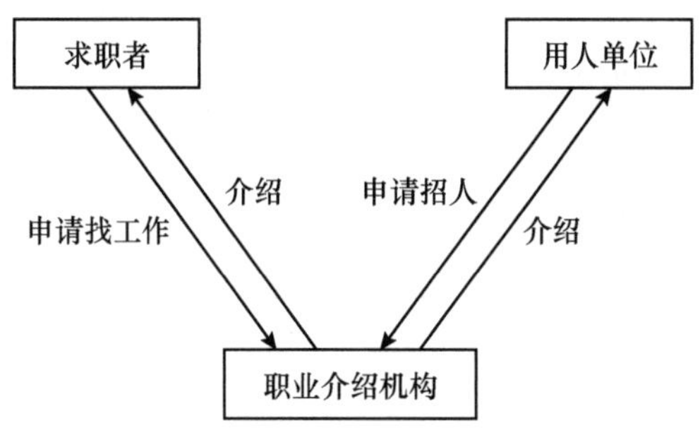


图 1-5　职业介绍的三方主体关系示意图

具体来说，职业介绍作为一种居间行为，其与劳务派遣有以下区别。

①职业介绍与劳务派遣最大的区别是职业介绍机构与劳动者之间没有建立劳动关系，劳动者与用工单位建立劳动关系，职业介绍机构只起到居间的作用。而在劳务派遣中，派遣机构与劳动者建立劳动关系，然后将劳动者派到用工单位从事劳动，劳动者与用工单位之间不存在形式上的劳动关系。

②在劳务派遣关系中，劳动者自派遣机构受领与提供劳务对价的工资。在职业介绍关系中，除约定无偿提供服务外，劳动者需依约定给付职业介绍机构居间报酬。

③在劳务派遣关系中，派遣机构与用工单位间订立劳务派遣合同，约定由派遣机构提供劳动力供用工单位使用，用工单位支付相对的报酬给派遣机构。在职业介绍关系中，同样是使用劳动力的用工单位给付职业介绍机构居间报酬。

④在劳务派遣关系中，用工单位不能将受派的劳动者再派遣出去。在职业介绍关系中，使用单位可以是以从事派遣为业的机构，可以将职业介绍机构介绍的劳动者派遣出去，这是自然且不违法的。不过需要强调的是，二者关于此点的差别，并非两者性质上的必然，而是立法上对再派遣的限制使然。

（2）劳务派遣与劳务承包的区别

劳务承包合同是民事合同。劳务承包合同是指劳务承包人与定作人相互约定，由劳务承包人为定作人完成一定的工作，定作人待工作完成后给付劳务报酬的合同。劳务承包与劳务派遣最大的区别在于对劳动者的指挥命令权上。在劳务派遣关系中，派遣劳动者不具有独立性，其一般以用工单位的设备、技术为依托来进行工作，并且在其履行劳务时必须听从用工单位的指挥命令。用工单位拥有从派遣单位受让来的指挥命令权。但在劳务承包关系中，劳务承包人的工作具有独立性，劳务承包人以自己拥有的设备、技术和劳动力完成主要工作，对其劳动者的指挥命令权仍保留在劳务承包人身上，不受定作人的指挥管理。劳务承包人与自己所使用的劳动力是直接雇佣的关系。劳务承包的主体关系如图 1-6 所示。

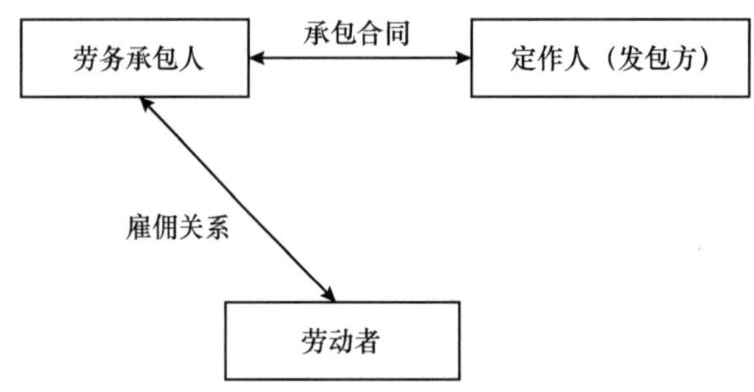


图 1-6　劳务承包的主体关系示意图

劳务派遣与劳务承包的差异体现在以下几个方面。

①出发点不同。劳务承包是从企业的生产经营战略出发而产生的劳务经济，而劳务派遣则完全以满足企业的用工需求为出发点和立足点。

②劳务供给的主体不同。在劳务承包关系中，有关劳务的提供，在承揽契约时必须全部由承揽人完成，实际履行劳务的劳动者的劳务供给对象是承揽人，而非定作人。在劳动力派遣中，用工单位根据企业的需要组织派遣劳动者的工作，派遣机构供给派遣劳动者，派遣劳务的供给对象是用工单位，而非派遣机构。

③指挥监督权不同。派遣劳动者在用工单位提供劳务、给付劳务时，必须服从用工单位或其代理人的指挥监督，指挥监督权范围包括每一工作的细节。相反的，在承揽合同时，对于履行劳务的劳动者的指示权由承揽人行使，劳动者只接受承揽人完成特定工作的指示，定作人要对劳动者进行指示必须通过承揽人来进行。

④从业资质要求不同。劳务承包一般是由具有承包资质的企业进行，应具有承担相应业务的资格，像建筑行业就是如此；而劳务派遣则没有特别的约定，只要符合《劳动合同法》中关于劳务派遣的规定就可以。

⑤法律关系不同。劳务承包涉及的仅仅是企业和劳动者之间的法律关系，而劳务派遣涉及的是劳务派遣单位、实际用工单位和劳动者三方之间的法律关系。

⑥承担风险责任不同。劳务承包人在定作人受领劳动成果前负风险责任。在劳务派遣中，派遣机构只负责提供劳务派遣人员，不承担产品及成果的风险责任，生产过程中的风险由用工单位承担。

⑦报酬的计算和给付方式不同。劳务派遣协议以工作时数为基础，以派遣劳动者工作的时数计算报酬，一般是按工资支付周期发放劳动报酬。劳务承包合同以工作成果来计算报酬，一般是在工作完成以后支付报酬。

⑧适用的法律不同。劳务承包适用的是民法典，而劳务派遣适用的是劳动合同法。

（3）劳务派遣与人力资源外包的区别

人力资源管理外包是指企业将人力资源管理的工作全部或部分委托给人力资源服务专业机构。美国经济学家玛丽·库克将人力资源外包定义为："让第三方服务商或服务出售商连续提供人力资源活动管理服务，这种管理过去通常由企业内部有关部门进行。服务商将签订合约，管理某项特定人力资源活动，提供预定的服务并收取既定的服务费用。"

国外学者一般都用经济学或管理学理论来阐释人力资源外包的原因。这些理论可以分为劳动分工理论、核心竞争理论、比较优势理论、企业生态竞争理论、委托代理理论、协同理论、战略管理理论等，但无论是用什么理论来分析，都与社会分工的细化与专业化是分不开的。我国一般将人力资源管理外包从外包的范围上进行区分，分为完全人力资源外包和部分人力资源外包。完全人力资源外包是指企业将全部人力资源管理工作外包给专业的人力资源管理公司，包括员工招聘、培训、薪酬、绩效管理、法律事务以及员工日常管理工作等。部分人力资源外包是指企业将人力资源管理的部分业务或部分流程外包出去，以使企业的人力资源管理更加专业化。人力资源管理外包是人力资源管理领域进行专业化分工的一种新形式。从服务内容看，人力资源管理外包比劳务派遣更为广泛，与劳务派遣应是一种包含关系。人力资源外包不仅包含劳务派遣，而且还包括人事代理、管理咨询、员工培训、人员招聘、薪酬管理等。

（4）劳务派遣与企业借调的区别

借调关系是指雇主将受雇人于一定期间内借调给其他雇主，在该期间内受雇人接受其指示的法律关系，这种关系须受雇人同意，并且通常见于关系企业。与劳务派遣相似，借调关系也有三方当事人，即借出单位、借人单位和被借调的职工本人。一般是由借人和借出单位双方通过平等协商达成协议，双方单位签订借调合同，在征得劳动者本人同意的情况下，劳动者在借人单位的指挥监督下从事劳动。被借调的职工与借入单位不建立劳动关系。借调合同一般适用于借人单位急需并且是临时性的情况，这种合同中一般规定由借人单位支付借调人员的劳动报酬和福利待遇。

借调与劳务派遣的主要区别有：

①在相关人员方面，企业借调一般涉及相互间的业务合作、人事交流、学习研修等目的，而劳务派遣则主要涉及临时性、辅助性、替代性岗位或特定的服务业和高度专门及技术性的业务；

②在主营业务方面，企业借调的出借方一般都有自己所在的行业，并不以出借业务为主营业务，而劳务派遣单位的主业即人力资源的派遣；

③在使用频率方面，企业借调并非经常性行为，而劳务派遣则以派遣劳动者为其经营的常态；

④在专业机构方面，企业借调通常只以企业双方共同意愿为基础，没有所谓专门从事借调业务的机构，而劳务派遣则以派遣公司为其业务运作的前提；

⑤在是否营利上，企业借调通常是基于人员互动或调剂，不以获取经济利益为目的，而劳务派遣则以派遣营利为基本目标。

（5）劳务派遣与人事代理的区别

人事代理有狭义、广义之分。狭义的人事代理是政府主管部门所核定的人才服务机构，运用社会化服务方式，接受用人单位或个人的委托，为其提供系列的人事管理服务。人事代理既负责保管人事关系档案、办理转正定级、考评技术职称、调整档案工资、核定工龄、认证身份以及考研、出国（境）政审和接转党团组织关系，也负责办理养老保险、五大毕业生录（聘）用手续，接纳家庭生活基础不在市区的大中专毕业生落户。人事代理是我国人事制度改革的产物，人事部最早于1995年开始推行，主要是为了降低用人单位的人力资源成本。简单说来，就是将“单位人”变成“社会人”，实现人事关系管理与人员使用相分离，用人单位只管使用人，而将与人事相关的管理工作，如档案管理、职称评定、社会保险等，委托给合法设立的人才中介机构处理。人事代理首先是在高校以及事业单位和没有人事权的外资企业中推行，随后慢慢地扩展到国有企业和其他单位。

自1995年以来，虽然在国家层面没有制定统一的人事代理法律或者行政法规，但是各地为了规范人事代理这一制度，陆续制定了一些地方法规和规章，如《北京市人事代理暂行规定》《黑龙江省人事代理规定》《湖北省人事代理暂行办法》《江苏省人事代理暂行办法》等。在这些地方规章中，对人事代理作出了大体相同或相似的定义，即人事代理是指经依法批准成立的人事代理服务机构，在规定的业务范围内，接受单位或者个人的委托，依法代理有关人事管理、服务工作。从对人事代理的定义中可以看出，人事代理实质上是一个民事代理合同，人事代理的双方为依法成立的人事代理机构和用人单位或者个人，当事人双方并不存在行政隶属关系，双方是平等的民事法律关系。人事代理主体关系如图1-7所示。

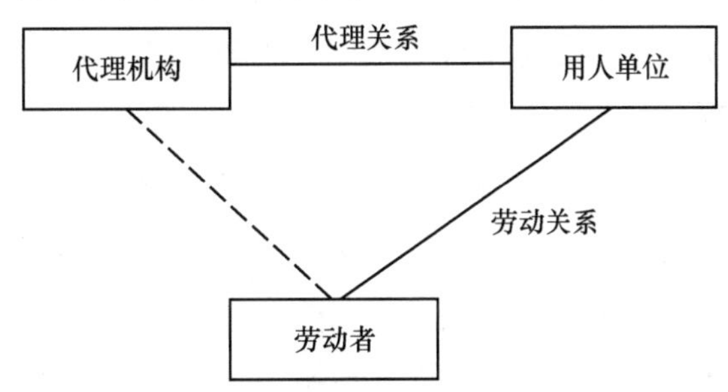


图1-7　人事代理主体关系示意图

劳务派遣与狭义上的人事代理从表面上来看都涉及劳动者、用人单位及这两者之外的第三方，而且劳务派遣单位和人事代理机构都需要给劳动者缴纳社会保险费等。这两者在很多方面具有一定的相似性，但实质上这是两种性质完全不同的制度，具体的区别如下。

1）劳动者与人事代理中介机构和劳务派遣单位的法律关系不同。在劳务派遣法律关系中，劳动者与派遣单位之间是劳动关系，订立的是劳动合同，受劳动法的调整和规范。在人事代理关系中，劳动者与人事代理中介机构之间的关系则要具体分析，在劳动者委托进行人事代理的情况下，二者是委托和受托的关系，受民事法律规范的调整；在用人单位委托进行人事代理的情况下，劳动者与人事代理中介机构之间并不存在法律关系。

2）劳动者与实际用人单位的关系不同。在人事代理关系中，劳动者与实际用人单位之间是劳动法规定的劳动关系，用人单位需承担劳动法规定的义务。在劳务派遣中，劳动者与实际用人单位之间则没有形式上的劳动关系，实际用人单位对劳动者的管理和使用权是基于其与劳务派遣单位的劳务派遣合同以及劳务派遣单位与派遣劳动者的劳动合同行使的。

3）二者所适用的法律规范不同。劳务派遣受劳动法以及相关劳动法律规范的调整，而人事代理则受民事法律规范的调整。

4）人事代理服务的内容同劳务派遣不同。劳务派遣以派遣单位与劳动者之间的劳动合同为基础，其内容是劳动法规定的权利和义务；人事代理的内容则是委托方与受托方在相关法规规章规定下由双方协商确定的。一些地方的政府规章对人事代理的项目都作了明确的规定，如《北京市人事代理暂行规定》中规定，经许可的人才市场中介服务机构可分别开展以下人事代理项目：代理人事政策咨询与人事规划；代理人才招聘、人才素质测评和组织人才培训；代办人才招聘启事的审批事宜；按照国家有关规定，代理人事档案管理；依据国家有关规定，代理用人单位办理接受高校应届毕业生有关人事手续；经国家和本市有关部门批准，代办社会保险；经国家和本市有关部门批准，代办住房公积金；代办聘用合同鉴证；代理当事人参加人才流动争议仲裁事宜；其他人事管理事项。其他地方规章也作出了类似的规定。

5）实际用人单位所承担的义务和责任不同。在人事代理关系下，实际用人单位是劳动法中劳动关系的用人单位主体，不仅拥有对劳动者的管理和使用权，而且还需承担劳动法规定的义务；而在劳务派遣关系下，劳动法规定的用人单位的义务是由派遣单位来承担的，实际用工单位所承担的义务是基于其与派遣单位之间的劳务派遣合同和劳动合同法来确定的，其所承担的是一种连带责任。

综上所述，人事代理与劳务派遣是两种完全不同的制度，我们不能因为其具有一定的相似性而否认二者的区别，如果把劳务派遣当作人事代理而进行调整，势必侵害劳动者的合法权益。

广义的人事代理与人力资源服务或人力资源管理外包是同义词，全方位的人事代理服务包括人事政策咨询、人事档案管理、人事派遣、办理户口关系、办理录用（退工）手续以及社会保险等。如北京市人事代理不仅包括代理五项社会保险及住房公积金的缴纳、转移、支取，人事档案的存放，北京工作居住证办理，人才引进等事务，还包括劳动争议仲裁事务。可见，广义的人事代理与劳务派遣是包含关系，既包括劳务派遣，也包括其他服务。

### （六）人力资源服务外包

#### 1. 服务外包的内涵

“外包”一词最早见于1990年加里·哈默尔（Gary Hamel）和普拉哈拉德（Prahalad）为《哈佛商业评论》写的一篇文章，题为“企业的核心竞争力”。外包（outsourcing）英文直译为“外部滋养”。美国外包协会把外包定义为一个企业将其运营活动的一个或几个环节交给其他企业去做。

外包的最早应用者是EDS（美国电子数据系统公司）的创始人罗斯·佩罗（Ross Perot）。在20世纪70年代后半期至80年代初，他因外包其他公司的信息系统而使公司迅速崛起。罗斯·佩罗有效地代替客户完成客户原内部职能的经营手法，在信息产业内迅速流行。此后，随着全球经济一体化、竞争日趋激烈、信息技术的发展和传统竞争战略缺陷逐渐显露等因素，职能外包战略不仅在信息系统，同时也在生产、物流、营销等众多领域内被广泛使用。

近年来，服务外包作为一种新的分工形式迅猛发展。服务外包是指企业将非核心、次要的业务外包出去，利用外部优秀的专业资源，从而使其专注于核心业务，以此降低成本、提高效率，增强企业核心竞争力，并能提高环境应变能力的一种管理模式。

服务外包的本质是以企业价值链管理为基础。在外部竞争激烈及内部资源有限的情况下，为获取更大的核心竞争优势，企业整合外部资源，重新定位内部业务，将不直接创造价值的后台支持功能剥离，专注于直接创造价值的核心目标。它是企业在降低成本、集中强化优势业务、推行新的发展战略的考虑下，将非核心业务转移到更具有成本优势和专有知识的企业，以委托接包方承办的运作方式。

### 2. 人力资源服务外包的含义

人力资源服务外包是指发包单位根据本单位的业务发展需要，将几项或全部的人力资源管理工作职能以及对非核心业务板块的人力资源配置发包出去，交由其他企业或组织进行管理，以降低管理成本，获取专业资源，实现效率最大化。

人力资源服务外包是指充分利用组织外部的资源，更经济有效地解决组织内部人力资源管理涉及的各项工作。对于我国企业来说，人力资源服务外包发展起步比较晚，但是发展速度很快。从20世纪90年代开始，人力资源服务外包由东南沿海地区的诸多企业发展起来。此项业务的开展增强了企业的灵活性及对市场的反应速度，降低了企业的经营风险。随着社会分工的深入，本着企业内部降本增效去风险的要求，人力资源服务商可以涉足的外包具体业务形态将会越来越细化，进而渗透到各行各业。

### 3. 人力资源服务外包的特点

人力资源服务外包的特点主要是基础性、重复性和通用性。基础性是指外包出去的人力资源项目一般是传统的人力资源管理的部分内容。这些业务内容占据了人力资源管理部门大量的时间、精力及人力资源成本。随着经济的发展和企业之间竞争的加剧，人力资源管理部门需要把更多的时间、精力及人力投入企业的核心业务和战略任务上，因此，非核心业务需要外包出去，以减少压力和成本。重复性是指外包出去的业务一般是招聘、培训、薪酬发放等需要重复性工作的内容。这些业务外包出去，可以使外包公司能够专业化地运作，形成规模化经营。通用性是指同类外包项目，基本流程一致，在满足需求者差异化需求的同时可以提供普适性的流程。

#### 4. 我国人力资源服务外包的发展趋势

目前，我国人力资源服务业已经进入快速发展阶段，尤其是《关于加快发展人力资源服务业的意见》（人社部发〔2014〕104 号）的出台，使人力资源服务业迎来前所未有的发展机遇。但是，我国的人力资源服务外包仍然存在着客户需求的不断提高与人力资源产品服务链结构发展滞后的突出矛盾。因此，未来的中国人力资源服务外包必将以市场需求为导向，以提高服务质量为宗旨，开发多种形式和内容的人力资源服务外包产品，提供更加专业的服务。其发展趋势主要表现在以下几个方面。

（1）发展前景广阔

作为世界上人口最多的国家，我国拥有丰富的人力资源。改革开放 40 多年来，随着我国经济社会的蓬勃发展，人力资源已经成为国家经济建设的第一资源，人力资源外包服务行业也必然面临着广阔的发展前景。我国人力资源外包服务行业具有广阔的市场空间和发展潜力，其原因主要为：

1）受外资企业的影响。近年来，随着中国社会经济的不断发展，外资企业纷纷来华投资。据统计，中国是吸收外资企业最多的国家，世界 500 强企业已有 480 余家来华投资并在全国各地开设分支机构。外资的进入必将带动我国人力资源外包服务产业的跳跃式发展。一方面，外资人力资源服务企业可以为国内企业和求职者带来新的理念和思想，促使国内人力资源外包服务由潜在的需求转化为现实需求，这就为国内人力资源外包服务企业开拓了无限的市场空间。另一方面，外资的进入也为国内同行带来了先进的理论知识、业务模式和管理经验，同时带来了发展资金，培养了专业人才。这些有利之处将直接推动国内人力资源外包服务产业的快速发展。从战略层面上讲，外资的引入对我国人力资源外包服务产业未来的发展将产生“双赢”的局面。

2）企业自身转型的需求。据统计，企业人力资源管理工作中非核心的事务性工作占到整个人力资源管理工作的 65%～70%，如社会保险费缴纳、工资发放、用退工办理、档案管理等。但是近年来，随着企业战略转型的发展，以及受到全球金融危机的影响，企业更加关注核心竞争力，从而将更多的非核心业务外包出去，以节约开支、降低成本，引进新鲜血液，使人员进行合理分配，能将全部的精力投入核心业务中，如员工激励、薪酬架构设计等。如何在人才竞争中获取优势，将是企业需要考虑的头等大事。

3）国家政策法规的支持。近年来，随着《中华人民共和国劳动合同法》《中华人民共和国社会保险法》等相关法律的出台，其中专门对劳务派遣、员工社会保险费缴纳等作了进一步的规范。这些政策法规的相继出台，从制度层面上保证了我国人力资源外包服务行业的顺利发展。

4）外包服务机构自身的发展。目前，我国优秀的人力资源外包服务机构专业化程度不断提高。以昆明市某人力资源公司为例，目前其已在北京、上海、广州、深圳、西安、南京、拉萨等近百个主要城市设立分公司及办事处，业务覆盖全国 300 多个城市，并在美国设立了分支机构。公司通过强大的计算机操作平台，能瞬时实现从“委托”到“反馈”的全部流程，并能自动生成账单和报表，不仅大大提高了工作效率，也使工作精准性得以提高。

（2）向着产业化、专业化的方向发展

1）服务内容的专业化。人力资源服务外包已经不仅仅体现在人事事务外包、工资发放等比较初级的层面，目前已经发展到招聘服务、薪酬管理服务、绩效考核服务、福利管理服务、员工关系服务等诸多领域，并为客户提供更多附加值和综合性服务的解决方案。

2）服务人员的专业化。由于人力资源外包服务主要是跟人打交道，因此要求从业人员必须对特定的行业有比较深入的了解，用专业的知识和经验为用人单位提供相应的服务，对人力资源管理、组织架构、薪酬福利等方面要有深入细致的了解。并且随着人力资源外包服务的不断发展，从业人员必将朝着专业化的方向发展。

3）服务对象的专业化。我国人力资源外包服务的服务对象将出现一系列新的变化，主导产业发展的利润增长点从初级岗位转向为企业提供符合需求的具有战略性的高层次、专业化管理和技术人才。从服务对象的行业来看，随着企业竞争的加剧，日益攀升的劳动力成本和员工流失率推动着更多企业积极关注并采用人力资源外包服务（如员工派遣服务、招聘流程外包服务等）来保障业务正常运转、实现成本控制并稳定员工队伍。

4）服务技术水平的专业化。互联网技术将会在人力资源服务外包领域得到空前的重视和应用。在数字浪潮的推动下，O2O 模式、自助服务和云计算将成为人力资源服务业发展的大势所趋。

### （七）人力资源管理信息化服务

人力资源管理信息化服务是指为企业人力资源管理提供专业的信息系统服务，涵盖企业人力资源管理的各职能，主要包括人力资源管理核心功能、劳动力管理、薪酬与激励、招聘与选拔、人才管理、学习与发展等功能模块。

信息技术的蓬勃发展与广泛应用，对人类社会生活和经济生活产生了根本性的、普遍性的影响，使人类社会进入了“信息经济”时代。信息技术在社会经济各个方面的应用，在不同层次上促使原有的运作机制发生了改变，有效促进了效率提升和效果改善。正是因为信息技术应用具有普遍性的特点，所以几乎没有任何行业能够避免参与到这一革命性进程中。

1. 信息技术相关概念

（1）信息技术

信息技术主要是指用于管理和处理信息所采用的各种技术的总称。信息技术涉及信息的一切自然技术和社会技术，包括信息劳动者的技能，也包括信息劳动工具和信息劳动对象，同时还包括涉及信息技术的管理制度、方法体系、信息技术解决方案、系统集成和信息技术服务等。

信息技术代表着当今先进生产力的发展方向，其应用主要包括计算机硬件和软件、网络和通信技术、应用软件开发工具等。正是由于信息技术的广泛应用，使得信息作为重要生产要素和战略资源的作用得以发挥，使人们能更高效地进行资源优化配置，从而推动传统产业不断升级，提高社会劳动生产率和社会运行效率。

（2）现代信息技术

现代信息技术是一种区别于农业技术、工业技术、能源技术、商业技术等的技术门类，主要是指从20世纪60年代以来，借助以微电子学为基础的计算机技术和电信技术的结合而形成的手段，对声音的、图像的、文字的、数字的和各种传感信号的信息进行获取、加工、处理、储存、传播和使用的能动技术。信息学是现代信息技术的核心，半导体技术、微电子技术、集成电路技术、通信技术和计算机技术是现代信息技术的典型代表。现代信息技术突飞猛进的发展，对社会经济活动的影响越来越大，对管理领域的影响也越来越显著。

（3）信息化

信息化的概念起源于20世纪60年代的日本，首先是由日本学者梅棹忠夫提出，而后被译成英文传播到西方，西方社会从20世纪70年代后期开始普遍使用“信息社会”和“信息化”的概念。在我国，关于信息化的表述，学术界和政府内部做过较长时间的研讨。一般而言，信息化通常是指现代信息技术应用，尤其是信息技术促进应用对象或领域（如企业或社会）发生转变的过程。1997年召开的首届全国信息化工作会议，对信息化定义为：信息化是指培育、发展以智能化工具为代表的新的生产力并使之造福于社会的历史过程。《2006—2020年国家信息化发展战略》中的表述是：信息化是充分利用信息技术，开发利用信息资源，促进信息交流和知识共享，提高经济增长质量，推动经济社会发展转型的历史进程。

信息化代表了信息技术的高度应用、信息资源的高度共享，从而达到人的智能潜力以及社会物质资源潜力被充分发挥，个人行为、组织决策和社会运行趋于合理化的理想状态。同时，信息化也是建立在计算机产业发展与计算机技术在社会经济各部门扩散的基础之上的，不断运用计算机技术改造传统的经济、社会结构从而通往如前所述的理想状态是一段持续的过程。

### 2. 信息技术的主要特征

信息技术作为现代知识经济的主要支柱之一，融合了众多行业的专业知识，并结合硬件和软件，呈现出了诸多新特点。关于信息技术的主要特征，可以从技术性和信息性两个方面来理解。

（1）技术性

广义而言，信息技术是指能充分利用与扩展人类信息器官功能的各种方法、工具与技能的总和。因此，信息技术具有技术的一般特征，即技术性，具体表现为方法的科学性、工具设备的先进性、技能的熟练性、经验的丰富性、作用过程的快捷性、功能的高效性等方面。

（2）信息性

信息技术具有区别于其他技术的特征，即信息性，具体表现为信息技术的服务主体是信息，核心功能是提高信息处理与利用的效率、效益。正是由于信息技术的信息性，在一定程度上决定了其还具有普遍性、客观性、相对性、动态性、共享性、可变换性等特性。

### 3. 人力资源管理信息化服务发展情况

2017—2023 年，全球核心人力资源管理信息化服务市场预计将以约 8%的年复合增长率实现增长。人力资源流程的自动化、云部署的兴起和移动化渗透的增加，是核心人力资源软件市场增长的主要因素。

在中国，传统人力资源管理信息化服务市场规模（买断部署模式）2017 年增速约 5%，达到 11 亿元，云服务的人力资源管理信息化服务市场规模 2017 年增长超过了 60%，达到 4 亿元，发展加速尤为明显。新兴人力资源管理信息化服务创业几乎全部集中在云服务模式的市场里，一些传统厂商也通过技术开发、合作、并购等方式在向云服务模式转变。市场上，99%的企业选择使用云服务，SaaS 模式已成为市场共识。华为发布的全球产业愿景（GIV）预测，2025 年 85%的企业应用将部署在云端，100%的企业将链接云服务。

目前市场上人力资源管理信息化服务机构主要有三类：一是以思爱普、甲骨文、Workday为代表的国外服务机构，主要服务于跨国型外企的中国分支机构，经验丰富，理念先进，在集团化管控方面积累了丰富经验，但价格高，本土适应性不强，灵活程度不如国内服务商；二是国内综合服务机构，产品覆盖财务、人事、营销等多个领域，大客户服务能力强，可满足多元化需求，但正是因为产品线很长，人力资源管理的专业性相对比较弱；三是专业化的人力资源管理云服务供应商，产品灵活实用，移动端体验丰富，在人力资源管理方面有较强的专业服务能力。

## 二、任务要求

### 1. 请描述人力资源服务的内容

要求：

（1）根据所学的内容梳理人力资源服务的内容。

（2）运用图文并重的技巧，把各级主题的关系用相互隶属与相关的层级图表现出来。

### 2. 任务完成常用实际业务工具

本任务常用实际业务工具为人力资源服务思维导图，如图1-8所示。

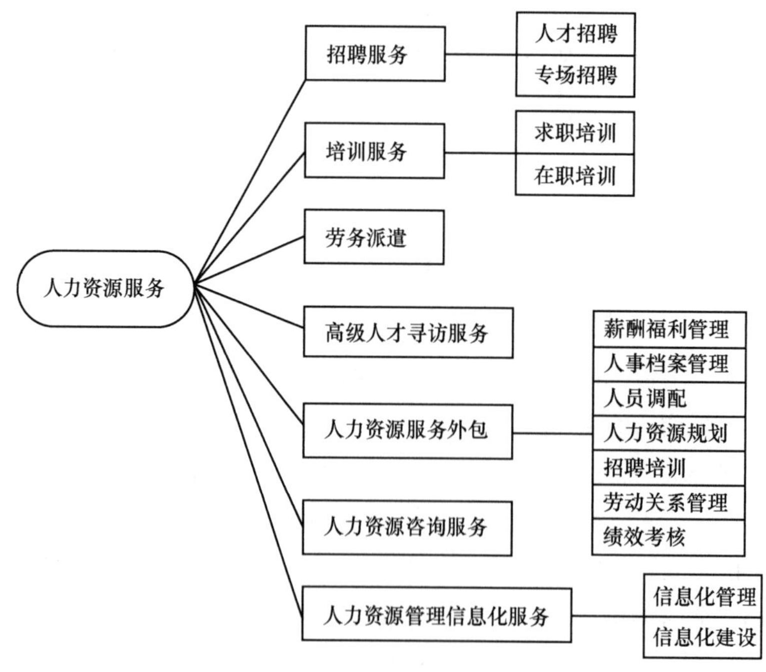


图1-8　人力资源服务思维导图

## 三、任务评价指标和标准

**“人力资源服务内容”任务评价指标和标准**

| 指标 | 评价标准 | 得分 |
| --- | --- | --- |
| 美观性（10分） | 颜色和形状新颖，视觉效果好 | |
| 简洁性（10分） | 抓住中心、关键词 | |
| 完整性（20分） | 内容全面，知识要点无遗漏 | |
| 正确性（30分） | 主题明确，概念准确，关系合理 | |
| 结构性（10分） | 层次分明，思路清晰 | |
| 参与度（20分） | 小组成员有团队意识，能群策群力，交流积极主动 | |

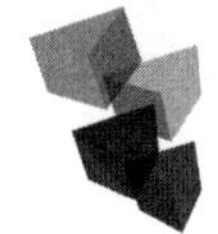

## 练习题

### 一、单项选择题

1. 人力资源服务可以概括为相关企事业单位或用工组织将自身的人力资源管理和开发相关活动的部分或者全部交由（　　）提供。

A. 资本方　　B. 供应方　　C. 第三方　　D. 企业方

2. 人力资源服务行业的（　　）主要体现在该行业在经济较发达地区以及较不发达地区间的专业化和成熟度差异。

A. 均衡性　　B. 地区不均衡性

C. 服务性　　D. 周期性

3. 用人组织的招聘管理一般通过（　　）和外部招聘来实现。

A. 内部招聘　　B. 网络招聘　　C. 背景调查　　D. 人才测评

4. 高级人才寻访服务费一般按照所聘用人才年薪（　　）的标准来收取。

A. 10%~20%　　B. 20%~30%　　C. 30%~40%　　D. 40%~50%

5. 狭义的培训服务特指面向法定（　　）人口的培训服务。

A. 社会　　B. 全体　　C. 劳动年龄　　D. 青年

6. 培训服务是指为客户提供与人力资源管理和开发相关的培训活动，通过改变（　　）以满足客户需求的过程。

A. 知识、技能和方法　　B. 知识、能力和态度

C. 知识、技能和态度　　D. 知识、技巧和态度

7. 职业介绍与劳务派遣最大的区别是职业介绍机构与（　　）之间没有建立劳动关系。

A. 劳动者　　B. 组织　　C. 派遣单位　　D. 用工单位

8.（　　）是充分利用组织外部的资源，更经济有效地解决组织内部人力资源管理涉及的各项工作。

A. 人事服务外包　　B. 人力资源服务外包

C. 人力（劳务）外包　　D. 人力资源专业管理外包

9. 人力资源管理信息化服务是指为企业人力资源管理提供专业的（　　）服务，涵盖企业人力资源管理的各职能。

A. 信息系统　　B. 大数据　　C. 薪酬设计　　D. 人才管理

10.（　　）主要是指用于管理和处理信息所采用的各种技术的总称。

A. 管理技术　　B. 科学技术　　C. 信息技术　　D. 通信技术

**二、多项选择题**

1. 人力资源是一种活资源，是企业（　　）和（　　）的主体。

A. 存在　　B. 生存　　C. 发展　　D. 成长

2. 人力资源服务的特征有（　　）。

A. 产业依附性　　B. 地区不均衡性

C. 发展周期性　　D. 劳动力的波动性

3. 培训服务的功能可以从（　　）层面来分析。

A. 对个体的功能　　B. 对组织的功能

C. 对国家和社会的功能　　D. 对信息时代的功能

4. 人力资源服务产业体现出（　　）的特征。

A. 区域均衡性　　B. 产业依附性

C. 地区不均衡性　　D. 发展周期性

5. 人力资源服务外包的特点主要是（　　）。

A. 基础性　　B. 重复性　　C. 适度性　　D. 通用性

6. 人力资源服务外包的专业化表现在（　　）的专业化。

A. 服务内容　　B. 服务人员　　C. 服务对象　　D. 服务技术水平

# 项目二

# 人力资源招聘服务

## 【项目导入】

### 一、主题案例

#### 谷歌公司的选人之道

谷歌公司是全球发展最好的互联网高科技公司之一，汇集了世界上最优秀的人才。在接受《纽约时报》的采访时，谷歌公司的人力运营高级副总裁拉兹洛·博克（Laszlo Bock）曾提到，谷歌已经明确了一点："GPA 作为一个招聘依据是毫无用处的，考试分数是毫无用处的。我们发现它什么也预示不了。"他还提到谷歌员工中没有接受过任何大学教育的人越来越多，在某些团队已经高达 14%。他说："有好成绩当然不是坏事。谷歌的许多工作岗位需要数学、计算和编程技能，如果你的好成绩真的能反映应聘领域的技能，那么会是一项优势。但谷歌考察的远不止这些。"

2004 年 7 月初，地处硅谷心脏地带的 101 号公路旁出现了一个巨幅广告，只有学习过高等数学的人才能看懂那是一道复杂的数学题。一些好奇的人解开了难题，答案是一个网址。登录网站后，会看到一系列难度递增的数学题，最终有 7 500 人来到了数学迷宫的出口，他们看到的是谷歌公司的招聘广告。在这个看似游戏的谜题面前，能走到最后的人，已经让谷歌甄别了他非功利的兴趣，以及兑现这种兴趣的执着和到达目的地的智慧。谷歌用一道道别出心裁的谜题召唤着天下的英才。

谷歌的选人之道说明：第一，企业的竞争首先是人才的竞争，实现企业目标的关键是人，用人决策是企业最大的风险，解决风险的关键是有效招聘；第二，人力资源管理的目标就是将合适的人放在合适的位置上做正确的事，招聘就是为企业寻找合适的人的工作过程；第三，招聘工作是一项系统工程，招聘有一定的目的、原则、程序和方法。

## 二、学习目标

1. 掌握招聘服务的形式和工作流程。
2. 掌握人才测评的基本原则。
3. 掌握背景调查的方法。

# 任务一　招聘服务

## 一、知识准备

### （一）第三方招聘服务及其类型

#### 1. 第三方招聘三重关系分析

第三方招聘是招聘服务机构根据求职者的求职意向为求职者提供岗位信息，或根据用人单位的招聘需求向用人单位提供求职者信息，使求职者能够找到合适岗位或使用人单位找到合适人才的经济活动。

与传统的人员招聘相比，第三方招聘活动中多出的招聘服务机构，既不提供岗位也不提供劳动力，仅仅向求职者提供相关岗位的信息、向用人单位提供求职者的信息，因此，在第三方招聘业务中涉及求职者、招聘服务机构、用人单位三类主体。此三类主体间的业务关系具体如图 2-1 所示。

#### 2. 第三方招聘业务类型分析

在实际开展的第三方招聘业务中，根据业务内容的不同，第三方招聘服务可分为职业介绍和就业招聘指导两种。

（1）职业介绍服务

职业介绍服务是招聘服务机构为了实现招聘服务目标，而向求职者提供的岗位介绍服务或向用人单位提供的求职者介绍服务。职业介绍服务属于第三方招聘服务中的传统项目，其具体服务项目说明如图 2-2 所示。

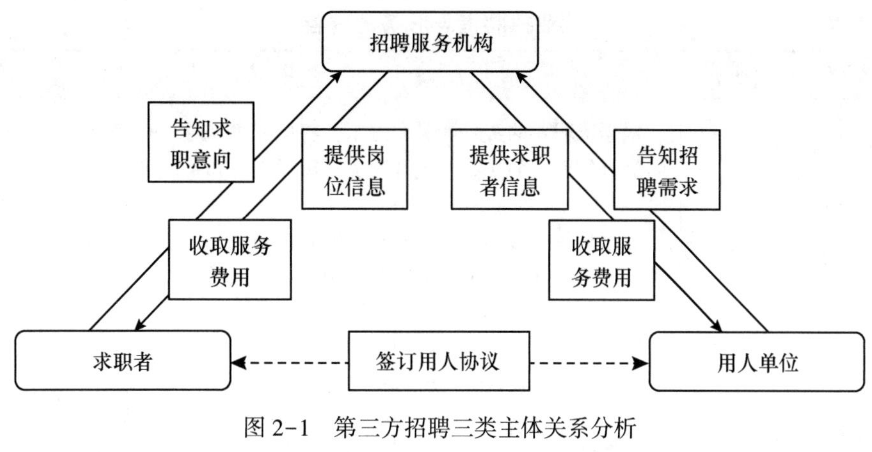


图 2-1　第三方招聘三类主体关系分析

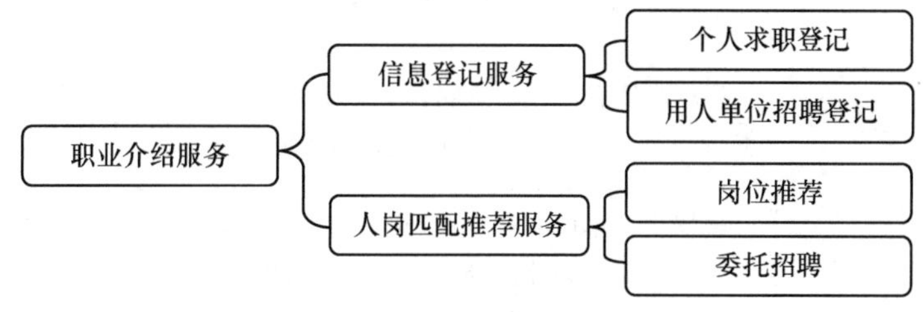


图 2-2　职业介绍服务项目体系

职业介绍的作用：第一，从宏观角度来讲，通过职业介绍，可以有效地调节人力资源市场上的供求关系，促进人力资源在人力资源市场上的合理配置，促进人力资源的供需平衡；第二，从微观角度来讲，职业介绍业务的开展可以有效促进用人单位和求职者的相互选择，促进人力资源与生产资料的尽快结合，同时，职业介绍业务的开展可以很大程度上减少人力资源流动的盲目性，促进人力资源的合理流动，提高劳动者职业流动的效率。

（2）就业招聘指导服务

就业招聘指导服务包括对求职者的就业指导和对用人单位的招聘指导这两种服务，是招聘服务机构根据国家政策法律法规的要求，结合市场劳动力供求情况，为求职者顺利就业或用人单位顺利开展招聘工作提供的相关指导服务。

就业招聘指导服务的具体服务内容见表 2-1。

### 3. 新型招聘方式

随着移动互联网技术的发展，一些新型的招聘方式涌现出来，以下介绍其中的三种。

（1）微博招聘

现如今，微博招聘已成为企业招聘的一个有效渠道，越来越多的企业通过建立官

表 2-1　　就业招聘指导服务的内容

| 服务对象 | 服务项目 | 说明 |
| --- | --- | --- |
| 求职者 | 法律政策咨询 | 根据求职者的实际情况及需求，将国家有关求职、就业促进、劳动合同签订等方面的法律法规及相关政策详细告知求职者 |
| | 职业素质测评 | 通过一定的心理测量技术对求职者的行为特点、能力水平、个性特点等进行系统评价，确定求职者的职业素质水平 |
| | 择业观念指导 | 根据求职者职业素质测评结果，并结合法律政策及劳动力供求关系，对求职者的择业观念进行分析与引导 |
| | 职业设计 | 根据劳动力市场环境及求职者的素质水平，协助求职者设定职业目标，并设计具体的目标实施步骤 |
| | 招聘信息咨询 | 根据求职者的求职意向，对劳动力市场中各用人单位提供的招聘信息进行筛选，将与求职者求职意向相符的信息提供给求职者 |
| 用人单位 | 法律政策咨询 | 根据用人单位所在行业的特征以及招聘岗位的类别特征，将有关招聘实施、劳动合同签订等方面的法律法规及相关政策详细告知用人单位 |
| | 求职信息咨询 | 根据用人单位的招聘需求，对劳动力市场中的求职信息进行筛选，并将符合用人单位招聘需求的求职信息提供给用人单位 |
| | 招聘指导 | 根据用人单位的招聘需求及实际情况，为用人单位的招聘工作实施提供协助指导，使用人单位掌握人员招聘的基本程序及相关技能，提高招聘的成功率与招聘工作的效率 |

方微博来发布招聘信息，并且取得了一定成效。

微博招聘是指用简洁的文字将招聘信息发布到微博上，进而实施招聘的一种招聘方式。由于微博的直接互动有效拉近了招聘企业与应聘者之间的距离，提升了沟通效率，且相比其他招聘渠道成本较低，因而这一新型招聘方式受到了企业的广泛欢迎。

做好微博招聘需要考虑以下三个方面，具体内容如图 2-3 所示。

作为人力资源管理者，应积极寻求创新思路，挖掘微博广泛且即时传播带来的益处，为我所用，促使自己在提升专业实力的同时，不断提升招聘工作水平。

（2）QQ 招聘

运用 QQ 软件进行招聘与面试员工，是现在不少企业采用的一种新的招聘方式。如有的企业构建的 QQ 空间、QQ 交流群，就是通过 QQ 发布招聘信息，收取应聘者信息和进行视频面试的。如图 2-4 所示给出了一个演示示例。

从上述示例中可看出，QQ 聊天软件被应用在人才招聘中，有着其自身的优势，就

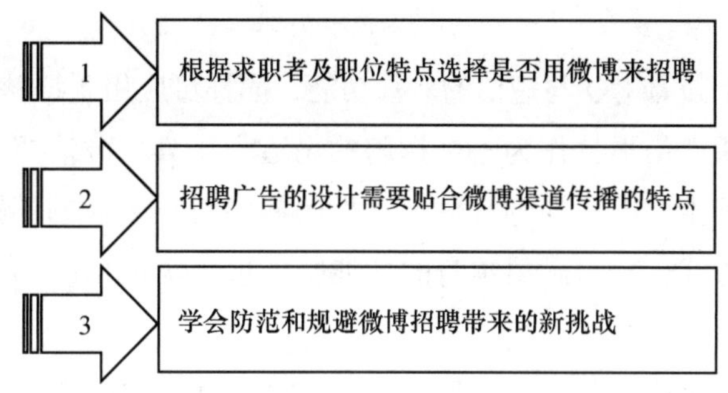


图 2-3　运用微博招聘需要考虑的三方面内容

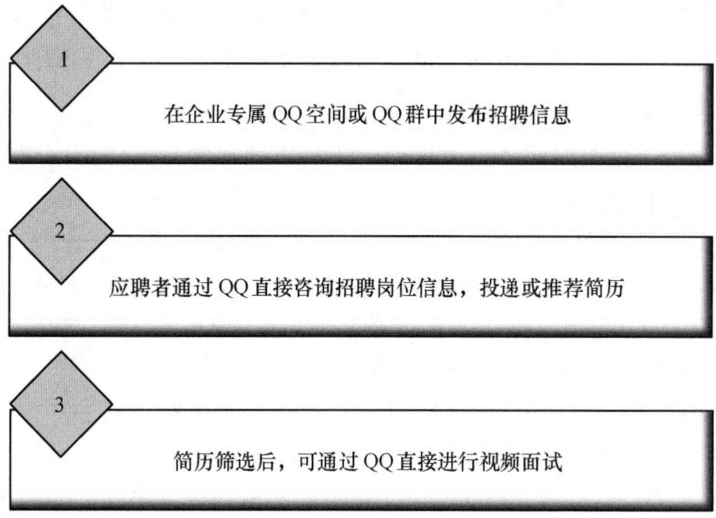


图 2-4　QQ 视频在招聘中的运用示例

是双方登录 QQ 时，可以实现三种沟通，即文字沟通、视频沟通和音频沟通。除此之外，它还具有以下特点，具体内容如图 2-5 所示。

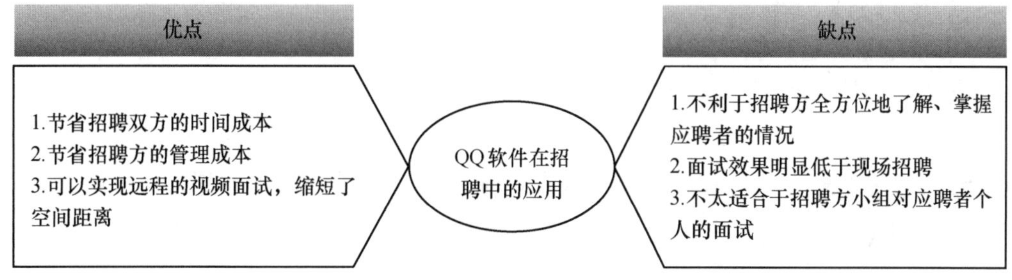


图 2-5　运用 QQ 实施招聘的特点

企业要想运用 QQ 招聘方式达到理想的招聘效果，除需要做好信息管理、人员配备等基础工作外，还需辅以其他必要的考核方式，这样效果会更佳。

（3）微信招聘

相对来说，微信兼有 QQ 与短信的双重功能，同样可应用于招聘工作。

微信招聘即使用微信平台作为一个招聘的渠道和工具。微信招聘对于很多从事招聘的朋友来说并不陌生，但一谈到具体怎么做的问题时很多人却不知从何处着手。微信招聘主要有两种方式：利用微信本身的功能服务项来实现招聘和通过设立企业公众账号进行招聘。

随着微信用户的迅速增长，以及后续整个移动互联网终端普及和信息获取的流量转移到移动终端，将会有越来越多的企业开始建立自己的微信招聘平台。在企业的微信公众号上，招聘人员可以每天群发一条招聘信息，还可以设置自动添加回复，当有求职者发送信息的时候就可以自动回复预先设置好的内容，内容包括文字、音频、视频、图片、图文消息等。

上面主要介绍了企业如何运用微信这一工具实施招聘，具体到招聘实施环节，其中还有一些技巧，具体内容如图 2-6 所示。

1 给自己企业微信招聘公众号取一个好记并有特点的名字，一般以“公司名字 + 招聘”为主

2 做好账号的日常运营，包括推送的内容、推送的时间、回复的时间等

3 运用关键词自动回复规则，引导和输出应聘者想要的内容

4 可以在推送的内容里设定用户单击应聘邮箱即启动新建邮件功能，方便应聘者及时投递简历

5 设置链接可直接跳转至企业的网站，便于应聘者了解企业

6 招聘公众账号的粉丝数量达到一定规模后，还可以设计一些与招聘有关的活动，以配合其他招聘渠道的实施

图 2-6　微信招聘实施技巧

任何事情都是有利也有弊，作为人力资源从业者，最重要的是要扬长避短，灵活运用各种招聘方法，这样才能为企业招聘到合适的人才，又可为企业减少不必要的开支。

### （二）个人求职登记业务流程与规范

求职者到招聘服务机构求职，工作人员应要求其进行求职登记。

### 1. 个人求职登记业务流程

个人求职登记业务流程如图 2-7 所示。

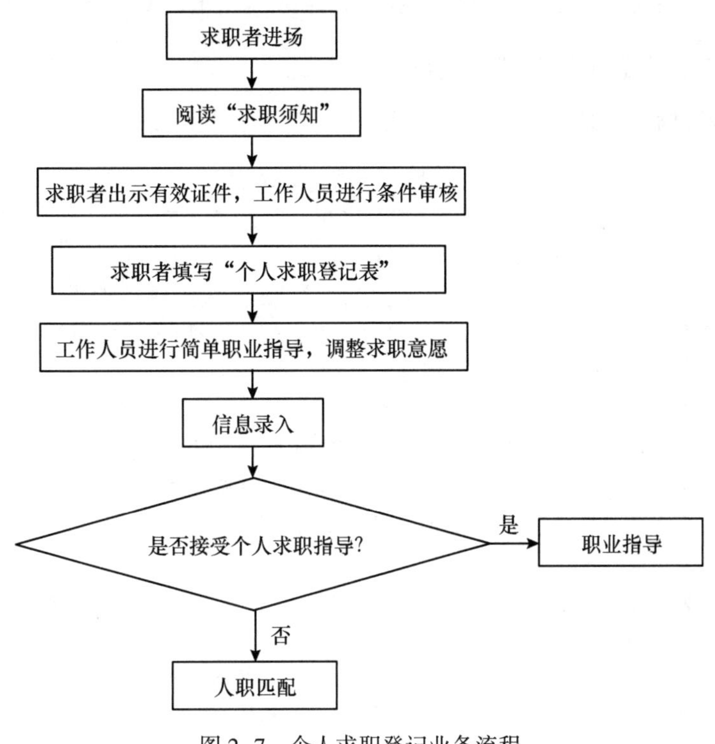


图 2-7　个人求职登记业务流程

（1）求职者进场。

（2）求职者阅读“求职须知”。进入职业介绍服务区域后，求职者应先寻找宣传资料架，并获取自己所需资料，仔细阅读，如有疑问，可去总服务台进行咨询。

（3）求职者出示有效证件，工作人员进行条件审核。求职者应随身携带的证件包括有效身份证件、学历证书、专业技术等级证书、职业技能证书等，其中有效身份证是必带证件。

（4）求职者填写“个人求职登记表”，一般包括身份证号、姓名、年龄、性别、人员类别、工作简历、学历情况、职业技能、择业信息等关键内容。

（5）工作人员进行简单职业指导，调整求职意愿。工作人员要仔细阅读求职者的个人简历，根据其个人条件和人力资源市场当前的供求状况，指导求职者调整求职意愿，增加求职成功率。

（6）信息录入。在录入之前一定要再次仔细阅读填好的“个人求职登记表”，查看“必填项”是否均已填好且清楚可辨；同时，要熟练掌握录入操作，避免因某项必填项没有填写清楚而导致求职信息无法录入的现象。

（7）确定求职者是否接受个人求职指导服务。如果接受，则进入职业指导服务业务流程；如果不接受，则进入人职匹配业务流程。

### 2. 个人求职登记业务规范的编制

招聘服务机构需编制个人求职登记业务规范，示例见表 2-2。

表 2-2　　个人求职登记业务规范

<table>
<tr><td rowspan="2">制度名称</td><td rowspan="2">个人求职登记业务规范</td><td>编制部门</td><td></td></tr>
<tr><td>执行部门</td><td></td></tr>
<tr><td colspan="4">第 1 条　为了明确个人求职登记程序，规范个人求职登记的管理工作，确保本招聘服务机构提供的个人求职登记工作有序展开，特制定本规范。<br>第 2 条　本规范适用于个人求职登记业务办理工作。<br>第 3 条　招聘服务项目主管须根据招聘服务范围明确求职登记服务对象。<br>第 4 条　招聘服务项目主管须明确求职者在进行求职登记时提供的个人资料。<br>1. 必备资料，即求职者在进行求职登记时必须提供的资料。<br>（1）二代居民身份证原件及复印件。<br>（2）个人学历证明原件及复印件。<br>（3）近期一寸免冠彩色证件照。<br>2. 可选资料，即求职者有相关证明资料时可提供，没有可暂不提供。<br>（1）职称或职业资格证书等其他证明个人技能专长的资料的原件及复印件。<br>（2）特困职工、军警家属、残疾人有效证件及复印件。<br>（3）失业人员需提供“就业失业登记证”的原件及复印件。<br>第 5 条　招聘服务项目主管须编制“个人求职登记表”供求职者登记信息。<br>第 6 条　招聘服务项目组成员须对求职者的登记信息进行核查，具体核查内容如下：<br>1. 求职者是否在服务对象的范围内。<br>2. 求职者个人信息资料的真实性。<br>3. 求职者登记表信息与个人信息资料的一致性。<br>第 7 条　招聘服务项目组成员须根据核查结果，对求职登记信息进行处理。<br>1. 对于核实无误的求职者登记信息录入系统，建立求职信息台账。<br>2. 对于信息存在问题的，须进行以下处理：<br>（1）求职者不在服务对象范围，须将求职者的登记信息剔除，并向求职者说明原因。<br>（2）求职者个人信息资料存在虚假，须将虚假信息剔除，并向求职者说明。如情节较为严重，可进行资格免除处理。<br>（3）求职者登记表信息与个人信息资料不一致，须求职者依照其个人资料修改登记表。<br>第 8 条　本规范由业务部制定，其解释权、修订权归业务部所有。<br>第 9 条　本规范经总经理批准后颁布执行。</td></tr>
</table>

| 编制日期 | | 审核日期 | | 批准日期 | |
|---|---|---|---|---|---|
| 修订标记 | | 修订处数量 | | 修订日期 | |

### 3. 高风险环节分析

由于招聘服务的多样性、求职者类别特征的复杂性以及求职者信息资料可能的虚假性等风险，明确服务对象和内容确认两个环节是个人求职登记业务中的高风险环节，招聘服务机构可事先对这两个环节进行深入分析，予以防范。具体说明见表 2-3。

表 2-3　　个人求职登记业务高风险环节说明

| 高风险环节 | 风险说明 | 风险应对措施 |
|---|---|---|
| 明确服务对象 | ◎招聘服务需求多样，招聘服务机构未能根据自身的实际情况准确界定服务范围，从而难以明确服务对象<br>◎对服务范围虽进行准确界定，但是针对服务范围的特征及各类求职者的类别特征，招聘服务机构未能进行深入分析，从而未能准确确定满足招聘需求的人员特征要求，进而导致服务对象不符合招聘的需求 | ◎招聘服务机构首先需要以自身的实际情况为依据，选择与机构发展战略相契合的服务项目，合理确定服务范围<br>◎招聘服务机构需对服务范围进行分析，并结合劳动力市场中现有求职者的类别特征，确定满足服务需求的求职者的特征 |
| 内容确认 | ◎求职者信息资料种类繁多，招聘服务机构难以有效识别虚假的信息资料<br>◎如虚假的学历证明、技术资格证明等求职者登记的信息资料数量较多，招聘服务机构难以准确识别其中错误的信息资料 | ◎招聘服务机构需对求职者提供的信息资料的类别、数量等进行明确说明<br>◎招聘服务机构需了解相关求职信息资料真假识别标准或掌握相关求职信息资料真假识别技术<br>◎招聘服务机构需优化人力资源管理信息系统，以提高信息筛选的准确率 |

### 4. 常见问题的解析

在个人求职登记业务实施过程中，常见的问题主要发生在求职登记表设计、求职登记信息核实以及求职信息台账管理等工作过程中。

（1）求职登记表设计不合理

招聘信息登记表设计人员在设计求职登记表时，往往会因为对相关招聘服务工作的战略意图理解不准确、不全面或由于惯性思维的影响，导致求职登记表设计不合理，尤其在登记表的内容设计上存在问题，具体表现如图 2-8 所示。

（2）求职登记信息核实效率低下

求职登记信息核实作为个人求职登记业务的关键环节，其效率直接影响后续工作及整个业务流程的效率。在第三方招聘服务机构提供的个人求职登记服务中，求职登记信息核实效率低下是普遍存在的问题，其具体表现如图 2-9 所示。

（3）求职信息台账管理不规范

招聘服务机构应建立求职信息台账，及时对通过审核的求职信息进行整理、存档。

| | |
|---|---|
| 信息量设置不合理 | ◎表格设计人员对招聘服务的关键内容把握不准，导致登记表中呈现的内容过于烦琐，难以对招聘服务中的关键要求突出重点，同时增加了登记表填写人员与审核人员的工作量<br>◎表格设计人员未对招聘服务的相关要求进行全面了解，导致登记表中相关的个人求职信息缺失，从而难以对求职人员的相关信息进行准确审核 |
| 结构安排不科学 | ◎表格设计人员未对登记表中所需涉及的内容进行分类，且未在登记表中进行分类呈现，影响相关人员在填写或审核表中信息时的效率<br>◎表格设计人员对招聘服务要求把握不准，导致登记表中所呈现的相关信息的比例或顺序设置不当，从而难以重点突出招聘服务中的关键要求，或影响登记表填写及审核人员的工作效率 |

图 2-8　求职登记表设计问题

1 ◎信息核实人员未及时对登记信息进行审核，导致未能在规定时间内完成信息核实任务，从而影响后续相关工作展开

2 ◎信息核实人员工作不仔细，未能发现求职登记信息中存在的问题

3 ◎求职登记信息填写人员在填写登记信息时存在造假行为，且招聘服务机构缺少对虚假信息识别技术或信息核实人员缺乏对虚假信息识别能力，难以有效识别登记表中的虚假信息

图 2-9　求职登记信息核实问题

然而，很多招聘服务机构在求职信息台账管理过程中存在着诸多问题，导致求职信息台账管理不规范，其具体表现如图 2-10 所示。

1 ◎求职信息台账登记不准确，导致求职信息台账的相关内容与求职者实际情况不符

2 ◎求职信息台账更新不及时，未能及时修改、添加或剔除相关求职信息，导致求职信息台账的信息滞后

图 2-10　求职信息台账管理问题

## （三）岗位推荐业务流程与规范

### 1. 岗位推荐业务流程

岗位推荐业务是职业介绍的核心环节。这项业务是为求职者提供职业需求信息，并对信息进行简单的筛选和分析，为其推荐符合其求职意愿和个人条件的岗位信息，

同时开具推荐说明以及提供一般化的职业指导，包括了解求职者就业条件和意愿，为求职者进行解释、指导，了解本地岗位供求信息和状况、职业供求状况分析预测信息、职业培训信息；相关就业服务项目及政策咨询等。

（1）岗位推荐业务流程

岗位推荐业务流程如图 2-11 所示。

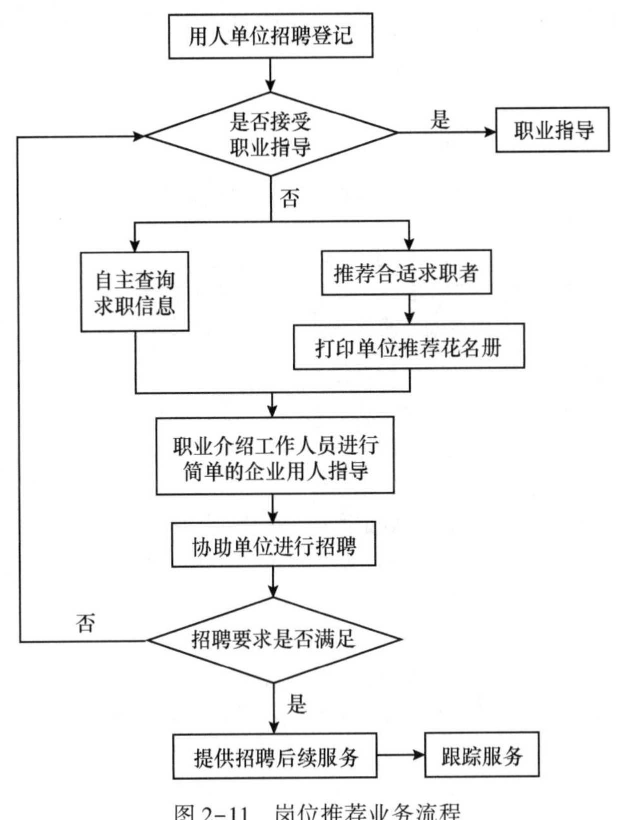


图 2-11　岗位推荐业务流程

（2）具体操作步骤

①用人单位招聘登记业务操作完毕后，应先询问用人单位是否需要用人指导服务。若需要，则进行职业指导业务流程；若不需要，则进入下一步。

②求职者信息的获取。用人单位可以通过电子屏、触摸屏或互联网进行自主查询求职者信息，也可以由职业介绍工作人员推荐用人，职业介绍工作人员通过对用人单位的招聘需求进行分析后，根据用人单位的招聘条件查询合适的求职者信息，向用人单位进行推荐，并打印单位推荐花名册。

③职业介绍工作人员进行简单的企业用人指导。职业介绍工作人员为用人单位提供合适的求职者信息后，应对用人单位进行简单的用人指导，如介绍日常招聘程序、

招聘方式的选择、介绍招聘后续服务内容等。

④协助用人单位进行招聘，包括招聘成功的可能性分析、招聘简章的制作、招聘方式的确定、接待应聘人员、协助面试，最后确定适用人选。

⑤根据用人单位的招聘需求是否满足，确定为用人单位提供的下一步服务。如果用人单位的招聘需求尚未满足，需要重新进入用人推荐业务流程；如果招聘需求已经满足，则需要向单位提供招聘后续服务（包括协助用人单位为被录用员工办理招聘备案、签订规范劳动合同及缴纳社会保险等相关手续）和跟踪服务。

### 2. 岗位推荐业务规范的编制

招聘服务机构需编制岗位推荐业务规范，示例见表 2-4。

表 2-4　岗位推荐业务规范

<table>
<tr><th rowspan="2">制度名称</th><th rowspan="2" colspan="3">岗位推荐业务规范</th><th>编制部门</th><th></th></tr>
<tr><th>执行部门</th><th></th></tr>
<tr><td colspan="6">第 1 条　为了规范本招聘服务机构的岗位推荐业务实施程序，确保岗位推荐业务有序展开，提高求职者与岗位匹配的成功率，特制定本规范。<br>第 2 条　本规范适用于岗位推荐业务的实施工作。<br>第 3 条　招聘服务工作人员须对求职者登记的求职信息进行分析，确定求职者的求职意向。<br>第 4 条　招聘服务工作人员须结合求职者的求职意向，对用人单位的招聘信息进行分析，筛选能够满足求职者需求的岗位作为候选岗位。<br>第 5 条　招聘服务工作人员须根据求职者的求职意向与用人单位的招聘需求的契合度，依次与提供候选岗位的用人单位沟通，向其说明求职者的基本情况。<br>1. 用人单位如对求职者不满意，招聘服务项目组须重新选择与求职者的求职意向相契合的岗位，并与提供岗位的用人单位进行沟通。<br>2. 用人单位如对求职者满意，招聘服务项目组须与求职者进行沟通。<br>第 6 条　招聘服务工作人员在与求职者进行沟通时，须向其说明岗位及用人单位的基本情况。<br>1. 求职者对岗位或用人单位不满意，招聘服务工作人员须根据求职者的求职意向重新选择候选岗位，并依次与用人单位、求职者进行沟通。<br>2. 求职者对岗位或用人单位满意，招聘服务工作人员须做好岗位推荐相关信息记录，记录以下内容：<br>（1）求职者基本信息，主要包括求职者姓名、求职意向、求职登记时间等内容。<br>（2）招聘岗位基本信息，主要包括岗位名称、岗位招聘人数、用人单位名称、招聘登记时间等内容。<br>（3）岗位推荐时间。<br>第 7 条　招聘服务工作人员须及时安排求职者与用人单位面谈，使双方及时进行有效沟通。<br>第 8 条　本规范由业务部制定、解释与修订，经总经理批准后颁布执行。</td></tr>
<tr><td>编制日期</td><td></td><td>审核日期</td><td></td><td>批准日期</td><td></td></tr>
<tr><td>修订标记</td><td></td><td>修订处数量</td><td></td><td>修订日期</td><td></td></tr>
</table>

### 3. 高风险环节分析

在岗位推荐业务中，岗位需求分析、与用人单位沟通、与求职者沟通是三个核心环节，它们也是三个具有高风险性的环节，其实施情况直接关系到岗位推荐业务的实施成果。因此，招聘服务机构需对此三个环节进行深入的研究分析，并制定合理的应对措施，以有效规避各类风险，具体说明见表 2–5。

表 2–5　岗位推荐业务高风险环节说明

<table>
<tr><th>高风险环节</th><th>风险说明</th><th>风险应对措施</th></tr>
<tr><td>岗位需求分析</td><td>招聘服务机构对求职者的求职意向把握不准确，难以在求职者与岗位之间形成有效的组合</td><td rowspan="3">（1）招聘服务机构须对求职者登记求职信息及求职者所处的环境情况进行深入分析、识别，能够准确表达求职者求职意向的信息<br>（2）招聘服务机构在对求职者求职意向进行分析时，要以求职者的客观实际情况为主要分析依据，避免思维定式对分析结果的影响<br>（3）招聘服务机构可制定岗位推荐沟通管理工作规范，明确沟通内容要求与语言规范<br>（4）招聘服务机构可建立反馈机制，收集用人单位、求职者的反馈意见，并将其纳入工作人员的考核或培训中<br>（5）招聘服务机构须建立岗位推荐人员培训机制，定期对工作人员进行岗位技能培训</td></tr>
<tr><td>与用人单位沟通</td><td rowspan="2">招聘服务机构缺少科学的与客户沟通的管理机制，导致招聘服务机构工作人员在与用人单位及求职者进行沟通时，存在不规范的沟通行为，导致沟通效果不佳</td></tr>
<tr><td>与求职者沟通</td></tr>
</table>

### 4. 常见问题的解析

岗位推荐的实质是招聘服务机构围绕招聘岗位，分别与用人单位、求职者双方，特别是与求职者进行推荐沟通的过程。在此过程中，招聘服务机构需注意两类问题，即沟通程序的规范性与沟通语言的规范性，具体说明见表 2–6。

表 2–6　岗位推荐常见问题说明

| 问题类别 | 问题概述 | 问题表现 | 影响 |
|---|---|---|---|
| 沟通程序的规范性 | 招聘服务机构在与用人单位或求职者进行沟通时存在沟通程序不规范的问题 | 在确定求职者和岗位匹配关系后，先与求职者进行沟通，后与用人单位沟通 | 这种情况容易出现求职者对岗位十分满意，但用人单位对求职者不满意或岗位已招满而导致岗位推荐失败的问题 |

续表

| 问题类别 | 问题概述 | 问题表现 | 影响 |
| --- | --- | --- | --- |
| 沟通语言的规范性 | 招聘服务机构在与用人单位或求职者进行沟通时存在沟通语言不规范的问题 | （1）在沟通过程中，岗位推荐工作人员会在有意或无意情况下使用非规范性的语言，如“您到底想找薪资是多少的工作”或“企业大概会提供五险一金”等<br>（2）岗位推荐工作人员会为了隐瞒一些对第三方不利的内容，使用一些具有掩饰性、误导性的语言 | 容易引发求职者或用人单位对其服务的专业性与规范性的怀疑，从而影响对其他相关服务的满意度 |

### （四）委托招聘业务流程与规范

#### 1. 委托招聘业务流程

委托招聘业务流程如图 2-12 所示。

（1）用人单位提出委托申请，并填写“委托招聘申请登记表”。该表应包括用人单位信息、委托招聘岗位名称、职责、任职要求、招聘人数、条件等关键内容。

（2）核实用人单位资质。需要审核用人单位营业执照或事业单位法人代码证书；了解用人单位所有制性质，即属于国有、集体、股份、私营、外资、合营、个体等；详细了解用人单位的规模、经营范围、地点、近年来的经营状况等，以确定用人单位的招聘主体资格。

（3）详细分析用人单位的招聘需求，包括对用人单位提出的职位进行可行性分析、招聘成功的可能性分析，以及对招聘成本和招聘效果的评估。

（4）与用人单位建立委托代理关系，签订委托招聘协议。

（5）实施招聘。与用人推荐业务流程中的“协助用人单位进行招聘”不同的是，委托招聘过程中，可以先由第三方机构单独进行招聘，筛选出合适人选后，推荐给用人单位，用人单位再根据面试情况做最后决定；也可以由第三方机构和用人单位共同进行招聘，最后由用人单位确定人选。

（6）确定用人单位的招聘需求是否已满足。如果尚未满足，则继续实施招聘；如果已满足，则进入招聘后续服务，包括为被录用人员提供简单岗前辅导，协助用人单位办理录用手续并进行简单的用人指导，而后进行跟踪服务等。

#### 2. 委托招聘业务规范的编制

招聘服务机构需编制委托招聘业务规范，示例见表 2-7。

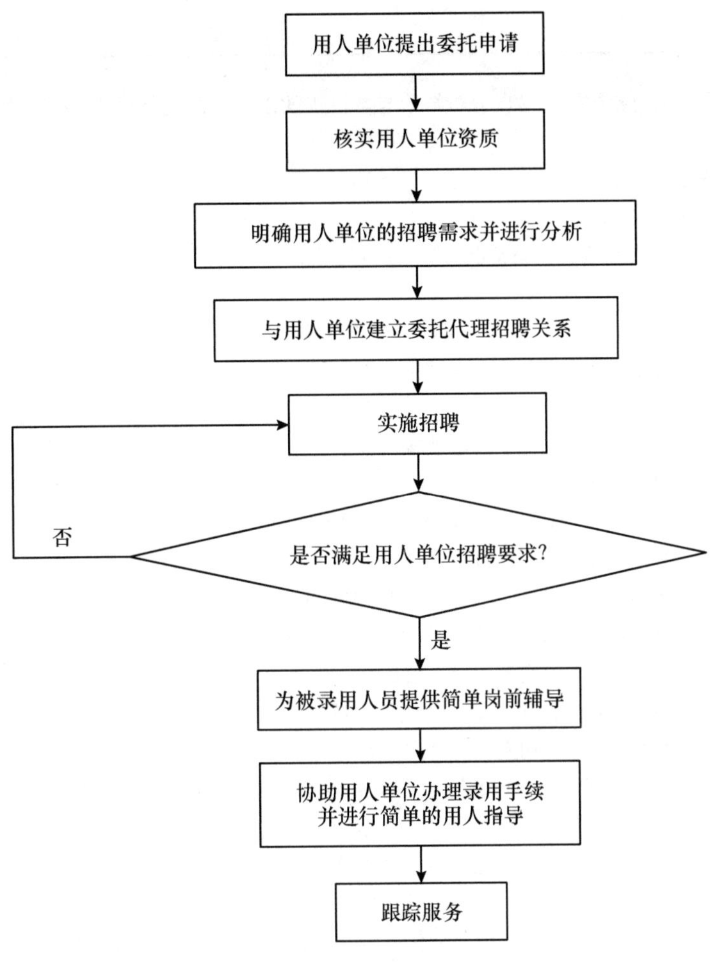


图 2-12　委托招聘业务流程

表 2-7　委托招聘业务规范

| 制度名称 | 委托招聘业务规范 | 编制部门 | |
| --- | --- | --- | --- |
| | | 执行部门 | |

第 1 章　总则

第 1 条　为了规范委托招聘业务的实施程序，明确委托招聘业务的实施要求，为本招聘服务机构（以下简称本机构）有序开展委托招聘业务提供有效保障，特制定本规范。

第 2 条　本规范适用于委托招聘业务实施过程的规范与管理工作。

第 2 章　业务需求分析

第 3 条　项目组在接到用人单位的招聘委托意向后，须在一天内完成招聘委托业务需求分析工作。

第 4 条　项目组须先对用人单位的资质进行审查，确定用人单位提供的相关信息的真实性。

第 5 条　项目组须先对用人单位的招聘委托意向进行初步分析，具体分析内容包括但不限于下列几项：招聘岗位的类别、岗位任职者基本要求、招聘人数、招聘时限、用人单位的预算。

续表

第6条　项目组须将招聘委托意向分析结果与本机构的以下情况进行对比，并根据对比结果，确定是否接受委托：

1. 机构战略发展要求。
2. 机构现有的人力资源情况。
3. 机构现有的求职人员资源储备情况。
4. 机构相关业务的收费标准。

第3章　委托招聘沟通管理

第7条　项目组须在业务需求分析工作结束后的一天内，与用人单位进行沟通，将业务分析结果告知用人单位。

第8条　对于拒绝的招聘委托，项目组须按照以下要求与用人单位进行沟通。

1. 项目组须将结果及相关原因明确告知用人单位。
2. 在与用人单位沟通时，项目组相关成员须注意语言的规范性。

第9条　对于接受的招聘委托，项目组须按以下要求与用人单位进行沟通。

1. 项目组须将结果告知用人单位，并围绕下述内容同用人单位进行沟通：

（1）招聘需求分析。项目组须同用人单位就岗位的基本信息、岗位任职者的要求、招聘时间限制等内容进行深入分析，并就沟通内容达成一致。

（2）委托费用协商。项目组同用人单位就业务委托的费用总额、费用构成、费用支付时间、费用支付条件、违约赔偿等内容进行沟通，并达成一致。

2. 项目组围绕沟通结果同用人单位签订“委托招聘协议书”，明确以下内容。

（1）用人单位须提供的资料，具体类别如下所示：

①用人单位的基本信息资料，主要包括营业执照复印件、组织机构代码复印件及用人单位的经济性质、经营范围、规模、经营现状、发展前景等相关信息的资料。

②招聘岗位的基本信息资料，主要包括岗位名称、岗位类别、岗位职责、招聘人数、岗位任职资格要求等相关信息资料。

（2）本机构和用人单位双方在委托招聘业务实施过程中的权责。

（3）候选人推荐比例。

（4）招聘委托完成时限。

（5）违约情况的界定标准及相关处理标准。

（6）费用支付要求，包括费用总额、费用构成、费用支付时间、费用支付条件、违约赔偿数额等。

（7）委托业务结束认定标准。

（8）落选候选人招聘限制相关规定。

第4章　招聘实施过程管理

第10条　项目组须对用人单位的招聘需求进行深入分析，明确用人单位对岗位任职者在知识、技能、能力及个性四个方面的具体要求。

第11条　项目组须根据招聘单位的招聘需求，选择合适方式发布招聘信息，明确招聘单位名称、招聘岗位名称、招聘人数、本机构的名称、岗位任职者资格要求、岗位职责、薪资范围、面试程序等信息。

续表

第 12 条　项目组须根据用人单位的招聘需求，对简历进行筛选，并按照 1：________（岗位招聘人数：参加初试的人数）的比例确定参加初试的人员。

第 13 条　项目组协同机构内相关专业人员对求职者进行初试，并按照 1：________（岗位招聘人数：机构推荐参加用人单位面试的人数）的比例确定推荐给用人单位面试的求职者。

第 14 条　项目组须将岗位候选人推荐给用人单位，并与用人单位协同确定复试时间、复试地点等信息。

第 15 条　项目组须将复试相关信息准确告知岗位候选人，并组织相关候选人参加复试。

第 16 条　项目组须根据复试情况，进行委托业务相关后续工作的处理，具体如下所示：

1. 对于用人单位对岗位候选人满意的情形，项目组须在用人单位确定录用求职者的一天内，将服务费用支付信息发送给用人单位。

2. 对于用人单位对岗位候选人不满意的情形，项目组须为用人单位推荐其他求职者。

第 5 章　附则

第 17 条　本规范由业务部制定、解释与修订。

第 18 条　本规范经总经理批准后颁布执行。

| 编制日期 | | 审核日期 | | 批准日期 | |
|---|---|---|---|---|---|
| 修订标记 | | 修订处数量 | | 修订日期 | |

### 3. 高风险环节分析

委托招聘是用人单位将部分岗位的招聘工作委托给招聘服务机构进行的一种招聘形式。在委托招聘业务中，招聘服务机构的主要工作事项是根据委托要求，“代替”用人单位进行员工招聘工作。在委托招聘实施过程中，招聘服务机构需注意一些高风险环节，并采取措施予以有效防范，确保委托招聘业务有序展开。

（1）委托招聘业务高风险环节：资质审查

资质审查是招聘服务机构对用人单位所提交证件的有效性及单位基本信息的真实性进行审查的过程。资质审查环节存在的风险是招聘服务机构未对用人单位的资质进行严格审核，导致对用人单位的招聘主体资格作出误判或未能有效识别出用人单位存在的相关问题。针对上述风险，招聘服务机构可采取如图 2-13 所示的应对措施进行预防。

（2）委托招聘业务高风险环节：招聘需求沟通

招聘需求沟通是招聘服务机构就用人单位的具体招聘需求同用人单位进行深入沟通的过程。在此过程中，容易发生的风险及风险应对措施见表 2-8。

（3）委托招聘业务高风险环节：签订委托协议

签订委托协议是招聘服务机构和用人单位就委托招聘中涉及业务实施程序、业务实施要求、业务费用支付、问题责任界定等问题进行约定的过程。在签订委托协议过

| 措施 1 | 招聘服务机构需制定科学可行的资质审查标准，为资质审查结果的准确性提供依据 |
|---|---|
| 措施 2 | 招聘服务机构需制定资质审查工作规范，规范相关工作人员的工作行为 |
| 措施 3 | 招聘服务机构需对相关工作人员进行培训，提高工作人员对虚假信息识别的技能 |

图 2-13　资质审查风险应对措施

表 2-8　　招聘需求沟通风险说明

| 风险说明 | 风险应对措施 |
|---|---|
| 在招聘需求沟通过程中，用人单位未能对其招聘需求进行准确阐述，而招聘服务机构亦未对相关内容予以求证，导致招聘服务机构对招聘需求的理解与用人单位的实际需求存在偏差 | 招聘服务机构应与用人单位就相关内容进行反复确认，必要时，最好对招聘需求进行书面性描述，并获得用人单位的确认 |
| 招聘服务机构的工作人员在与用人单位进行沟通时，未能认真倾听用人单位的要求，导致对用人单位的招聘需求理解不准确 | 招聘服务机构需定期就沟通规范及沟通技巧等内容组织工作人员开展培训 |
| | 招聘服务机构需要求工作人员在沟通过程中做好沟通记录，并要求记录上有用人单位责任人的签字，同时，可根据沟通记录的填写情况对工作人员进行考核 |
| | 招聘服务机构需定期与用人单位进行沟通，并可将用人单位的反馈信息作为工作人员的考核依据 |

程中，存在的风险主要包括协议签订主体资格风险和协议内容风险两类，具体说明见表 2-9。

表 2-9　　签订委托协议风险说明

| 风险类别 | 风险说明 | 风险应对措施 |
|---|---|---|
| 协议签订主体资格风险 | 委托协议的签订者不具有协议签订资格，导致签订的协议无效 | （1）招聘服务机构需制定委托协议管理规范，对协议签订主体的资格进行明确<br>（2）招聘服务机构需对用人单位协议签订者的资格进行审查，确保其具有协议签订资格 |
| 协议内容风险 | 委托招聘协议内容不完善、不合理、不合法，容易导致委托招聘业务纠纷发生 | 招聘服务机构需安排或聘请有关法务人员及资深业务人员共同起草委托协议书或审查委托协议书，确保协议书内容的全面性、合理性、合法性 |

（4）委托招聘业务高风险环节：招聘需求分析

招聘需求分析是招聘服务机构与用人单位签订委托招聘协议后，以招聘需求沟通结果为依据，对用人单位的招聘需求进行全面、深入分析，准确理解用人单位招聘需求的过程。在此过程中，容易发生的工作风险及应对措施见表 2-10。

表 2-10　　招聘需求分析风险说明

<table>
<tr><th>风险说明</th><th>风险应对措施</th></tr>
<tr><td>招聘需求沟通相关记录信息不准确，导致招聘需求分析结果不准确，若依此录用求职者难以满足用人单位的需求</td><td>招聘服务机构需加强对招聘需求沟通及沟通记录的管理规范工作，确保沟通的有效性及沟通记录的准确性</td></tr>
<tr><td rowspan="2">招聘服务机构相关工作人员在需求分析过程中，未能以用人单位的实际情况为分析依据，而是凭借个人经验等进行分析，导致分析结果不准确</td><td>招聘服务机构需定期对工作人员进行培训，提高工作人员的分析能力</td></tr>
<tr><td>招聘服务机构可安排多名工作人员对用人单位的招聘需求进行分析，并综合各位工作人员的分析结果，确定招聘需求</td></tr>
</table>

（5）委托招聘业务高风险环节：求职者筛选

求职者筛选是招聘服务机构依据用人单位的招聘需求，对求职者进行筛选的过程。求职者筛选过程存在的工作风险具体见表 2-11。

表 2-11　　求职者筛选风险说明

| 风险说明 | 风险应对措施 |
|---|---|
| 招聘服务机构制定的求职者筛选标准不符合用人单位的招聘需求，导致依此标准为依据筛选出的求职者不能满足用人单位的招聘需求 | （1）招聘服务机构需以用人单位的招聘需求为依据，制定求职者筛选标准<br>（2）招聘服务机构需明确求职者筛选标准制定程序及相关要求，规范求职者筛选标准的制定 |
| 招聘服务机构相关工作人员对求职者筛选标准理解存在偏差，导致筛选出的求职者难以满足用人单位的招聘需求 | 招聘服务机构需定期对工作人员进行培训，提高工作人员的业务能力 |

## 二、任务要求

### 1. 任务基本要求

假设自己毕业想通过招聘服务机构找工作，想去做求职登记，以增加自己求职成功的概率。

具体任务：

（1）以自己个人资料为背景，填写“个人求职登记表”，并注意相应的填表要求。

（2）你认为“个人求职登记表”还有什么可改进之处？

### 2. 任务完成常用实际业务工具

（1）个人求职登记表见表2–12。

表2–12　　个人求职登记表

<table>
<tr><td>身份证号码</td><td colspan="3"></td><td>姓名</td><td></td><td>年龄</td><td></td><td rowspan="5">照片</td></tr>
<tr><td>性别</td><td></td><td>民族</td><td></td><td>政治面貌</td><td></td><td>婚姻状况</td><td></td></tr>
<tr><td>户籍性质</td><td colspan="7"></td></tr>
<tr><td>人员类别</td><td colspan="7">就业转失业、新成长失业青年、其他失业人员、在业人员、离退休、上学、其他人员</td></tr>
<tr><td>健康状况</td><td colspan="7">健康或良好、一般或较弱、有病、有生理缺陷、有残疾、其他</td></tr>
<tr><td>视力</td><td colspan="3">左（　）右（　）</td><td>身高（厘米）</td><td colspan="2"></td><td>体重（千克）</td><td></td></tr>
<tr><td>户口所在地</td><td colspan="8"></td></tr>
<tr><td>工作简历</td><td colspan="8"></td></tr>
<tr><td rowspan="3">学历情况</td><td colspan="3">文化程度</td><td colspan="3">所学专业</td><td colspan="2">毕业时间</td></tr>
<tr><td colspan="3"></td><td colspan="3"></td><td colspan="2"></td></tr>
<tr><td colspan="3">第二学历</td><td colspan="5"></td></tr>
<tr><td>固定电话</td><td colspan="3"></td><td>手机</td><td colspan="2"></td><td>E-mail</td><td></td></tr>
<tr><td>邮政编码</td><td colspan="3"></td><td>联系人</td><td colspan="2"></td><td>联系人电话</td><td></td></tr>
<tr><td>居住地址</td><td colspan="8"></td></tr>
<tr><td>其他说明</td><td colspan="8"></td></tr>
<tr><td>其他信息</td><td colspan="8">低保、困难（特困、困难、边缘困难）、农转非、两劳释放、复原退伍、外埠转入、应届高校毕业生、人户分离、持再就业优惠证</td></tr>
<tr><td rowspan="3">职业技能</td><td>名称</td><td>等级</td><td>从事年限</td><td rowspan="3">外语特长</td><td>语种</td><td colspan="3">熟练程度</td></tr>
<tr><td></td><td></td><td></td><td></td><td colspan="3">精通、熟练、良好、一般</td></tr>
<tr><td></td><td></td><td></td><td></td><td colspan="3">精通、熟练、良好、一般</td></tr>
</table>

续表

<table>
<tr><td>计算机</td><td colspan="2"></td><td>熟练程度</td><td colspan="3">精通、熟练、良好、一般</td></tr>
<tr><td rowspan="9">择业信息</td><td>单位性质</td><td colspan="2"></td><td colspan="2">单位行业</td><td></td></tr>
<tr><td>经济类型</td><td colspan="2"></td><td colspan="2">工作地区（可多填）</td><td></td></tr>
<tr><td colspan="2">是否参加培训（ ）</td><td colspan="3">是否接受职业指导（ ）</td><td>是否接受短信（ ）</td></tr>
<tr><td colspan="2">择业工种 1</td><td colspan="2">求职形式</td><td colspan="2">全职、兼职、临时、小时工</td></tr>
<tr><td colspan="2">期望薪金</td><td colspan="4">月薪：（ ）元/月　时薪：（ ）元/小时</td></tr>
<tr><td colspan="2">择业工种 2</td><td colspan="2">求职形式</td><td colspan="2">全职、兼职、临时、小时工</td></tr>
<tr><td colspan="2">期望薪金</td><td colspan="4">月薪：（ ）元/月　时薪：（ ）元/小时</td></tr>
<tr><td colspan="2">择业工种 3</td><td colspan="2">求职形式</td><td colspan="2">全职、兼职、临时、小时工</td></tr>
<tr><td colspan="2">期望薪金</td><td colspan="4">月薪：（ ）元/月　时薪：（ ）元/小时</td></tr>
</table>

填表日期：　　年　　月　　日

（2）单位招聘登记表见表 2-13。

**表 2-13　　单位招聘登记表**

<table>
<tr><td rowspan="10">基本信息</td><td>单位法人代码</td><td></td><td>单位全称</td><td></td><td>单位简称</td><td></td><td>单位性质</td><td></td></tr>
<tr><td>经济类型</td><td></td><td>单位行业</td><td></td><td>单位类型</td><td colspan="3">日常招聘单位、劳动派遣单位、公益性就业单位、其他用人单位</td></tr>
<tr><td>单位经办人</td><td></td><td>经办人身份证</td><td></td><td>联系人电话</td><td></td><td>联系人手机</td><td></td></tr>
<tr><td>E-mail</td><td></td><td>注册地址</td><td colspan="3"></td><td>经营地址</td><td></td></tr>
<tr><td>邮政编码</td><td></td><td>发布方式</td><td></td><td>是否提供职业指导</td><td></td><td>是否仅自助服务</td><td></td></tr>
<tr><td>招聘岗位 1</td><td></td><td>招聘人数</td><td>男（ ）<br>女（ ）<br>性别不限（ ）</td><td>年龄要求（岁）</td><td>（ ）至（ ）</td><td>文化程度</td><td></td></tr>
<tr><td>用工形式</td><td></td><td>月薪范围</td><td>（ ）至（ ）</td><td>时薪范围</td><td>（ ）至（ ）</td><td>婚姻状况</td><td></td></tr>
<tr><td>健康状况</td><td></td><td>户籍性质</td><td></td><td>人员类别</td><td></td><td>工作地点</td><td></td></tr>
<tr><td>招聘地区</td><td></td><td colspan="3">是否招用应届毕业生（　　）</td><td colspan="2">岗位描述</td><td></td></tr>
<tr><td>其他说明</td><td colspan="7"></td></tr>
</table>

续表

<table>
<tr><td rowspan="9">基本信息</td><td>能力要求</td><td>计算机等级</td><td>计算机操作熟练程度</td><td>职业技能</td><td>技术等级</td><td>从事年限</td><td>外语要求</td><td>外语熟练程度</td></tr>
<tr><td></td><td></td><td>精通、熟练、良好、一般</td><td></td><td></td><td></td><td></td><td>精通、熟练、良好、一般</td></tr>
<tr><td>招聘岗位 2</td><td></td><td>招聘人数</td><td>男（ ）<br>女（ ）<br>性别不限（ ）</td><td>年龄要求（岁）</td><td>（ ）至（ ）</td><td>文化程度</td><td></td></tr>
<tr><td>用工形式</td><td></td><td>月薪范围</td><td>（ ）至（ ）</td><td>时薪范围</td><td>（ ）至（ ）</td><td>婚姻状况</td><td></td></tr>
<tr><td>健康状况</td><td></td><td>户籍性质</td><td></td><td>人员类别</td><td></td><td>工作地点</td><td></td></tr>
<tr><td>招聘地区</td><td></td><td colspan="3">是否招用应届毕业生（ ）</td><td colspan="2">岗位描述</td><td></td></tr>
<tr><td>其他说明</td><td colspan="7"></td></tr>
<tr><td>能力要求</td><td>计算机等级</td><td>计算机操作熟练程度</td><td>职业技能</td><td>技术等级</td><td>从事年限</td><td>外语要求</td><td>外语熟练程度</td></tr>
<tr><td></td><td></td><td>精通、熟练、良好、一般</td><td></td><td></td><td></td><td></td><td>精通、熟练、良好、一般</td></tr>
</table>

## 三、任务评价指标和标准

按照学生提交的成果，由任课教师根据设计内容的完整性、设计的可操作性以及设计的实用性给予评分。

**“个人求职登记”任务评价指标和标准**

| 标准<br>指标 | 优<br>（5分） | 良<br>（4分） | 中<br>（3分） | 差<br>（2分） |
|---|---|---|---|---|
| 内容的完整性 | | | | |
| 可操作性 | | | | |
| 实用性 | | | | |

# 任务二 人才测评

## 一、知识准备

### (一) 人才测评的范畴

人才测评是根据一定目的，综合运用定量与定性的多种方法，对人才的德、智、能、绩、勤、体等，进行客观、准确评价的一种社会活动。人才测评的本质是对人才的评价。

人才测评可以从不同的角度进行分类。根据人才测评的实施主体，可以将人才测评分为内部测评和第三方测评两大类。

#### 1. 内部测评

内部测评是指由组织内部的人员来主持实施的人才测评活动。内部测评的优点是内部的人员对组织的战略文化、行业状况、企业实际情况更熟悉和了解，他们的想法更易与组织实际情况相适应，并在实施过程中风险较小。另外，内部测评的直接成本比使用第三方测评要低。但它也有明显的缺陷。其一，由内部人员来主持测评很难排除各种人情利益因素的干扰，测评的客观性和公平性会受到很大的挑战和质疑；其二，内部人员在人才测评方面的专业素养、技能、经验有所欠缺，测评工作的质量和有效性也会受到质疑。因此，一些规模比较大的组织会在组织体系内设立专门的人才测评机构，如中共中央组织部的领导干部考试与测评中心，一些大型企业也会设立自己体系内的人才测评中心。

#### 2. 第三方测评

第三方测评是指由人力资源服务机构主持实施的人才测评活动。第三方测评可以规避内部测评的两大弊端。其一，第三方测评是由独立于特定组织之外的专业机构来主持实施的。它与组织内部的人员没有利益上的关系，也没有情感上的干扰，能够以中立的身份主持测评活动，让测评活动按既定流程和规则运行，保证测评结果的客观性和公平性。其二，实施第三方测评的机构应该是专业性的测评机构，其专业能力、项目经验、工具技术等都比组织内的测评团队或部门要强，测评质量能够得到有效保证。正是因为第三方测评有此两大优势，所以深受很多组织的青睐。

### （二）人才测评的功能

#### 1. 鉴定功能

鉴定功能是指人才测评能够对人才的知识技能、个体素质、能力水平、个性特征、道德品质和工作绩效等作出质与量的区分和认定。与传统人才评价相比，现代人才测评综合采用了多种定量化的方法和技术，它能够对被测评者进行更为客观、精细的评估，并将测评结果以定量化的方式表示出来，使得测评结果更容易被理解、接受和应用。鉴定功能是人才测评最直接、最基本的功能，其他功能都是在此功能上的延伸。

#### 2. 预测功能

预测功能是指人才测评能够对被测评者的未来行为、发展潜力、业绩状况等进行有效的预测。人才测评之所以被广泛采用，正是因为它的预测功能。预测功能的实现取决于评估模型的适合性和测评数据的准确性。评估模型能够对人才在目标岗位上的适应性、胜任能力及未来的发展趋势进行有效的预测，而测评数据的准确性则为预测奠定了事实基础。人才测评的预测功能主要用于人才选拔等任用决策领域。在公务员录用、企业人员招聘，以及特殊人才选拔如飞行员、军事人才、特种行业人才、现代高级管理人才等方面，均有很好的效果。

#### 3. 诊断功能

诊断功能是指人才测评能够发现被测评者个体或团体的优势特征与不足之处或短板，进而为改进、提升提供依据。诊断是为了改善和提升，所以诊断功能在社会、组织和个体层面都有广泛应用。

#### 4. 导向功能

导向功能是指人才测评对人才发展的目标导向作用。“指挥棒”是人才测评的固有功能。人才测评结果总是与被测评者及相关群体的某种利益相关。为了获得优良的测评成绩，被测评者往往会针对测评标准、内容、方法和形式下足功夫，认真准备。从主观上看，被测评者是为了获得好的测评结果而努力学习，注重的是测评结果；但从客观上看，由测评活动所带来的学习发展热潮，确实有助于被测评者及相关群体的素质、能力水平的提高和知识结构的优化，从而提升人才的质量。

需要注意的是，人才测评的导向功能具有两面性。如果测评所确立的标准是社会所需或符合社会发展的趋势，则会产生正面的导向作用，即这种导向就会有利于社会人才的培养和成长，形成人才辈出的局面。如果测评所确立的标准没有反映社会的实际需求甚至与之相反，则会把人们引入歧途，这会对人才的成长造成障碍甚至摧残人才。

5. 激励功能

激励功能是指人才测评能够激发人们积极进取的愿望和动力，并使其自觉自愿地努力学习和工作，从而爆发出澎湃的动力。每个人都有自尊和进步的需要，希望自己在公开、平等的测评中取得好成绩、好结果。这就激发人们发奋努力，不断进取。因此，人才测评是激发人才提升能力素质的重要手段。但与导向功能一样，如果使用不当，测评也会成为去激励因子，即它不但不能产生正面的激励作用，反而产生消极的负面影响；非但不能激发人们进取向上，反而会压制人们的进取愿望，产生破坏作用。

### （三）人才测评的原则

要达成人才测评的上述五大功能，在具体实施的时候，必须坚持以下几个基本原则。

1. 科学性原则

科学性原则是指在人才测评过程中要以科学思想为指导，运用科学的测评工具与方法，反对伪科学、巫术和迷信。它包括人才标准的设计、测评工具的开发与选择、测评实施的流程管理、测评结果的应用等方面。坚持科学性原则，要注意以下几点。第一，坚持科学性原则，就是要坚信现代人才测评是有科学理论基础的。人才测评是建立在相关科学理论基础之上的，其基础理论主要包括心理学、社会学、管理学、经济学、测量学、统计学等。第二，坚持科学性原则，就是要坚持实事求是，坚持实践是检验真理的唯一标准。要用科学的工具和方法收取信息和采集数据，遵循科学的分析方法，使用科学的分析工具，克服随意性和盲目性。第三，坚持科学性原则，就是要反对伪科学、巫术和迷信。

2. 客观性原则

客观性原则是指要用科学的工具、严格的操作流程获得真实的信息和数据，在形成评价结论时以人才标准为准绳，以事实数据为依据，不掺杂测评者的主观意见，要尊重测评结果。无论是测评者还是被测评者，都不能以个人的愿望和主观判断轻易地否定测评结果。测评结果的有效性是在测评标准设计、测评工具方法选择和测评实施流程等过程中进行控制的。因此，测前和测中的掌控最重要，而不能在测评结果出来后简单进行否定。测评者要保持立场的中立性。

### 3. 权威性原则

权威性原则是指人们对人才测评的接受、认可及信赖度。无论是社会性测评还是组织内测评，都必须具有权威性。测评的权威性有两种来源。第一种是赋予的权威，即通过政府或法律程序授予某种测评的权威性；第二种是靠质量和服务在社会中赢得声誉而建立起来的权威性。

人才测评活动能否树立起权威性，有以下四个关键点。第一，测评活动本身是否是社会真正需求的反映。第二，测评质量是否经得起实践的检验。第三，测评结果的应用程度。测评结果应用的范围越广，测评的权威性就越高。第四，测评机构的独立性和专业能力。

### 4. 公平性原则

公平性原则是指测评应具有公开、平等的特性。现代人才测评的公平性主要表现在以下四个方面。第一，测评权的开放性和平等性。第二，测评标准和测评活动流程的公开性。第三，测评内容及方式的公平性。这是指测评时所采用的试题以及情景资料等应该考虑对所有测评对象的公平性。以最常用的笔试编制试题为例，编写试题的素材以及试题所涉及的内容，应该使每一个测评对象都有平等的机会去了解与熟悉，不能出现偏题、怪题。第四，测评结果使用上的平等性，即“分数面前人人平等”。

## （四）人才测评的工具和方法

### 1. 笔试法

笔试在我国是一种具有悠久历史的传统测评方法，也是现代人才测评最常用的方法之一。与传统的笔试法相比，现代笔试法的新发展，在试卷设计上表现为不断创新题型，吸收了心理测验中很多客观性题型；在测试过程的控制上，对测试环境、主试的行为、时限的统一等无关因素进行控制，形成了标准化考试。

笔试能够在统一时限内以团体方式对所有测评对象同时进行测试，测评对象使用的试卷、程序和规则相同，应试环境大体一致，测试者能有效地控制测试过程中各个环节的误差。因此，具有实施简便、经济、易于接受等特点。但笔试的缺点是难以检测出测试对象的实际工作能力，如组织管理能力、应变能力、环境适应能力、交往能力、沟通能力和谈判能力等。而且，很多笔试以主观性试题为主，测试面狭窄，评分过程受评卷者水平、好恶、情绪等因素的影响。因此在应用过程中要尽量避免和克服这些缺陷。

### 2. 面试法

面试是最古老的人才测评方法，也是各个时期人们使用较为普遍的一种方法，其特点是简便易行，不受时间、地点限制，而且给人以眼见为实的心理“踏实感”。

按结构来分，面试可分为结构化面试、半结构化面试和非结构化面试三种。结构化面试，是指包括内容、方式、评委构成、程序、评分标准及结果分析评价等要素、按统一制定的标准和要求进行的面试；半结构化面试，是指对部分构成要素作统一要求的面试；非结构化面试，则是指对面试的构成要素不做任何具体规定的面试。结构化面试的特点是客观，有效性高，可以减少盲目性和随意性，但它对面试设计、组织以及主试的培训程度要求较高。半结构化面试和非结构化面试的特点是简单、容易组织，但主试的随意性较大，有效性较低。

按内容设计的侧重点，面试可分为行为描述式、情境式、综合式三种。行为描述式面试是将问题集中在被试者过去的行为方面。情境式面试则是通过向被试者提供一种情境，观察被试者在情境中的行为反应，主要关注被试者与未来行为相关的意向或倾向，而不是过去的行为。综合式面试，则同时具有前两种特点，且是结构化的，内容主要集中在与工作岗位有关的知识、技能、素质等方面。

面试与笔试是互补的，即面试能够弥补笔试对一些要素不能进行有效测评的缺陷，反之亦然。面试可主要用于测评被试者仪表举止、动机与态度、口头表达能力、综合分析能力、应变反应能力、人际交往的意识与技巧、自我控制能力等方面的素质与特点。如果面谈沟通得比较深入，还能对测评对象的性格、爱好、专业知识与技能等有一定的把握。面试的有效性依赖于面试官的社会阅历及生活经验，以及面试官在面试方面受到的专业训练程度和实践经验积累。

### 3. 心理测验法

心理测验是对人的智力、潜能、气质、性格、态度、兴趣等心理素质进行有效测量的标准化的测量工具，因其具有简便易行、程序规范、结果客观的特点，所以为现代人才测评所广泛采用。

心理测验有很多种类，在现代人才测评中使用最多的是能力测验和个性测验两大类。能力测验是开发最早、最为成熟的领域。能力测验又分为一般能力倾向测验、特殊能力测验、能力倾向测验。一般能力倾向测验中，较为著名的是美国劳工部于 20 世纪 50 年代研制的“一般能力倾向成套测验”和“区分倾向测验”。我国目前较为成功的有“行政职业能力倾向测验”和苏永华等人研编的“一般能力倾向测验”。

在个性测验中，有卡特尔十六种人格因素测验（16PF）、加利福尼亚心理测验、爱德华个人爱好测验，以及苏永华等人开发的“HR 个性测验”。个性测验的方式是向被试者提出一组有关个人行为、态度意向等方面的问题，被试者根据自己的实际情况作真实的回答，主试者根据被试者的回答与评分标准或模式相比较，从而判断被试者的人格特征。在一些采用自陈量表的测试中，还加入一些测谎量表以检查测验结果的真实性。

心理测验在现代人才测评中备受青睐，这其中有两个方面的原因：一是人的心理特质往往是一些比较稳定的、决定人的行为的深层次因素，因此，用心理测验来预测行为的准确性较高。二是心理测验的方法和技术日臻成熟，标准化程度高，客观性强，容易使人产生信任感。

作为标准化的测量工具，心理测验由测验材料（文字题目、图画、操作工具等）、常模（即解释测验分数的标准）和测验指导书等组成。测验指导书是有关测验目的、内容、方式方法、测试程序、评分标准和方法、信效度资料以及常模和测验结果的解释标准等说明性的用户手册。须提醒的是，心理测验只有在使用得当的情况下才能发挥它的效用，否则会起到相反的效果。同时还应该认识到心理测验往往是心理学家们在进行学术研究时发明的（如 16PF），其应用的对象和目的与现实中的人才测评是有一定差异的，这些问题也是在测评中选择、使用心理测验要注意的。

#### 4. 评价中心法

评价中心法是指主要采用情景模拟技术、多种方法、多个评价者的方式进行有效评估的方法。情景模拟是指模拟真实的工作环境和过程，让被试者在模拟的情景中表现自己的才干，由评价者在旁边观察并根据测评要素进行评定的一种方法。下面以管理人才测评中经常采用的公文处理测验、无领导小组讨论为例，进行简要介绍。

（1）公文处理测验

公文处理测验，又称“文件筐作业”。在这种测评方式中，被试者将扮演企业中某一重要角色（一般是需要选拔的岗位）。然后把这一角色在日常工作中常常遇到的各种类型的公文经过编辑加工，设计成若干种公文（文件筐）等待被试者处理。这些待处理的公文包括各部门送来的各种报告、上级下发的各种文件、与企业相关的部门或业务单位发来的信函等，内容涉及企业经营管理方面，如生产原材料的短缺、资金周转不灵、部门之间产生矛盾、职工福利、环境污染、生产安全问题、产品质量问题、市场开发问题等，既有重大决策问题，也有日常琐碎小事。测验要求被试者对每一份文件都要作出处理，如写出处理或解决问题的意见、批示，或直接与部门的人员联系发布指示等。

测试要求被试者在规定的时间内完成公文处理。评价者待被试者处理完后，应对其所处理的公文逐一进行检查，并根据事先拟定的标准进行评价。如看被试者是否分轻重缓急、有条不紊地处理这些公文，是否恰当地授权下属还是拘泥于细节、杂乱无章地处理等。被试者处理完后，评价者还要对被试者进行采访，要求被试者说明是如何处理这些公文的及其理由等。

（2）无领导小组讨论

无领导小组讨论是指在事前不指定讨论会的主持人的情况下，数名被试者集中在一起就某一问题进行讨论，并且评价者在一旁观察被试者的行为表现，对被试者作出评价的一种方法。为避免话题过于冷僻或专业化，并使每个被试者都有开口的机会，这种测试讨论的题目内容应为大众化的热门话题，即被试者熟悉的话题；讨论主题的性质应呈中性，即没有绝对的对或错，以便于形成辩论的形势，使被试者有机会更充分地展示自己的才华。当然，讨论的内容也可以与拟聘岗位工作内容相关，如把某企业经营管理中出现的问题作为案例提出来供大家讨论。无论哪种情况，都要注意能给被试者比较广阔的空间，让其有自由发挥的余地。

在无领导小组讨论中，评价者要善于从以下几个方面进行观察：每个被试者提出了哪些观点，与自己的观点不同时如何处理，被试者是否坚持认为自己的提议正确，提出的观点是否有新意，怎样说服别人接受自己的观点，谁引导讨论的进程并进行阶段性的总结等。无领导小组讨论能有效地评价被试者的领导能力、独立见解、能否倾听别人的意见、是否尊重别人、是否侵犯别人的发言权等情况。

### 5. 仪器测量法

仪器测量法是指运用一定的仪器设备对人的素质、技能与实际工作能力进行测评的方法。仪器测量法主要用于身体素质、体能、实际操作技能等方面的测试。

在身体素质方面，仪器测量法适用于身高、体重、脉搏、血压、呼吸、心脏功能、心电图、脑电图、X 射线透视、CT 扫描、血液化验、体液检查等方面的测评。在体能测评方面，仪器测量法适用于握力、速度、耐力、冲击力、弹跳能力、平衡能力等方面的测评。

对一些精细动作能力，如手指的灵活性、手臂的灵活性、双手协调、四肢协调、手眼协调等，也需要借助仪器进行测评。对人的反应能力（速度与准确性）也可以通过光、声等刺激来测定。

### 6. 计算机测评

计算机测评又称无纸笔测评，是以计算机为载体所进行的测评。目前国内外的计算机测评，其主要的方式是通过计算机呈现测评内容，被试者直接通过人机对话方式参与测评。计算机测评的优点在于提高评分速度和准确性，迅速进行测验分数转换及常模对照，借助网络，突破时间和地域限制。

需要提醒注意的是，要打破“计算机测评神话”。测评结果的准确性和有效性，最终取决于试题及其组合，以及与试题配套的测验分数解释系统。计算机测评结果只有经过测评专业人员的审核和解释才能应用。单单借助计算机以及精美的页面，并不能提高测评结果的准确性、有效性。

### （五）人才测评服务流程

#### 1. 单位委托测评流程

（1）确立测评需求与目的

确立正确的测评目的是事关测评活动成败的关键，一定要进行深入细致的调查研究，了解测评对象、环境和测评自身的发展状况，在科学分析的基础上作出决策。

（2）双方协商签订协议

在确立测评目的的基础上，双方协商签订协议，即签订测评项目服务合同。人才测评服务合同的核心内容应包括测评性质、测评对象、测评内容、测评方式与方法，以及项目进程计划、日程安排、项目组成员名单等内容。

（3）制订测评实施计划

测评实施计划就是对某一测评活动所涉诸方面的总体设计、部署与安排。一份规范的测评实施计划至少要包括测评目的与性质、测评对象、测评内容与标准、测评方式与方法、测评的组织管理、实施步骤、测评活动的日程安排及注意事项。

（4）选择或研制测评工具

由于具体测评实践的目的、内容、方式和方法、地域、时间、对象等存在诸多差异，可以直接借助或利用的测评工具是有限的。因此，选择或研制针对特定目的和对象的测评工具，是现代人才测评设计中重要的基础性工作。

（5）组织实施

不同的测试，其组织实施的具体任务和要求也有所差异。但总体来说，需要完成以下工作和任务。第一，根据测评计划，制定测评实施细则。实施细则应提出具体的任务分工、时间安排及可操作的标准要求等，以便于实施时掌握、操作运用。第二，做好测评前的准备。测评准备包括测评材料、工具、场地、人员、经费的准备。第三，人员培训。对测评对象、测评人员和管理人员进行培训，以提高他们对测评意义的认识，明确各自的任务、职责和要求。第四，组织测评人员。由于现代人力资源测评的方式和方法多样，为了使测评活动能够有步骤、按计划顺利进行，就要对参与测评的人员进行合理的组织、安排，使各个环节之间衔接良好。第五，实施测评。实施测评是指进行具体的心理测验、笔试、机试、情景模拟或评定。在具体的测评活动中，必须按测评的规律和要求进行。

（6）处理测评结果

处理测评结果阶段的主要任务，是汇总、分析、整理由各种测评工作、方法所获得的数据资料，并对测评对象作出最终的总体性评价。同时，还要对整个测评活动过程质量进行评价。

（7）撰写测评报告

各项测评结果都处理完毕后，要撰写一份内容详尽、真实的测评报告，包括测评过程中每个项目的结果分析，并给出综合评价与建议。它的基本内容有：第一，本次测评的基本信息，包括测评项目名称、测评机构、测评时间以及测评项目概述等；第二，被试者的个人信息，包括编号、姓名、性别、年龄、受教育程度、岗位、职务等；第三，测评项目列表，指进行了哪些项目的测评活动，如果是多个测评项目，需要按顺序排列；第四，测评结果展示，包括测评的维度以及各维度上的得分或评价等级等情况，可以采用图表、文字或多种形式组合的方式呈现；第五，测评结果分析，对被试者在各个测评维度上的得分给出相应的文字说明及分析解释；第六，总评，指对被测评对象的总体评价；第七，注明报告撰写人和复核人及日期。

（8）测评信息的反馈与利用

本阶段的主要任务是将测评结果准确无误、适时地反馈给测评对象本人、上级或其委托者，并根据最初的测评目的，帮助他们充分地利用结果信息开展各项工作。测评信息的反馈与利用，必须做到准确客观、方式适当。

给测评对象反馈测评结果时，应注意选择在测评对象工作较轻松、情绪较稳定的时机；同时，反馈的信息应该是具体的结果，而不是最终的简单肯定或否定的结论。

### 2. 个人测评服务流程

（1）分析测评需求

分析测评需求、了解测评目的是个人测评服务中最重要的内容，它直接关系到测评活动能否成功。能否准确理解测评需求，很大程度上取决于是否充分了解测评对象，这就要求测评方与被试者沟通交流，通过访谈等方式获得尽可能多的信息，以帮助个体澄清其真正的目的，设计更适合被试者的测评方案。

（2）制定测评方案

一个好的测评方案是测评活动成功的保证。测评方案一般包括确定测评的目的与性质、制定测评的内容与维度、选择测评的方法与工具、确定测评的程序或步骤、决定测评结果的呈现方式、测评活动的日程安排及注意事项等。

（3）确定测评工具

选择测评工具，需要根据不同的测评目的与测评指标体系来进行。例如，要测评个性特征及能力倾向，应选择合适的量表，开展心理测验；要了解工作技能，需要拟订试题，进行专业知识测试；要评价管理能力，则更多地采用评价中心技术，选择适合个人的方法，如面试或文件筐测试。

（4）实施测评

确定测评工具之后，下一步要做的就是实施测评，即按照测评方案，运用一定方法，对被试者实施测评，并收集相关资料。

在此过程中，测评者要进行全程管理、监控，根据测评实施的情况与进程，进行下面一些工作。第一，观察被试者的行为，进一步收集信息。第二，澄清疑惑不解之处。第三，及时解决测评过程中出现的各种问题。

（5）处理测评结果

每一项测评工作结束后，应及时进行数据统计分析和结果处理。如果有结构化面试、情景模拟等测评项目，由于评价过程中有多名测评者参与，更应及时协调、权衡评分工作，给每一位被试者作出科学、客观的评价。

各单项测验结果处理完成后，要撰写一份测评报告。报告内容通常包括测评机构和测评时间说明、被试者个人信息、实施的测评项目、测评结果展示、测评结果分析、总的评价与建议。

（6）结果反馈与建议

测评的最后阶段是向被试者反馈测评结果，并从专业的角度给予建议。在此过程中，测评者需要向被试者详细解释各项测评的结果，分析评价信息，解答被试者对有关测评过程与结果的疑惑，并提出合理性建议。

测评结果的建议，是对整个测评工作的总结与反馈，并检验测评活动是否达到了预期的效果。建议可以是指导性的、概括性的，也可以是具体的、明确的，这需要依据最初的测评需求与测评目的而定。当然，测评者给出的只是专业的建议，最终的决定权还是在测评对象本身。

## 二、任务要求

### 1. 任务具体要求

（1）使用北森人才测评系统对自身做测评。

（2）无领导小组讨论。

要求：以小组为单位进行角色分配和任务分工；说明无领导小组讨论要求，宣读讨论题；实施测验。

### 2. 任务完成常用实际业务工具

（1）测评软件。

（2）无领导小组讨论测试评分表见表 2-14。

表 2-14　　无领导小组讨论测试评分表

| 维度 | 要素 | A | B | C | D | E |
|---|---|---|---|---|---|---|
| 思维分析能力 | 1. 对讨论题目的前提条件和任务的理解 | | | | | |
| | 2. 观点逻辑性与说服力 | | | | | |
| | 3. 观点新颖、独到 | | | | | |
| | 4. 是否旁征博引、引经据典，用实例支持自己的观点 | | | | | |
| 合计 | | | | | | |
| 人际交往能力 | 5. 他人发言是否耐心倾听并给予及时反馈 | | | | | |
| | 6. 对他人发言是否迅速理解，反应敏捷 | | | | | |
| | 7. 语言流畅，语调事宜 | | | | | |
| | 8. 善于运用面部表情和肢体语言 | | | | | |
| | 9. 充分尊重与自己有分歧的观点，能够择善而从，修正自己的观点 | | | | | |
| 合计 | | | | | | |
| 压力反应能力 | 10. 与别人观点发生冲突时，耐心、沉着地进行解释 | | | | | |
| | 11. 争论过程中，能够准确把握自己的优势和对方的不足，顺利说服对方 | | | | | |

续表

| 维度 | 要素 | A | B | C | D | E |
|---|---|---|---|---|---|---|
| 压力反应能力 | 12. 在自己的观点遭到否定和打击后，仍能保持平稳的情绪，继续积极发表自己的看法，并为小组讨论进程做出自己的贡献 | | | | | |
| | 13. 争执不下时，适时做出让步，以推动整体讨论的顺利进行 | | | | | |
| 合计 | | | | | | |
| 人际影响力 | 14. 决定性：通过自己的发言，主导小组讨论的进程，对讨论结果的形成产生关键性影响 | | | | | |
| | 15. 言语具有影响力与煽动力 | | | | | |
| | 16. 主动劝说持不同意见者，从而把众人的意见引向一致，作出小组决策 | | | | | |
| 合计 | | | | | | |
| 组织协调能力 | 17. 通过重复、总结、建议等方式，主动推动小组讨论进展 | | | | | |
| | 18. 支持、质疑他人意见，并调解成员间的不同意见 | | | | | |
| | 19. 倡导民主、自由的发言气氛。注意征询其他小组成员的意见，鼓励他人发言 | | | | | |
| | 20. 待人友善，尊重他人意见，让他人在与之交谈时感到愉悦和舒服，没有距离感 | | | | | |
| 合计 | | | | | | |
| 积极性 | 21. 完全进入讨论角色，能够从角色角度出发考虑问题 | | | | | |
| | 22. 积极主动发表自己的看法 | | | | | |
| | 23. 言谈举止富有活力 | | | | | |
| | 24. 积极记录他人发言 | | | | | |
| 合计 | | | | | | |

注：

1. 评分基准分 4 分，每一要素得分区间为 1~5 分，测评者根据被试者表现酌情给分。
2. 最终得分划分为三个区间：

续表

| 维度 | 要素 | A | B | C | D | E |
|---|---|---|---|---|---|---|
| A. 不能胜任岗位（70分以下）<br>B. 胜任岗位（80~100分）<br>C. 优秀（100分以上） | | | | | | |
| 测评者简短评语<br><br>测评者签名： | | | | | | |

## 三、任务评价指标和标准

**“无领导小组讨论”任务评价标准和指标**

| 标准<br>指标 | 优<br>（10分） | 良<br>（8分） | 中<br>（7分） | 差<br>（6分） | 比较差<br>（5分） |
|---|---|---|---|---|---|
| 对讨论题目的前提条件和任务的理解 | | | | | |
| 角色分工 | | | | | |
| 任务完成过程中能否把握团队的优势 | | | | | |
| 在规定的时间内完成任务 | | | | | |
| 团队成员分工情况 | | | | | |
| 团队成员参与任务的情况 | | | | | |

# 任务三　背景调查

## 一、知识准备

### （一）背景调查的定义

背景调查就是对拟录用人员以往的经历（包括工作时间、岗位名称、工作职责、教育经历、薪资水平）和他人的评价进行调查。经历是指客观事实，评价是指他人的主观感受。过去的成绩或失败虽然不能代表现在和将来，但过去的事例可以让我们预测拟录用人员将来的表现。

### （二）背景调查的内容

背景调查应本着内容简明、实用、低成本的原则。背景调查内容简明是指界定背景调查工作的范围，哪些调查必须做，哪些调查可以暂缓；调查内容实用是强调调查项目必须与工作岗位有密切关系；低成本则是强调背景调查要节约成本支出。一般而言，背景调查内容分为两类：一是通常的项目，如毕业学历、学位的真实性等；二是与职位说明书要求相关的工作经历、技能、业绩、成果等。

#### 1. 学历水平

无论用人企业对应聘者的学历要求如何，都必须对其学历的真实性做调查。一个连学历都会造假的人员，其诚信度会大打折扣。

#### 2. 个人资质

作为用人企业，需要对应聘者过去的行为表现的情况（如过去的工作经历、技能培训、所获资质成果等）进行了解，通过考查过去的行为业绩来推测未来工作业绩的可能性。

#### 3. 个人资信

用人企业希望通过其前一工作环境中的个人品行、成长经历、个人的兴趣爱好、性格等方面的表现来考量拟录用人员的品德。

#### 4. 其他

通过背景调查，可以反映出拟录用人员对用人企业的认同感、忠诚度等情况。

### （三）背景调查的技巧和方法

#### 1. 调查方式尽量采用电话调查而非传真调查

了解应聘人员的以前信息，对于原工作单位来说是向他们了解已经离职人员的信息，这是一件麻烦对方的事情，在这种情况下如果让对方填写离职员工信息，并且还需要加盖公章确认，很少有企业愿意配合这么做。所以，比较恰当的方式是电话调查，态度比较亲切一些，以聊天的方式打听消息，而且要根据对方的态度灵活掌握进度。

#### 2. 选择合理的联系时间

选择恰当的时机也比较重要。在工作时间内，对方人力资源部的人员大多比较忙，一般下午 4 点钟左右的时候会稍微好一点，在这个时间对方配合你的概率会大一些。如果在星期一的上午等一些比较繁忙的时间段打电话，对方大多不会理睬你。

#### 3. 调查的内容要循序渐进、由浅入深

调查还要把握好过程细节，要注意询问的内容、深浅程度，千万不要开门见山地问一些对方不方便透露的问题，如应聘人员原来的工资待遇等。所以，要灵活掌握提问的顺序，一般由融洽的问题入手，一点一点地深入，再根据对方的态度来决定交谈的程度。

#### 4. 要有坚持到底、不达目的誓不罢休的精神

背景调查开展难度大，工作中难免会碰到钉子，遭到拒绝，但是不能因此退缩，第一次不行可以换个时间再进行调查，如果人事部门不行可以迂回到业务部门进行调查，也可以直接找业务主管进行了解。

另外，所有的背景调查工作都需要调查者有足够亲切和诚恳的态度，千万不要冷冰冰，一副以自我为中心的架势。

人力资源服务机构进行背景调查的方法有电话调查、书面调查、上门拜访等。

### （四）背景调查的实施和注意事项

#### 1. 背景调查的实施

第一，调查时机的选择。新员工的调查最好安排在面试结束之后与上岗前的间隙进行，这个时机的调查更有针对性。

第二，调查主体选择。背景调查可以由企业自己操作，也可以委托调查公司进行。

第三，调查客体的选择。可以根据调查内容把调查对象分为几类，分头进行调查，如分别到学校的档案管理部门、原来任职的公司等处实施调查。

#### 2. 背景调查注意事项

一是一般情况下要征得拟录用人员的同意；二是要多渠道了解拟录用人员的情况；三是只调查与工作岗位有关的信息；四是必要的时候可以委托专业调查公司进行调查，以保证调查进度和进展。

## 二、任务要求

#### 1. 任务具体要求

模拟设计电话背景调查问题。

## 2. 任务完成常用实际业务工具和表格

（1）人员背景调查表（见表2-15）。

**表 2-15　　　　人员背景调查表**

<table>
<tr><td>姓名</td><td></td><td>性别</td><td></td><td>特长/爱好</td><td></td><td>身份证号码</td><td colspan="2"></td></tr>
<tr><td>进入单位日期</td><td></td><td>所在部门</td><td></td><td>担任职务/岗位</td><td></td><td>合同签订起止时间</td><td colspan="2"></td></tr>
<tr><td>劳动关系终止时间</td><td></td><td>离职类别</td><td colspan="2">□辞职　□合同期满<br>□辞退　□开除</td><td>离职手续是否齐全</td><td></td><td>离职时身体状况</td><td></td></tr>
<tr><td>工作表现</td><td colspan="8"></td></tr>
<tr><td>工作业绩</td><td colspan="8"></td></tr>
<tr><td>同事关系</td><td colspan="8"></td></tr>
<tr><td>奖惩情况</td><td colspan="8"></td></tr>
<tr><td>犯罪记录</td><td colspan="8"></td></tr>
</table>

单位名称（加盖公章）　　　　　　　　　　　　　　　　　　联系电话：

年　　月　　日

（注：本表由应聘者最后一个工作单位以手写方式独立填写完成，并务必加盖单位公章确认。）

（2）员工背景调查表（见表2-16）。

**表 2-16　　　　员工背景调查表**

<table>
<tr><td>姓名</td><td colspan="2"></td><td colspan="2">性别</td><td></td><td>民族</td><td></td><td rowspan="4">照片</td></tr>
<tr><td>出生年月</td><td colspan="2"></td><td colspan="2">籍贯</td><td></td><td>文化程度</td><td></td></tr>
<tr><td>政治面貌</td><td colspan="2"></td><td colspan="2">兵役情况</td><td rowspan="2">介绍人或担保人</td><td>婚姻情况</td><td></td></tr>
<tr><td>工作部门</td><td colspan="2"></td><td>岗位</td><td></td><td>姓名</td><td></td></tr>
<tr><td>身份证号码</td><td colspan="4"></td><td></td><td>工作单位</td><td colspan="2"></td></tr>
<tr><td>户口所在地</td><td colspan="4"></td><td></td><td>职务</td><td colspan="2"></td></tr>
<tr><td>现住址及联系方式</td><td></td><td></td><td></td><td></td><td></td><td>政审时间</td><td colspan="2"></td></tr>
<tr><td>个人简历</td><td colspan="8"></td></tr>
<tr><td>家庭成员</td><td colspan="8"></td></tr>
</table>

续表

| | |
|---|---|
| 部门审核 | |
| 保卫部门审核 | |
| 备注 | 1. 部门审核栏由部门对该员工填写的情况是否属实作出审核意见<br>2. 个人提供常住户口所在地派出所的无罪记录证明或政审证明 |

## 三、任务评价指标和标准

**“设计电话背景调查问题”任务评价指标与标准**

| 标准<br>指标 | 优<br>（10分） | 良<br>（8分） | 中<br>（7分） | 差<br>（5分） | 很差<br>（1分） |
|---|---|---|---|---|---|
| 问题的合理性 | | | | | |
| 问题的全面性 | | | | | |
| 问题的针对性 | | | | | |
| 电话调查技巧 | | | | | |
| …… | | | | | |

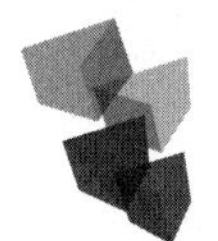

## 练习题

**选择题**

1. 企业拟招聘大批初级技术人员，最合适的招聘渠道是（　　）。

A. 校园招聘　　B. 猎头公司　　C. 熟人推荐　　D. 档案筛选

2. 筛选简历时，应更多关注（　　）。

A. 学校成绩　　B. 管理能力　　C. 主观内容　　D. 客观内容

3. 人力测评中了解人际关系能力最有效的方法是（　　）。

A. 集体面试　　B. 资历审核

C. 文件筐测验　　D. 无领导小组讨论

4. 心理测试包括（　　）。

A. 能力测试　　B. 能力测试、人格测试
C. 能力测试、人格测试和兴趣测试　　D. 人格测试

5.（　　）是企业在招聘员工时对所需要的人才类型的综合分析，它是一项系统而专业的工作。

A. 招聘需求分析　　B. 工作分析
C. 绩效考评　　D. 薪酬计划

6. 下列选项中，不属于员工背景调查主要内容的是（　　）。

A. 员工的婚姻状况　　B. 员工的学历水平
C. 员工的工作经历　　D. 员工与原用人单位的劳动关系状况

7. 背景调查内容应以（　　）为原则。

A. 简明　　B. 实用　　C. 详细　　D. 全面
E. 可信

8. 以下不属于笔试类型的是（　　）。

A. 专业笔试　　B. 文化素质测试
C. 心理测试　　D. 文件框测试

9. 关于笔试选拔的优势，不正确的是（　　）。

A. 测试具有客观性，便于存档
B. 测试内容广博，结果可信度高
C. 测试具有高效性，可对群体同时施测
D. 指标具有多样性，可测试综合素质

# 项目三

# 高级人才寻访服务

## 【项目导入】

### 一、主题案例

A 公司是上海知名的基础工程企业，资产达 10 亿元左右。该公司是家族企业，家族内部关系复杂，管理人员和员工大多是当年跟着总经理打天下过来的，能力和素质普遍有限，总经理事必躬亲。公司行业特殊，主要承接上海和周边城市的地铁基础工程，项目社会影响大、过程专业而复杂，周期长、标的大。

A 公司发展到今天，总经理深感企业陷入发展的瓶颈，尤为突出的是市场和营销方面。如果不突破，公司要想保持现有的行业地位，危机重重。公司几经寻觅一直没有找到合适的市场总监人选。

提供高级人才推荐咨询服务的猎头顾问 B 在与 A 公司总经理沟通后，经过对其公司的行业特殊性、企业背景、公司现状和现有市场队伍、公司总经理自身性格特质的分析，以及对以往该岗位不成功因素的总结，对于“市场总监”岗位逐渐有了清晰的定位：①专业（非必要条件）；②35~40 岁，精力充沛，形象气质佳，上海人；③有多年大中型企业市场、营销、公关等岗位工作经历，有广泛的社会资源和政府背景；④有较强的市场策划能力和创新能力，有优秀的沟通及协调能力，敬业、积极乐观、勇于挑战，乐于承担压力。

在经过几次筛选后，候选人王先生浮出了水面。王先生的性格特质是：竞争意识强，有抱负，对市场信息眼光敏锐，具有积极性；忍耐力强，有毅力，细心，持久力强。经评估，王先生非常符合 A 公司市场总监的要求。经猎头顾问 B 积极推荐和游说后，王先生和 A 公司多次深入沟通，最终被 A 公司正式录用。

这只是猎头项目的开始。长达半年的试用期中，王先生与A公司总经理一直与猎头顾问B保持着密切的联系。半年中，猎头顾问B一直与王先生共同探讨新行业、新岗位所需专业知识，帮助王先生获得行业中其他专业人员的帮助，以解决新环境中的管理问题。半年以后，王先生创造了行业内的小小奇迹，项目接连中标，为A公司创造了近千万元的利润。两年后，王先生正式被提升为A公司的副总经理。

## 二、学习目标

1. 了解高级人才寻访服务知识。
2. 掌握高级人才寻访服务的流程。
3. 掌握高级人才寻访服务的内容。

# 任务一　界定目标客户

## 一、知识准备

### （一）目标客户的选择

#### 1. 目标客户的定位

高级人才寻访机构通常会根据自身的愿景和使命，确定客户定位，并据此锁定目标客户群，开发客户和候选人。一家规范的高级人才寻访机构对客户和高级人才均有高度的责任心，在接受高级人才寻访委托前，一般要对企业进行严格考察，并有选择性地提供服务。高级人才寻访机构通常愿意为以下七种类型的企业提供服务：①发展前景好的企业；②成长速度快的企业；③内部管理规范的企业；④社会形象好的企业；⑤品牌影响力强的企业；⑥诚信守约的企业；⑦尊重人才的企业。

#### 2. 潜在客户的类型

根据研究，大致有以下五类企业更倾向于借助高级人才寻访机构开展高级人才的招聘。

（1）外资企业

这里说的外资企业一般有两类。一是在中国新注册的外资企业。这类企业刚刚进入中国，设立了分公司或者办事处，急需一批既了解外方文化又懂中国国情的管理人员参与经营管理，依靠他们启动并开拓中国市场，通常会委托当地的高级人才寻访服务机构帮助其物色一批经营管理人才。二是管理层向本土化过渡的外资企业。这类外资企业在中国已经运营了一段时间，逐渐了解和适应了中国的国情，而且一批外方管理人员的合同期快结束，投资方为了降低人工成本，通常会聘用中国本土的高级人才担任管理人员。这些管理职位一般包括公司的总经理、副总经理、总裁高级助理、财务总监、营销总监、公关经理、高级法律顾问等。

（2）高速发展的企业

一些正处于高速发展中的公司，业务扩张很快，人才梯队没有充分建立起来，急需从公司外部引进事业心强、能吃苦、善于经营的创业型人才与企业共同成长。此时，企业品牌仍处于初创时期，社会影响力还不够大，对人才的吸引力也不够强，因此，不得不委托高级人才寻访服务机构来帮助自己猎取人才。

（3）处于战略转型的企业

新常态下的中国经济正处于产业结构调整的关键时期，一些传统企业将加速淘汰落后产能，实现装备升级和产品升级，还有些企业也将按照国家鼓励的方向实现战略转型，如在“互联网”上升为国家战略的大背景下，越来越多的企业将拥抱互联网，急需大量互联网方面的人才，而企业在转型过程中并没有这方面的人才储备，这将给高级人才寻访服务机构创造市场机会。

（4）新创高科技企业

近年来，我国科技飞速发展，科技型创业企业如雨后春笋般涌现，特别是李克强总理提出大众创业和万众创新的战略部署，必将进一步激发全民创业热情，移动互联网、大数据、物联网等领域的创业机会将大大增加，这些新创办高科技企业面临的最大问题就是创业合伙人的紧缺。由于企业正处于起步发展阶段，这些高科技企业创始人生存压力大，工作时间紧，而且人脉圈小，想立即找到一个理想的创业合伙人也不是一件容易的事情，委托高级人才寻访服务机构来搜寻人才是一个不错的选择。

（5）其他单位

对于一些依靠自身力量难以招聘的高层岗位，很多企业迫于无奈，尝试委托高级人才寻访服务机构寻访高级人才。

### （二）获取客户资源的渠道

高级人才寻访服务的客户资源通常有两个来源：一个是主动咨询的客户，另一个是定向搜寻并开发的客户。一般来说，主动咨询的客户，其人才需求更为迫切，信息的真实度较高，合作意愿也更强烈，但每个高级人才寻访机构都有其行业或领域的侧重，经常出现来询客户的人才需求与公司现有业务范畴不相匹配的情况。定向搜寻并开发的客户是根据公司的客户定位，收集目标客户信息，有选择性地开发客户，通常针对性强，库存人才资源的支撑性较好，但客户开发难度相对较大。获取目标客户信息的渠道通常有招聘网站、报刊、招聘会、行业协会、企业黄页、行业论坛等。高级人才寻访机构要进一步收集整理企业所属行业、地区、发展态势，了解高级人才招聘需求，并详细记录客户信息，健全客户档案。

### （三）客户开发

获取了客户的基础信息后，需要对客户进行有效的开发。一般情况下，通过拨打上门电话进行客户前期咨询，初步确认有需求的客户，并针对目标客户上门拜访。对于计划重点拜访的客户，要做好积极准备工作，提高客户开发成功率。

#### 1. 事前准备

一是要做好客户调研，深入了解客户相关信息，包括行业信息、竞争对手、薪酬信息、客户情况等。二是要做好资料准备，做好企业简介、产品介绍、价目表等相关资料的准备工作，必要时还可准备企业宣传视频或者演示材料。三是做好仪容仪表的准备，在与客户见面时保持良好的职业形象。四是要做好心理准备，随时接受在开发过程中出现的种种困难和挑战。

#### 2. 确认需求

与客户沟通过程中，首先要了解客户需求，明确空缺职位的相关信息，包括直接上级、下属部门、职务名称、所属部门、薪酬水平、任职条件等，同时还要了解职位对任职人员的要求，包括知识、技能、个人特质等。

#### 3. 阐述观点

熟练介绍企业的优势、产品的特性以及成功案例等，并结合客户需求，能提出有针对性的高级人才寻访方案。

#### 4. 处理异议

与客户研究确认空缺职位的需求标准，共同商讨解决方案的可行性，针对客户提出的问题要予以尊重。对于建设性问题，要积极想办法解决，进一步完善方案；而对于不合理的问题，要积极与客户沟通，并耐心做好解释说服工作，以赢得客户的充分信任，直至达成委托协议。

#### 5. 签订协议

当客户认可公司价值以及可行性方案后，就可以洽谈委托协议的签订事宜。

### （四）签订委托协议

在洽谈高级人才寻访协议时，首先要明确委托任务的标准，也就是关于目标职位的工作描述和人选标准，一般要进行职位分析，写出职位说明书。职位分析的通用性问题一般有以下几种。

（1）职位名称是什么？工作地点在哪里？薪资结构如何？可提供的薪资区间是什么？

（2）职位的上下左右关系。

下属：共多少人？直接下属职位的名称与职能是什么？

平级：平行部门有哪些？

上级：职位和职能是什么？

（3）职位前任或现任的行事风格是什么？大致的工作经历怎样？离职原因是什么？

（4）该职位招聘多少人？为什么招聘？紧急程度如何？希望何时到岗？为什么？

（5）要求职位的任职者必须符合和优先符合条件各是什么？外语能力要求如何？经常出差吗？

（6）需要候选人在目标岗位上解决的核心问题是什么？

（7）职位吸引人才的地位是什么？有多大上升空间？是否有明确的职业通道？

（8）希望候选人来自哪里（区域、行业、公司、职位等）？希望有特定职能的任职经历吗？

（9）目前的招聘进展如何？是否已有候选人申请职位？

（10）面试流程如何？

双方就合作内容达成一致后，就开始洽谈委托协议。签订委托协议是与客户达成共识的过程，也是双方合作的基础。委托协议的内容应包括双方权利与义务、服务期限、服务内容、服务费用与支付方式、违约责任等。签订委托协议时，要严格遵守《中华人民共和国劳动合同法》，按照市场的运作规律，对条款的相关要求进行平等友好的协商。

在此选用中国人才交流协会高级人才寻访专业委员会印发的《高级人才寻访服务

合同》作为参考文本（见附录1）。

### （五）客户管理

当客户开发出来后，客户管理显得更为重要。如果客户管理得好，可以降低客户开发成本、增加收入、拓展市场、全面提升企业盈利能力和竞争能力。高级人才寻访行业的客户管理与其他行业的客户管理存在共性，同时也有其自身的特点。

#### 1. 通常对客户实施分级管理

（1）一级客户

这类客户从战略上高度重视高级人才，通常有较好的盈利能力和强烈的品牌意识，对高级人才寻访服务的质量要求较高，对价格相对不太敏感，一般对高级人才寻访机构的行业地位、品牌形象比较看重，一旦对某家机构信任，忠诚度较高。

（2）二级客户

这类客户愿意通过高级人才寻访机构来招聘高级人才，但对寻访服务的性价比较为看重，对寻访机构的忠诚度不太高，通常委托多家机构寻访高级人才，以降低自身的风险和成本。

（3）三级客户

这类客户数量比较多，对高端人力资源服务的消费能力一般，偶尔咨询高级人才寻访服务，但真正能达成协议的不多，能做成项目的更少。

（4）四级客户

这类客户不仅对招聘的要求极高，而且还对价格非常敏感，往往需要高级人才寻访机构花费较大精力和代价，但收效不一定理想，有时甚至浪费大量资源，不仅不能给机构带来盈利，而且还会影响对其他客户的服务。

#### 2. 对重点客户进行重点管理

根据二八法则，通常20%的客户创造了80%的收益。前面提到的一级和二级客户通常只占所有客户的20%，但这些客户往往带来80%的收益，是高级人才寻访机构的重点客户。因此，对于重点客户，需要重点管理。

（1）深入了解客户

了解客户的经营管理情况以及高级人才需求，准确把握自身对客户的价值。

（2）了解竞争环境

认清高级人才寻访行业竞争者的竞争优势，做好对比分析。

（3）确定优先排序

根据客户价值、潜力来确定重点客户的优先排序，根据客户对高级人才寻访机构的相对重要性来决定对资源的有效分配。

（4）科学制订计划

制定重点客户发展目标，明确向重点客户提供哪些个性化解决方案。

（5）完善团队建设

建立一支有共同愿景目标的工作团队，鼓励工作团队为争取重点客户而努力。

（6）有效协调沟通

确保由合适的人在合适的时间做合适的事情。

（7）帮助客户解决问题

积极响应，调动高级人才寻访机构内外的一切资源，帮助重点客户解决好各方面的问题。

（8）关注客户动态

保持对重点客户的跟踪，跟进了解客户需要什么、担心什么以及提高在交往中获得的价值。

（9）准确衡量评估

评估机构对客户所作投资的回报，满足机构内部希望得到高额投资回报的需求。

## 二、任务要求

### 1. 任务具体要求

模拟客户信息收集。

要求：

（1）组成小组，模拟客户身份，根据客户的需求进行信息收集。

（2）运用问询法、观察法、问卷调查法、查阅资料法中的两种方法获取相关信息。

### 2. 任务完成常用实际业务工具

客户满意度调查表见表 3-1。

表 3-1　客户满意度调查表

尊敬的客户：

您好，非常感谢您对我司一直以来的信任和支持！为进一步了解您对我公司所提供服务的满意度，以及在以后的合作中能向您提供更优质的服务，特组织了此次客户满意度调查，请您在百忙之中抽时间接受问答，您的每一项宝贵意见，都将可能成为我们改进的重点和方向。谢谢您的支持与配合！

| 内容 | 意见 |
|---|---|
| 我公司对接的工作人员的服务态度、工作责任心及耐心是否感到满意？ | □很满意<br>□比较满意<br>□一般<br>□比较不满意<br>□不满意 |
| 我公司工作人员是否及时、准确地了解到贵公司所需要职位的要求？ | □很及时、很准确<br>□比较及时、比较准确<br>□一般及时、一般准确<br>□较不及时、不准确<br>□很不及时、不准确 |
| 您对我公司工作人员为你们推荐的人才资料真实性和针对性是否满意？ | □很满意<br>□比较满意<br>□一般<br>□比较不满意<br>□不满意 |
| 我公司工作人员对您提出的用人指导建议或行业信息方面问题的解答是否专业？ | □很专业<br>□较专业<br>□一般<br>□较不专业<br>□很不专业 |
| 我公司对接项目人员是否及时将最新的寻访计划和候选人的最新变化告知您？ | □很及时<br>□较及时<br>□一般<br>□较不及时<br>□很不及时 |
| 您对我公司服务的总体满意度如何？ | □很满意<br>□比较满意<br>□一般<br>□比较不满意<br>□不满意 |

续表

| 内容 | 意见 |
| --- | --- |
| 贵公司希望未来增加人力资源服务的项目有哪些？（可多选） | □派遣<br>□人力资源咨询<br>□薪酬福利调研<br>□培训<br>□专业职业性格测试 |
| 您是否会将我公司推荐给其他需要猎头或高端人才寻访服务的朋友？ | □会<br>□可能会<br>□不会 |
| 贵公司选择猎头公司合作重点考虑的是哪些方面（可多选）？ | □公司规模<br>□公司知名度<br>□公司顾问素质<br>□价格<br>□是否有行业背景 |
| 在服务工作中，您认为我公司还应该在哪些方面加强或应增加哪些其他服务？ | |

## 三、任务评价指标和标准

**“模拟客户信息收集”任务评价指标和标准**

| 评价指标（一级） | 评价指标（二级） | 评价标准 | | |
| --- | --- | --- | --- | --- |
| | | 很好 | 较好 | 一般 |
| 目的和计划（20分） | 收集的目的是否明确（10分） | | | |
| | 做好资料的搜集、分析、整理工作（10分） | | | |
| 过程与方法（50分） | 能否利用多种信息源（互联网、PPT资料、视频等）（15分） | | | |
| | 紧密结合实际，有事实依据，结构严谨、完整（20分） | | | |
| | 有自己独特的见解（15分） | | | |
| 态度（30分） | 能否积极、主动参与“信息收集”活动（15分） | | | |
| | 能否在活动中做到一丝不苟、精益求精（15分） | | | |

# 任务二　开展人才搜寻

## 一、知识准备

### （一）基础术语

#### 1. 人才

《国家中长期人才发展规划纲要（2010—2020 年）》（以下简称《纲要》）中指出，人才是指具有一定的专业知识或专门技能，进行创造性劳动并对社会做出贡献的人，是人力资源中能力和素质较高的劳动者。人才资源是我国经济社会发展的第一资源。

在高级人才寻访业务中，通常从市场运营的角度去界定高级人才。高级人才寻访机构一般喜欢把“三高”人群，即高学历、高职位、高收入的职场“白领”或者“金领”称为高级人才，通常表现为拥有良好的教育背景、丰富的工作经验、较强的专业能力、较高的业务素质、顽强的敬业精神、良好的综合素质等。

#### 2. 高级人才

《纲要》提出，我国人才队伍建设的主要任务是突出培养造就创新型科技人才，大力开发经济社会发展重点领域急需紧缺专门人才。《纲要》还指出，要统筹推进党政人才、企业经营管理人才、专业技术人才、高技能人才、农村实用人才、社会工作人才等六类人才队伍建设。党政人才队伍建设要以中高级领导干部为重点，企业经营管理人才队伍建设要以战略企业家和职业经理人为重点，专业技术人才队伍建设要以高层次人才和紧缺人才为重点，高技能人才队伍建设要以技师和高级技师为重点，农村实用人才队伍建设要以农村实用人才带头人和农村生产经营型人才为重点，社会工作人才队伍建设要以中高级社会工作人才为重点。从宏观规划角度看，这六类人才中的重点人才都是我国的高级人才。

#### 3. 高级人才寻访

高级人才寻访就是指通常意义上的“猎头”。猎头两个字各有含义。“猎”是捕猎、搜寻的意思。“头”包括两层含义：一是指头脑，代表智慧、能力等；二是指头领，可引申为一个组织或团队的高级管理人员或经营者，或技术带头人等。“猎”与“头”合在一起，就专指为客户搜寻和捕猎高级人才的服务。在猎头服务过程中，从事人才搜寻、人才评价、背景调查、候选人推荐等猎头服务过程的人，称为猎头顾问。对以寻访人才为主要工作内容的人，称为人才寻访员或职业猎手。由猎头顾问、人才寻访员等人员组成团队，经常为客户提供猎头服务的机构，称为猎头公司。

### （二）开展人才搜寻

猎头公司要充分利用网络资源、公司数据库、咨询顾问，迅速指定合适的搜寻方案，并有效地执行搜寻方案。首先，确定搜寻目标。根据目标职位的人才标准，确定目标人选的范围和可能分布的区域。只有明确寻觅目标，才能在猎头公司内部合理分配任务，相互配合，按规定的日程计划，遵循确定的搜寻渠道、搜寻方法，最终将搜寻结果形成可利用的信息。其次，确定搜寻工作的具体日程安排，视具体搜寻任务的难易程度而定。难度较大的搜寻任务，需要较长的时间。最后，选择合理的搜寻渠道，并开始在渠道内进行搜寻。猎头公司赖以生存的，就是建有自己独特的高级人才搜寻渠道。猎头公司的搜寻渠道是多种多样的，在对待具体的搜寻任务时，如何选择合适的搜寻渠道、如何科学组合渠道，也是每个猎头顾问需要在实践中摸索的。

搜寻是作为猎头工作人员的必修课，也是猎头顾问在开展业务时花费精力最多、时间最长的一部分。猎头公司对高级人才的搜索，从技术角度上可以划分为以下几个方面。

#### 1. 横向搜索和纵向搜索

横向搜索是指在客户的同行业中去挑选和物色候选人。搜索的候选人有同行业、同职位的工作经历，有利于今后工作的快速适应和顺利展开。

纵向搜索是指按目标要求在不同行业的同类职位（职业）中进行目标搜索，也称垂直搜索。

#### 2. 圆形搜索

圆形搜索是指只找到某一点（个人），再由这一点打开其交际圈，随后进行搜索的方式。圆形搜索又称圈子搜索或顾问搜索。猎头公司有各方面的顾问，每个顾问都会有自己的人际圈子，这一圈子中的人基本上是与该顾问属于同一类型的人员。

#### 3. 曲线搜索

曲线搜索又称迂回搜索，是一种跨行业、跨职业的搜索。这种方法属于漫天撒网，因而既有成功的可能，又有较高的失败概率。

## 二、任务要求

### 1. 任务具体要求

模拟制定寻访工作方案。

要求寻访工作围绕以下四个要素来完成：

（1）工作内容，做什么（what）——工作目标、任务。

（2）工作方法，怎么做（how）——采取措施、策略。

（3）工作分工，谁来做（who）——工作负责。

（4）工作进度，什么时间做（when）——完成期限。

### 2. 任务完成常用实际业务工具

（1）猎聘网、前程无忧、智联招聘等网站。

（2）国家企业信用信息公示系统、天眼查等。

## 三、任务评价指标和标准

**"模拟制定寻访工作方案"任务评价指标和标准**

| 指标 | 标准 | | | | |
|---|---|---|---|---|---|
| | 优秀（10分） | 良好（8分） | 中（6分） | 差（4分） | 很差（2分） |
| 方案内容完整性 | | | | | |
| 方案内容条理性 | | | | | |
| 方案可操作性 | | | | | |

# 任务三　实施人才推荐

## 一、知识准备

### （一）人才筛选

在对目标人选进行筛选的过程中，首先要查看年龄、学历、经历等基本条件是否符合目标职位的要求。很多时候还要对目标人选的各种资历证明进行真伪辨别，具体方法有以下几种。第一是观察对比法。通过肉眼观察，必要时与真文凭对比来识别假文凭。第二是提问检验法。通过对应聘者的学习经历、知识水平和能力的提问检验，来鉴定文凭的真假。第三是信息核实法。面试人员可通过文凭所在学校学籍管理老师的帮助，核实文凭的真伪。目前，教育部门开通了文凭真伪识别系统，也是一种核实信息的好方法。

### （二）人才考察

对于符合基本要求的人选，要研究目标人选是否有跳槽的愿望，并采取多种方式去接触或考察这类人选。第一，初步了解候选人。在这个阶段，猎头顾问将与目标人电话沟通或直接面谈，根据目标人选的言谈举止、情况介绍、职业期望等，初步判断其是否符合职位基本要求。第二，做好素质测试。对于初次接触符合条件的人选，着手进入素质测试阶段，要对其进行全面了解。主要进行面谈测评和软件测评，了解三个方面情况：①工作条件，指身体情况、健康状态等；②工作能力，指知识、技能、理解能力、沟通能力、创造能力、组织协调能力等；③工作态度，指积极性、责任性、协作性等。

### （三）人才推荐

为了让企业客户对候选人有一个全面和细致的了解，猎头公司将在前期对候选人搜寻和考察的基础上，撰写推荐报告，并提交客户供其决策。推荐报告一般分为以下七大部分。

第一部分，候选人基本信息。候选人基本信息包括姓名、性别、出生日期、户籍、婚姻状况、推荐职位、期望年薪等因素。

第二部分，候选人的知识与技能结构。候选人的知识与技能结构包括教育经历、培训经历和职称技能特长三个部分。

第三部分，候选人过往经历与主要业绩描述。此部分重点描述候选人在各工作单位所创造的主要工作业绩。

第四部分，候选人的个性特征与管理风格的倾向。重点了解和描述候选人的个性特征及管理风格。

第五部分，候选人的优劣势分析。

第六部分，核心胜任力构成。

第七部分，推荐建议。

### （四）协助客户面试及背景调查

#### 1. 客户面试

客户面试是猎头顾问最为关心的环节，也是检验猎头顾问前期工作是否有效的重要一步。猎头顾问与企业和候选人充分沟通，商定面试时间和地点，并及时提醒双方，以促进面试的正常进行。面试后，猎头顾问还要及时跟进了解面试双方的感受，并做好沟通反馈。有时面试了一次，双方感觉意犹未尽，彼此了解得不彻底，此时猎头顾问应积极提议双方再找时间进行深入交流，以加深了解。

#### 2. 背景调查

对于客户面试合格的候选人，还要进行深度背景调查。对高级人才和关键性职位人才进行背景调查，主要基于两个方面的原因：一是证实应聘者在申请职位时所提供的资料真实可信；二是了解应聘者以前是否存在对其工作绩效有负面影响的行为，如酗酒、吸毒、盗窃等行为。进行背景调查时所要证实的信息主要包括以下几个方面：①是否可以正常录用，如某些候选人与老东家的劳动合同可能存在某些约定，影响其正常流动；②过往任职情况，包括任职日期、任职职位、薪资水平、在职表现、离职原因等；③教育背景；④身份确认。同时，还要清楚地了解候选人对现单位的忠诚程度、与老板关系的友好程度，以及近年的职业稳定性。

## 二、任务要求

#### 1. 任务具体要求

模拟目标人才面谈。

（1）组成小组，设置面谈场景，模拟猎头顾问与候选人进行沟通及评估，形成推荐意见。

（2）采用访谈表、测评表、问卷调查表、评价表等中的一种工具来完成面谈任务。

#### 2. 任务完成常用实际业务工具

访谈表见表3-2。

**表 3-2　　　　　　　　　　访谈表**

<table>
<tr><td colspan="8">满分为：</td></tr>
<tr><td colspan="2">被访谈人：</td><td>性别：</td><td colspan="2">年龄：</td><td colspan="3">日期：</td></tr>
<tr><td colspan="2">推荐职位：</td><td>联系方式：</td><td colspan="5">教育程度：□博士　□硕士　□本科　□大专<br>□中专　□高中（含）以下</td></tr>
<tr><td colspan="2" rowspan="2">评价指标</td><td colspan="6">评价标准</td></tr>
<tr><td>核评要素/程度</td><td>特优<br>（5 分）</td><td>优<br>（4 分）</td><td>良<br>（3 分）</td><td>可<br>（2 分）</td><td>劣<br>（1 分）</td></tr>
<tr><td rowspan="4">一般印象</td><td>1. 请你用两三分钟时间作简单的自我介绍</td><td>1. 谈话前后的连续性</td><td></td><td></td><td></td><td></td><td></td></tr>
<tr><td>2. 你认为你最大的优点和缺点在哪些方面</td><td>2. 自我认知能力</td><td></td><td></td><td></td><td></td><td></td></tr>
<tr><td>3. 谈谈你的兴趣爱好</td><td>3. 诚恳性、反应敏锐度</td><td></td><td></td><td></td><td></td><td></td></tr>
<tr><td>4. 根据你的自我分析认为你最适合的工作是什么</td><td>4. 性格是否适合推荐的岗位</td><td></td><td></td><td></td><td></td><td></td></tr>
<tr><td rowspan="4">经验与潜能</td><td>1. 请描述工作上的专长项目并举例说明</td><td>1. 对公司可能的贡献</td><td></td><td></td><td></td><td></td><td></td></tr>
<tr><td>2. 请举例说明过去工作中值得自豪的成就</td><td>2. 是否有足够的工作经验</td><td></td><td></td><td></td><td></td><td></td></tr>
<tr><td>3. 请举例说明是否有带团队完成任务的经验</td><td>3. 是否具有领导能力</td><td></td><td></td><td></td><td></td><td></td></tr>
<tr><td>4. 请举例说明工作中的困难及解决的过程</td><td>4. 是否具有解决问题的能力</td><td></td><td></td><td></td><td></td><td></td></tr>
<tr><td rowspan="5">人际关系</td><td>1. 请介绍一下你的家庭</td><td>1. 自我认识的能力</td><td></td><td></td><td></td><td></td><td></td></tr>
<tr><td>2. 请谈谈你朋友对你的评价</td><td>2. 交往的能力</td><td></td><td></td><td></td><td></td><td></td></tr>
<tr><td>3. 你希望在什么样的领导手下工作</td><td>3. 工作的能力</td><td></td><td></td><td></td><td></td><td></td></tr>
<tr><td>4. 你交朋友最重视什么</td><td>4. 认识的能力</td><td></td><td></td><td></td><td></td><td></td></tr>
<tr><td>5. 你喜欢独自一人完成任务还是团队合作</td><td>5. 团队合作的能力</td><td></td><td></td><td></td><td></td><td></td></tr>
</table>

续表

| 评价指标 | | 评价标准 | | | | | |
|---|---|---|---|---|---|---|---|
| | | 核评要素/程度 | 特优（5分） | 优（4分） | 良（3分） | 可（2分） | 劣（1分） |
| 工作态度 | 1. 你对提高工作效率的看法 | 1. 积极并接受挑战性工作 | | | | | |
| | 2. 举例说明你在紧急情况下完成任务的经历 | 2. 责任感 | | | | | |
| | 3. 如果指派你做十分不熟悉的工作，你如何做 | 3. 工作弹性 | | | | | |

## 三、任务评价指标和标准

**“模拟目标人才面谈”任务评价指标和标准**

| 指标 | 标准 | | | | |
|---|---|---|---|---|---|
| | 优秀（10分） | 良好（8分） | 中（6分） | 差（4分） | 很差（2分） |
| 访谈目的十分明确、清楚 | | | | | |
| 快速且直接地获取需要的信息 | | | | | |
| 获得尽可能详细、具体的信息 | | | | | |
| 营造良好的访谈氛围 | | | | | |
| 选择正确的访谈方式 | | | | | |

# 任务四　人才试用上岗

## 一、知识准备

### （一）人选试用上岗流程

#### 1. 录用通知书

候选人通过各项考核程序后，将会收到企业发给的录用通知书（offer）。录用通知书上将写明候选人即将任职的职位及部门、报到时间、入职手续以及薪资福利等信息，作为企业录用候选人的重要凭证。候选人收到录用通知书就可以着手办理离职手续（录用通知书样本见附录 2）。

#### 2. 签订劳动合同

劳动合同是用人单位与受聘人员之间就受聘人员提供劳务、用人单位给付报酬而签订的，确立双方当事人各自权利和义务的协议。当事人双方在订立劳动合同时，应遵守国家有关劳动法律法规以及规章，需要公证的，应当依法公证。双方签订劳动合同前，高级人才寻访机构也有义务调查清楚，目标人选是否已合法退出原单位。

#### 3. 试用期跟踪回访

候选人上岗试用后，猎头顾问的工作并未结束，还需要积极开展与客户及候选人的沟通协调工作，帮助候选人渡过保证期。

（1）与进入试用期的候选人保持密切联系，了解候选人新工作的感受及适应情况，为其提供必要的咨询和指导服务，对于候选人提出的新要求，要及时与客户进行沟通，帮助候选人做好协调。

（2）与客户保持联系，了解客户对候选人的评价，并做好与候选人的反馈。

（3）与客户商定保证期，保证期内由于候选人主动离职或不胜任，负责按寻访流程重新寻访候选人，直到客户满意为止。

### （二）高级人才服务

在高级人才寻访服务过程中，做好高级人才的服务非常重要。既有利于高级人才实现平稳的职业发展，也有利于提升高级人才寻访机构的品牌形象，还有利于提高高级人才寻访的成功率以及候选人入职的稳定性。

#### 1. 职业生涯规划服务

职业生涯规划的目标就是帮助候选人在职场中获得最大的“生涯满意度”，也就是幸福感。我国正处于一个快速发展的社会阶段，每个职场人士每隔 3~5 年都应该重新评估自己的职业生涯，反思一下自己在职业定位、目标达成、工作水平、工作满意度、满足感以及薪酬等方面是否处于最佳状态。作为猎头顾问，在与候选人沟通时，应该从候选人的实际情况出发，帮助候选人作自我评估，了解兴趣——喜欢干什么，了解能力——能够干什么，了解价值观——想干什么，从而对候选人的职业倾向作出一个判断。同时还应帮助候选人分析未来行业和职业发展的趋势，对候选人当前的职业发展提出建议。此外，优秀猎头顾问还将从职业生涯的视角，帮助候选人分析职业生涯发展问题，将职业、自我、社会与家庭三者统一起来，确保工作与生活的平衡。

2. 候选人辞职入职服务

第一，辞职服务。当客户与候选人签完录用通知书后，接下来候选人将与老东家谈辞职的事情。这个阶段可能发生很多复杂情况，如老东家挽留怎么办，用限制性条款阻碍候选人跳槽怎么办。这时需要猎头顾问深度介入，为候选人提供辞职培训服务。培训的内容大致包括如何写辞职报告，什么时候提交辞职报告，向谁提交，如果老东家挽留怎么办，接受挽留的利弊分析等。另外，猎头顾问一定要提醒候选人，作为一名职业经理人或专家，要有一种职业精神，要与老东家友好分手，同时辞职后还要站好最后一班岗，做好工作交接。

第二，入职服务。按照事先确定好的上岗时间，候选人要提前做好入职准备。在候选人入职前一天，猎头顾问需要与候选人沟通，提醒第二天上班的时间和地点，需要携带的证件，并特别强调第一天上班千万别迟到。候选人上班第一天结束后，顾问要与之沟通上班的感受，并给予鼓励和支持。之后每隔一段时间要定期做些沟通，直到通过保证期。在保证期，候选人既会面临新环境不适应的情绪波动，还会面临其他猎头公司的诱惑，因此，猎头顾问需要定期跟进，了解候选人的情况，对于候选人有些不便于讲的要求，要及时与企业沟通，帮助候选人予以解决。

## 二、任务要求

### 1. 任务具体要求

根据模拟候选人的入职岗位撰写职业生涯规划书。

### 2. 任务完成常用实际业务工具

SWOT 分析法见表 3–3。

表 3–3 SWOT 分析法

| strength（优势） | weakness（弱势） |
|---|---|
| 1. 做事认真踏实，有较强的学习欲望与能力<br>2. 生活态度乐观积极，善于发现事物乐观积极的一面，自我调节能力强<br>3. 富有责任心、爱心，常为他人着想，注重与人的关系<br>4. 喜欢分析与思考问题，解决问题能力强<br>5. 书面表达能力强，逻辑思维强 | 1. 性格较为内向，不善于人际交往与沟通<br>2. 考虑问题不够全面，时常感情用事，比较急躁<br>3. 组织管理的经验不足，能力欠缺<br>4. 办事不够雷厉风行，没有冒险精神<br>5. 学习与工作没有计划和规划，欠缺创新力 |

续表

| opportunity（机会） | threat（威胁） |
|---|---|
| 1. 职业选择渠道增多。随着经济社会发展，不断孕育新业态、产生新职业，给求职者提供更多的选择机会<br>2. 专业能力强，并与推荐岗位匹配<br>3. 有一定的工作经验，与岗位要求相匹配 | 1. 国家政策倾斜此消彼长，就业稳定性将受到威胁<br>2. 该企业对员工的学历要求比较严格，个人的职业生涯发展需要提升个人的学历<br>3. 受互联网的冲击，工作面临的各项挑战极其严峻 |

## 三、任务评价指标和标准

**“撰写职业生涯规划书”任务评价指标和方法**

| 指标 | 标准 | | | | |
|---|---|---|---|---|---|
| | 优秀（10分） | 良好（8分） | 中（6分） | 差（4分） | 很差（2分） |
| 规划书的内容完整性 | | | | | |
| 规划书的思路清晰、逻辑合理 | | | | | |
| 项目自我评价情况 | | | | | |
| 规划书的改进建议情况 | | | | | |
| 规划书的整体文字表达情况 | | | | | |

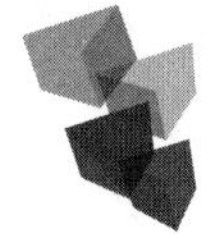

## 练习题

**选择题**

1. 一家规范的高级人才寻访机构对客户和高级人才均有高度的（　　）。

A. 责任心　　B. 影响力　　C. 危机感　　D. 情绪化

2. 一般来说，主动咨询的客户，其（　　）更为迫切，信息的真实度较高，合作意愿也更强烈。

A. 人才需求　　B. 客户需求　　C. 培训需求　　D. 激励制度

3. 在获取了客户的基础信息后，需要对客户进行有效的（　　）。

A. 培训　　B. 管理　　C. 开发　　D. 咨询

4. 当客户认可服务公司价值以及可行性方案后，就可以洽谈（　　）协议的签订事宜。

A. 委托　　B. 开发　　C. 咨询　　D. 合作

5. （　　）是指具有一定的专业知识或专门技能，进行创造性劳动并对社会做出贡献的人，是人力资源中能力和素质较高的劳动者。

A. 人才　　B. 公司　　C. 猎头　　D. 极客

6. 高级人才寻访机构一般喜欢把“三高”人群，即高学历、高职位、高收入的职场“白领”或者“金领”称为（　　）。

A. 高级人才　　B. 特殊人才　　C. 海归人才　　D. 创业人才

7. 在猎头服务过程中，从事人才搜寻、人才评价、背景调查、候选人推荐等猎头服务过程的人，称为（　　）。

A. 技术人才　　B. 猎头顾问　　C. 高级人才　　D. 研发人才

8. 猎头公司对高级人才的搜索，从（　　）角度上可以划分为横向搜索和纵向搜索、圆形搜索、曲线搜索。

A. 技术　　B. 企业　　C. 宏观　　D. 微观

9. 在对目标人选进行筛选的过程中，首先要查看年龄、学历、经历等基本条件是否符合目标（　　）的要求。

A. 职位　　B. 价值　　C. 资本　　D. 人才

10. 为了让企业客户对候选人有一个全面和细致的了解，猎头公司将在前期对候选人搜寻和考察的基础上，撰写（　　）。

A. 合同书　　B. 薪酬方案　　C. 推荐报告　　D. 调查报告

## 附录 1

### 高级人才寻访服务合同

（中国人才交流协会高级人才寻访专业委员会推荐文本）

甲方：（委托企业名称）

联系地址：________________

乙方：（寻访服务机构名称）

联系地址：________________

甲乙双方协商，就甲方委托乙方寻访其所需要人才的有关事宜，达成协议，并在________________（地点）签订本合同。

对本合同文本，双方确认除非与上下文矛盾或另有说明，否则本协议（及其附件、补充协议等，下同）中的以下文字具有以下含义：

1. “服务”是指人才寻访的服务过程，具体指：乙方根据甲方的要求，为甲方指定的职位寻访、推荐符合条件的候选人，并依据协议约定协助甲方完成录用候选人的相关面试、核查等工作。

2. “候选人”是指乙方针对甲方的寻访要求推荐给甲方，且甲方未在收到后2个工作日内以书面方式提出异议应聘者。

3. “职位”是指甲方拟聘用或因乙方的推荐而实际聘用的岗位或职位。

4. “职位说明书”是指甲方向乙方发出的、要求乙方就其指定的职位寻访候选人的文件。

5. “聘用合同”是指甲方与其认为符合条件的候选人签署的劳动合同、劳务合同或类似性质的以候选人直接或间接向甲方提供劳动力的合同或协议。

6. “录用”是指甲方与其认为符合条件的候选人签订聘用合同或达成聘用的合意。

7. “正式入职”或“上班”是指已与甲方签署了聘用合同的候选人已正式至甲方报到，并已执行其在甲方的岗位职责；或候选人已开始自甲方取得收入或报酬。

8. “推荐成功”是指乙方向甲方推荐的候选人已签署了甲方发出的录用通知，且候选人已正式入职。

9. “年薪”是指相应聘用合同或其附件中规定的候选人在一个完整的财年度内自甲方取得的所有个人所得税前的收入，包括工资、奖金、补贴、津贴、补助及股票等。

10. “关联单位”是指存在控制（指持股比例超过50%或虽未超过50%但可以推荐董事会半数以上的人选或者其他能够行使最终决策权的情况，下同）或被控制及被同一人控制等关联关系的单位，包括但不限于母子公司、总分公司、兄弟公司、代表处及办事机构等。

第一条　委托寻访的职位、要求及数量

1.1 甲方委托乙方寻访的职位是：[　　]

1.2 各职位的要求是：[　　]

1.3 各职位的数量是：[　　]

1.4 本条内容，可在本协议签订后，由甲方随时发出的工作指令中载明。该工作指令应以书面形式发出，并作为本协议的附件。

第二条　服务内容

在本合同下，乙方的人才寻访服务包括以下几个方面：

2.1 人才推荐

2.1.1 除本合同第一条列明的职位之外，其他职位的招聘，甲方应根据其职位空缺情况向乙方发出职位说明书。

2.1.2 在接到甲方的职位说明书之后1个工作日内，乙方与甲方进行沟通确认；经双方确认一致后，乙方向甲方发出确认通知。

2.1.3 自对职位说明书确认之后［　　］个工作日内，乙方指派专人或小组负责为甲方提供服务，并在3周至5周内向甲方提供候选人报告。甲方选定的乙方项目负责人为［　　］。

2.1.4 为防止资料重复与混淆，若甲方发现乙方推荐的候选人与甲方之前从乙方之外的第三方收到的应聘者资料重复，甲方须在收到乙方推荐资料后2个工作日内书面通知乙方，则乙方将停止该候选人的继续推荐，且该候选人将不视为乙方推荐。

2.2 人才面试

2.2.1 乙方根据甲方职位说明书中列明的职位以及详细的职位要求，对所搜寻的人才进行基础面试、素质考核、履历调研等；在确认其符合甲方用人标准后，推荐给甲方进行面试。每个职位推荐1~3人，直至甲方选定拟面试的候选人。

2.2.2 甲方自收到乙方提供的候选人资料后［　　］日内作出是否面试的决定。第一次面试由甲乙双方商讨安排面试时间与地点。如果需要复试的，由甲方根据需要与乙方协商安排。

2.2.3 如甲方对乙方提供的候选人有聘用意向的，应甲方要求及候选人同意的情况下，乙方应提供候选人背景核查，核查应从公开途径进行且不侵害候选人隐私。

第三条　双方的职责

3.1 甲方的职责

3.1.1 向乙方发出职位说明书，应乙方要求提供必要的说明和解释。

3.1.2 在甲方向候选人正式发出录用通知前，不得向任何第三方及甲方内部非相关人员透露候选人的信息，并应对所获得的所有候选人资料采取适当的保密措施。

3.1.3 自录用通知发出之后［　　］日内，将候选人在甲方正式入职的时间（以签订聘用合同、实际用工及起薪日三者中最早者为准，下同）和薪资内容及数额书面通知乙方。

3.1.4 如认为乙方提供的候选人系甲方之前或正在联系（包括委托其他中介在联系）的人选，甲方应自接到乙方提供的候选人资料之后［　　］日内，书面通知乙方并向乙方出具联系事实的书面证明。

3.1.5 当出现以下情况时，视为乙方推荐成功，甲方应按本合同约定向乙方支付服务费：

a）对乙方所提供的候选人信息不得转递第三方（甲方关联单位除外〉，不做转换推荐，否则视为该候选人已被推荐成功。

b）如乙方向甲方推荐的候选人在推荐之时没有被录用，而在其被推荐之后1年内被甲方录用的，无论所录用的职位是否为最初推荐的职位，均视为乙方推荐成功。

c）在本合同的有效期内或候选人被推荐之后1年内（以两者中时间最晚者为准），如甲方的关联单位聘用该候选人的，视为乙方推荐成功。

d）未经乙方书面同意，不得直接与乙方推荐的候选人联系，否则视为乙方推荐成功。

e）如果由于甲方未履行对候选人的保密义务导致候选人被原单位解职，而甲方又未录用该候选人；或在甲方向候选人签发录用通知后，候选人已因此和原单位解除劳动合同，但甲方未能与其签订劳动合同的，均视为乙方推荐成功。

3.1.6 按合同约定向乙方支付服务费。

3.2 乙方的责任

3.2.1 应严格执行国家与地方政府有关人才中介服务的法律法规。

3.2.2 按合同约定的条件，选择、寻访适当的候选人推荐给甲方。

3.2.3 乙方应确保每一个推荐给甲方的候选人首先经过乙方的面试筛选。

3.2.4 审慎、客观、专业、独立地履行推荐义务；应甲方要求，向甲方通报推荐工作进展情况。

3.2.5 应甲方要求，协助甲方安排候选人的面试以及录用、入职等事宜。

3.2.6 在候选人与甲方签订的劳动合同期内，乙方不得再猎取该候选人推荐给第三方。

第四条　服务费及支付（A方案或B方案）

## A方案

4.1 乙方向甲方收取的人才寻访服务费为被录用的候选人第一年年薪的［　　］%。

4.2 寻访服务费按做单进度给付，甲方在乙方开始推荐人选及面试合格被录用后两次支付乙方。

4.3 甲方在乙方开始推荐人选时，就每个职位每人向乙方支付人才推荐费人民币［　　］元。人才推荐费是乙方提交候选人报告的费用，乙方按2.1.3条约定向甲方提交了候选人报告后，无论推荐成功与否，人才推荐费即不再退还，仅在推荐成功时全额抵扣服务费。

4.4 甲方在乙方推荐的候选人面试合格被录用后，向乙方支付所余寻访服务费全款。

4.5 每个职位每人的最低收费为人民币［　　］元，如某职位按4.1条计算的服务费小于最低收费的，甲方应按最低收费向乙方支付服务费。

4.6 甲方应支付乙方服务费对应的税金，包括但不限于营业税、增值税等。

**B 方案**

4.1 乙方向甲方收取的人才寻访服务费为被录用的候选人第一年年薪的 [　　]%。

4.2 寻访服务费分两次支付：合同签订后支付定金；入职后全额支付寻访服务费余款。

4.3 甲方就每个职位每人向乙方支付寻访定金，定金数额为该职位寻访服务费用的20%。职位推荐成功后，定金抵顶服务价款。甲方如履行合同中违约，定金不退。

4.4 每个职位每人的最低收费为人民币 [　　] 元，如某职位按 4.1 条计算的服务费小于最低收费的，甲方应按最低收费向乙方支付服务费。

4.5 甲方应支付乙方服务费对应的税金，包括但不限于营业税、增值税等。

第五条　支付方式（A 方案或 B 方案）

**A 方案**

5.1 自本合同签署之日起 3 日内，甲方向乙方支付全部人才推荐费。

5.2 自候选人正式入职之日起 3 日内，甲方向乙方支付该职位人才面试费。

5.3 按本合同约定视为乙方推荐成功的，经乙方提出书面付款通知之日起 3 日内，或自候选人在甲方或甲方的关联单位正式入职后 3 日内，甲方将按本合同 4.2 条计算的服务费一次支付给乙方。

5.4 乙方自候选人正式入职后向甲方提供相应的正式发票。

5.5 甲方未按合同约定向乙方支付服务费的，每迟延一天应向乙方支付不少于应付未付金额 2‰的违约金。

**B 方案**

5.1 自本合同签署之日起 3 日内，甲方向乙方支付全部职位的寻访定金。

5.2 自候选人正式入职之日起 3 日内，甲方向乙方支付该职位人才寻访服务费余款。

5.3 按本合同约定视为乙方推荐成功的，经乙方提出书面付款通知之日起 3 日内，或自候选人在甲方或甲方的关联单位正式入职后 3 日内，甲方将按本合同 4.2 条计算的服务费一次性支付给乙方。

5.4 乙方自候选人正式入职后向甲方提供相应的正式发票。

5.5 甲方未按合同约定向乙方支付服务费的，每迟延一天应向乙方支付不少于应付未付金额 2‰的违约金。

第六条　服务保证

6.1 乙方就推荐服务的保证期为 [　　] 个月，自候选人在甲方正式入职之日起计算。

6.2 若甲方所录用的候选人在正式入职后［　　］个月内与甲方解除劳动合同(解除合同的原因包括但不限于：甲方认为其不胜任本职工作，或其违反法律法规及甲方的管理规定，或其本人辞职等)，甲方必须在解除劳动合同之日起10日内以书面形式通知乙方。

6.3 如甲方已及时、足额支付了该候选人的服务费，则乙方自接到甲方书面通知之日起3个月内，就该职位向甲方推荐其他人选。如甲方未就该职位人选增加新的要求或所增加的要求乙方书面确认接受的，则乙方就此推荐不再另行向甲方收取费用；如甲方改变职位要求的，则视为新的职位要求，应按本合同的约定重新计算服务费，原职位已收取的服务费不退还。

6.4 如因以下原因导致候选人离职的，乙方不承担本条约定的保证义务：

6.4.1 甲方擅自变更该候选人的工作地点的；

6.4.2 未按照劳动合同约定提供劳动保护或者劳动条件的；

6.4.3 未及时足额支付劳动报酬的；

6.4.4 未依法为该候选人缴纳社会保险费的；

6.4.5 甲方的规章制度违反法律、法规的规定，损害该候选人权益的；

6.4.6 因以欺诈、胁迫的手段或者乘人之危，使候选人在违背真实意思的情况下订立或者变更劳动合同，致使劳动合同无效的；

6.4.7 甲方以暴力、威胁或者非法限制人身自由的手段强迫候选人劳动的；

6.4.8 甲方违章指挥、强令冒险作业危及候选人人身安全的。

6.4.9 法律、行政法规规定劳动者可以解除劳动合同的其他情形的。

第七条　违约责任

如一方未履行其在本协议项下的任何或部分义务，则该方应对其违约造成的损失负责。违约方的赔偿责任应相当于其他各方因其违约行为而遭受的实际损失，但不应超过违约方在订立本协议时所能预见到的损失。若未履行本协议系由双方的过错所致，则相关方应根据其过失程度承担各自的责任。

第八条　变更与解除

8.1 在本合同有效期内，经双方协商一致，本合同可以书面形式变更、解除或终止。

8.2 如因甲方原因提前终止某职位的推荐，因乙方实际履行本合同已发生的费用超过该职位人才推荐费的，超出部分由甲方承担赔偿责任，并自该职位终止后3日内支付给乙方。

第九条　争议解决

9.1 任何起因于本合同或与本合同有关或与本合同的解释、违约、终止或效力有关的争议或权利要求，都应由双方通过友好协商解决。如果双方在协商开始后30天内通过协商不能解决争议，任何一方可将争议提交原告所在地的人民法院通过诉讼解决。

9.2 本协议的效力、解释和履行在各个方面均受中华人民共和国法律管辖并据此解释。

第十条　合同期限

10.1 本合同有效期为一年，自本合同双方签字盖章之日起生效。双方经书面约定可续延本合同。

第十一条　合同文本

11.1 本合同以中文书就，一式两份，甲、乙方各执一份。每一份均为原件，各份合在一起构成同一份文据。

有鉴于此，本协议双方责成其各自的代表正式签署本协议。

甲方：(盖章)

授权签字人：

职位：

日期：[　　] 年 [　　] 月 [　　] 日

乙方：(盖章)

授权签字人：

职位：

日期：[　　] 年 [　　] 月 [　　] 日

**附录 2**

## 录用通知书（样本）

××先生/女士：

非常荣幸地通知您，您已成功通过考核，正式成为我公司的一员，并将入职__________部门担任__________职位，我们对您的加入表示热烈的欢迎！下面就有关报到事宜通知如下：

1. 请您于______年______月______日______时，到位于________市________区________街________号__________大厦__________楼公司人力资源部办理报到手续。

2. 请您在办理入职手续时，提供以下资料：

（1）居民身份证原件、外地户籍另提供居住证原件。

（2）最高学历证书及学位证原件。

（3）专业技术职称证书原件、职业资格证书原件。

（4）前一家公司离职证明原件。

（5）您本人在××银行开办的储蓄卡（用于工资发放）一张。

（6）最近三个月在三甲医院的体检证明。

（7）个人近期1寸蓝底免冠照片______张（用于档案资料、工作牌、劳动合同等）。

3. 您在公司的薪资福利待遇，将按公司相关制度及岗位薪酬等级标准规定执行。具体薪资金额，由公司财务部另行通知。

4. 该职位试用期为______月，试用期满通过考核合格后转正。

5. 公司提供工作餐，如需要住宿，请向公司行政部提出住宿申请。

6. 本入职通知有效期截至______年______月______日______时，超过时间未办理报到手续，视为自动放弃。

7. 请将本通知打印出来，并在签名地方签字，报到时请携带本通知作为办理入职手续依据。

8. 如有疑问，请与公司人力资源部×××联系，联系电话____________________。

××公司人力资源部

××××年×月×日

# 项目四

# 人力资源培训服务

## 【项目导入】

### 一、主题案例

目前，花旗银行已经在全世界16个国家和地区拥有分支机构，为许多公司和金融机构提供综合性的金融服务。为了提高公司的成本收益和客户服务水平，花旗银行委托第三方人力资源服务公司，通过网络技术为新加坡和中国香港的员工提供在线学习项目。通过采用电子化学习软件平台，第三方人力资源服务公司为花旗银行员工制作各种在线课程，采用电子化方式进行银行政策、服务标准、营运程序和金融产品等方面的培训。与传统培训方式相比，电子化培训具有以下培训效果。

1. 员工可以根据自己的学习进度，随时登录在线课程，并且根据个人情况灵活掌握学习时间。

2. 培训经理则可以根据学员在线学习的记录来查看学员的课程选择、学习进度以及学习成绩。

3. 简化了课程制作的复杂度。通过软件工具的指导，咨询顾问能够把丰富的文字材料和各式各样的多媒体材料结合在一起，编写出内容丰富多彩的课程材料。编写完成后，可以通过网络将教材传送到在线培训中心，由各个部门的对口专家接任该课程的教学任务。

上述案例提示我们：电子化学习利用网络技术，在全公司建立统一的培训环境，极大地降低了课程制作、传输以及评测的成本。在互联网时代，培训服务机构应如何进行培训需求分析、培训效果评估，如何设计培训课程，才能为企业定制个性化的培训？带着上述问题，请你开始新项目的学习。

## 二、学习目标

1. 了解培养需求分析的方法，掌握培训需求分析的实施流程。
2. 掌握培训计划的设计与撰写。
3. 了解常用培训效果评估工具，掌握培训效果评估报告的设计与撰写。

# 任务一　确定培训需求

## 一、知识准备

### （一）培训需求分析

#### 1. 培训需求和培训需求分析的定义

培训需求是指特定工作的实际需求与任职者现有能力之间的距离，即理想的工作绩效-实际工作绩效=培训需求。为寻求真正的培训需求，我们可把培训需求分为企业需求、员工需求和外部需求。企业需求一般从企业发展的战略、计划和目标、绩效考核、岗位任职要求、招聘需求等方面进行调查，从而确定培训需求。员工需求主要来源于员工个人职业生涯规划，有了职业规划，员工就知道自己的需求，就能确定培训需求。外部需求主要来源于人才市场需求和客户需求，只有了解市场和客户的需求，才能了解培训发展的方向，明确培训的需求。通过对企业需求、员工需求和外部需求的了解，找到三者的结合点，制订具有可行性和有效性的培训计划，产生好的培训效果。

培训需求分析是指在每项培训活动实施之前，由培训部门或委托第三方服务机构采取各种科学办法和技术，对受训成员的培训目标、知识结构、技能状况等方面进行系统的鉴别与分析，从而确定培训必要性及培训内容的一种管理活动。培训需求分析就是采用科学的方法明确培训对象、培训内容、培训目标等信息，并进行深入探索研究的过程。它是员工培训的首要环节，是制订培训计划、设计培训方案、实施培训活动和评估培训效果的基础，对企业的培训工作至关重要，是使培训工作准确、及时和有效的重要保证。

2. 培训需求分析的操作方法

为了寻找切合企业发展的培训诉求点和保障培训需求诉求点的有效性，应采取科学的方法进行培训需求分析。

（1）观察法

观察法是指培训者根据研究目的、研究提纲，运用相关的辅助工具在一段时间内，从多种角度、多个层面细致观察研究对象，从而获得资料的一种研究方法。在观察调查时，不能妨碍研究对象的正常工作和其肢体活动。培训者要对研究对象所从事的工作程序和工作内容十分熟悉，才能做好观察的工作，获得所需要的资料。

（2）访谈法

访谈法是指培训者与受访人面对面交流，在交流过程中发现问题，从而判断出培训需求的调查方法。图 4–1 所示是访谈法的执行流程。

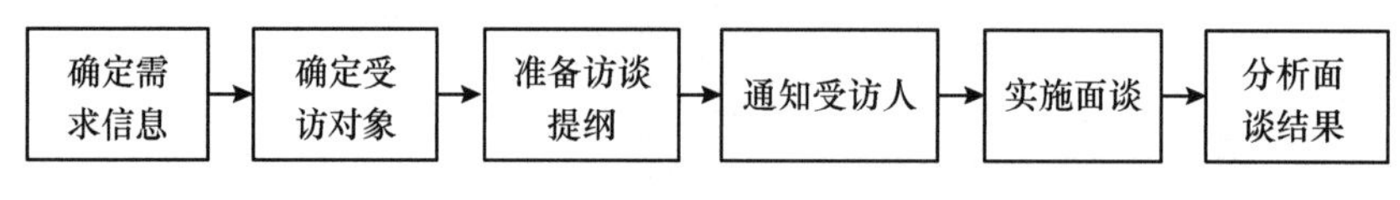


图 4–1　访谈法的执行流程

（3）问卷调查法

问卷调查法是指培训者可以通过一份问卷，请被调查者填写，以书面形式间接获得材料和信息的一种研究方法。图 4–2 所示是问卷调查法的实施流程。

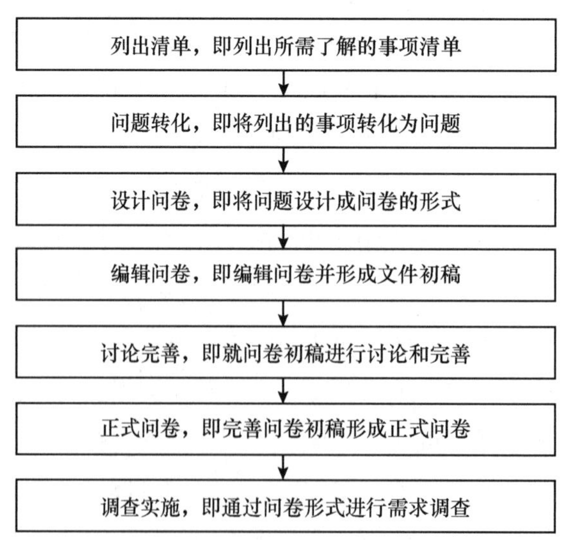


图 4–2　问卷调查法的实施流程

（4）关键事件法

关键事件法是指培训者对研究对象在工作中最好或最差的事件进行分析，对造成这一事件的工作行为进行认定，并进行工作绩效评估的一种研究方法。

“STAR”记录法是关键事件法的一种。

S（Situation）——情境：这件事情发生时的情境是怎么样的；

T（Target）——目标：为什么要做这件事情；

A（Action）——行动：当时采取了什么行动；

R（Result）——结果：采取这个行动获得了什么结果。

### 3. 培训需求分析的实施步骤（如图 4–3 所示）

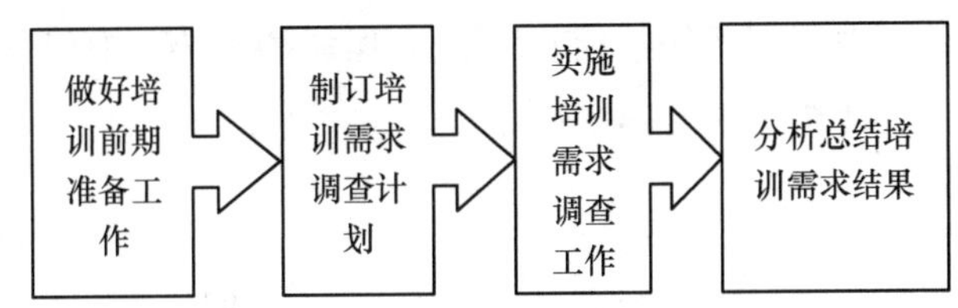


图 4–3　培训需求分析的实施步骤

（1）做好培训前期准备工作

这是指收集员工培训档案、绩效考核资料、个人职业生涯规划等资料，形成培训资料库，帮助管理者查找员工的背景资料，为员工的个人培训需求分析提供材料。培训者应与其他业务部门保持密切联系，及时更新和补充员工培训资料库，还需建立通畅有效的培训信息收集渠道，及时掌握员工的培训需求，使培训更能满足企业和员工发展的需求，更有效果。

（2）制订培训需求调查计划

这是指各项调查工作的安排、时间进度、注意事项、应对措施等需要先制订一个行动计划。培训需求调查的方法有很多，常用的方法有观察法、访谈法、问卷调查法、关键事件法等，根据具体情况选择合适的分析方法，多角度调查培训需求分析的内容，得到可靠的培训依据。

（3）实施培训需求调查工作

这是指培训部门收集、整理、汇总各个部门和岗位的培训需求意向和愿望，上报培训管理部门审核。培训需求意向和愿望需要由培训管理部门、组织计划部门、相关岗位和相关部门从整体和近中期的工作计划来考虑，共同分析。通过分析、审核，参考有关部门的意见，列出培训需求清单，根据培训资源、培训的重要程度和迫切程度，制订初步的培训计划和预算方案。

（4）分析总结培训需求结果

首先对培训需求信息进行分类、归档；其次在仔细分析的基础上找出培训需求，根据培训需求的重要程度和紧迫程度对各类培训需求排序；最后撰写培训需求分析报告，这是确定培训目标、制定培训计划的重要依据和前提。

### （二）培训需求确定

#### 1. 组织分析

组织分析主要是指从组织战略上确定培训需求。组织战略是指组织为了实现未来一段时间内的目标而采取的一系列对策和措施。组织战略对培训的类型、数量等都有一定的影响，同时培训对实现组织战略也有很大程度的影响。有针对性地组织培训且训练频率高的组织，其战略实现的程度较高。

#### 2. 工作分析

第一是审核需要执行的工作内容是什么。第二是分析胜任此工作的员工需要具备的知识、技能、态度、素质等是什么。第三是分析影响员工工作绩效的阻碍因素有哪些。从这三个方面着手分析，收集、归纳一手资料，从而确定培训内容。

#### 3. 人员分析

根据岗位要求和员工的工作绩效情况，分析其应具备的知识、技能、素质等，形成相应的培训计划和方案。人员分析的目的是明确员工的培训需求，进一步改善员工的工作绩效，使其更出色地完成工作。

## 二、任务要求

#### 1. 任务具体要求

进行培训需求调查。

要求：

（1）各团队确定培训需求调查岗位。

（2）应用观察法、访谈法、问卷调查法、关键事件分析法中的任一种方法进行培训需求调查分析。

（3）结合培训需求调查方法，设计相应的观察表、访谈提纲、调查问卷、关键事件收集表等工具。

## 2. 任务完成常用实际业务工具

员工培训需求分析表见表4-1。

表4-1　　员工培训需求分析表

| 基本信息 | | | |
|---|---|---|---|
| 姓名 | | 部门 | |
| 岗位 | | 入职时间 | 年　月　日 |
| 第一部分　培训认同度 | | | |

1. 您认为公司对培训工作的重视程度如何：

□非常重视　□比较重视　□一般　□不够重视　□很不重视

2. 您认为，培训对于提升您的工作绩效、促进个人职业发展能否起到实际帮助作用，您是否愿意参加培训：

□非常有帮助，希望多组织各种培训　□有较大帮助，乐意参加　□多少有点帮助，会去听听

□有帮助，但是没有时间参加　□基本没有什么帮助，不会参加

3. 您认为自己对于企业培训需求的迫切程度如何：

□非常迫切　□比较迫切　□有一些培训需求，不是那么紧迫　□无所谓，可有可无

□没有培训需求

4. 关于以下培训理念，您比较认同哪些选项（可同时选择三项以内）：

□培训很重要，公司发展壮大，应该逐步发展和完善培训体系，帮助员工成长，吸引和留住人才。

□业绩最重要，培训对员工而言是一种负担，会占用员工拜访客户的时间、休息时间。

□以公司业务特点而言，外部讲师不了解公司的经营状况与业务特点，培训也不会有什么效果。

□基本上，公司招聘来的员工都是有经验的熟手，已符合公司的要求，不需要花大成本去进行培训。

□主要依靠公司内部的培训力量就行，让经验丰富的员工或经理来担任讲师，他们熟悉公司的情况。

□培训的费用和成本较高，员工的流失会给企业带来损失。

□其他看法：________________________________________

5. 目前您所接受的公司培训在数量上您认为怎么样：

□绰绰有余　□足够　□还可以　□不够　□非常不够

6. 您认为，本部门内部关于产品知识、行业和市场信息、岗位工作技能的培训、讨论、分享是否充分：

□非常充分　□充分　□还可以　□不够充分　□基本没有分享

7. 您目前的学习状态是：

□经常主动学习，有计划地持续进行　□偶尔会主动学习，但没有计划性，不能坚持

□有学习的念头或打算，但没有时间　□有工作需要的时候才会针对需要学习

□很少有学习的念头

8. 以往参加的培训是：□自己主动提出　□领导指派　□公司要求　□自费学习

9. 培训是否提升您的个人技能、工作绩效：□明显提升　□稍有提升　□不明显　□基本无效

续表

| 第二部分　培训的组织和安排 |
|---|
| 1. 鉴于公司的业务特点，您认为最有效的培训方法是什么？请选出您认为最有效的3种：<br>□邀请外部讲师到公司进行集中讲授　□安排受训人员到外部培训机构接受系统训练<br>□拓展训练　□建立网络学习平台　□由公司内部有经验的人员进行讲授<br>□部门内部组织经验交流与分享讨论　□光碟、视频等声像资料学习<br>□建立公司图书库，供借阅　□其他：____________<br>2. 您认为最有效的课堂教学方法是什么？请选出您认为最有效的3种：<br>□课堂讲授　□案例分析　□模拟及角色扮演　□音像多媒体　□游戏竞赛　□研讨会<br>□其他：____________<br>3. 您认为以下哪个因素对于公司培训工作的开展效果影响最大：<br>□领导的重视程度　□员工的培训参与意识　□培训方式与手段　□培训时间的安排和时长<br>□培训内容的实用性　□培训组织与服务　□培训效果的跟进　□培训讲师的授课水平<br>4. 公司在安排培训时，您倾向于选择哪种类型的讲师：<br>□实战派知名企业专家，有标杆企业经验　□学院派知名教授学者，理论功底深厚，知识渊博<br>□职业培训师，丰富的授课技巧和经验　□咨询公司高级顾问，丰富的项目经验<br>□本职位优秀员工，对公司业务很了解　□其他：____________<br>5. 以下讲师授课风格及特点，您比较看重哪一点：<br>□理论性强，具有系统性及条理性　□实战性强，丰富的案例辅助<br>□授课形式多样，互动参与性强　□知识渊博，引经据典，娓娓道来<br>□语言风趣幽默，气氛活跃　□激情澎湃，有感染力和号召力<br>□其他：____________<br>6. 假如，鉴于您在某一领域的丰富经验，您被推荐担任某一门课程的内部讲师，您是否乐意：<br>□非常乐意，既可以锻炼自己，又可以分享知识，何乐而不为<br>□乐意，但是没有经验，希望公司能提供关于讲授技巧方面的培训<br>□乐意，但是没有时间做这个事情　□需要考虑一下　□不会担任<br>7. 您认为，对于某一次课程来讲，多长的时间您比较能接受：<br>□一个小时　□二个小时　□三个小时　□半天　□无所谓，看课程需要来定<br>□其他：____________<br>8. 您认为培训时间安排在什么时候比较合适：<br>□上班期间，如周五下午2~3小时　□工作日下班后2~3小时　□周末1天<br>□无所谓，看课程需要来定　□其他：____________<br>9. 您希望的或者所能接受的培训的频率是怎样的：<br>□每周一次　□半月一次　□每月一次　□两月一次　□每季度一次　□半年一次　□每年一次<br>□其他：____________<br>10. 您希望的培训地点是：<br>□公司培训教室/会议室　□公司外专业培训教室　□酒店多功能厅/会议室　□无所谓<br>□其他：____________<br>11. 您认为您目前需要培训是因为：<br>□工作碰到瓶颈，须改善方法，提升技能　□突破现有工作，准备新知识技能，挑战新目标<br>□突破常规，改变现有观念或态度　□改善人际关系，适应团队和公司环境 |

续表

| |
|---|
| 12. 您愿意选择的培训方式是：<br>□在职，公司内部培训　□在职，接受外部培训机构培训　□脱产一段时间专门培训　□函授<br>□其他：________________ |
| 13. 关于通用技能的培训，您认为哪种师资更有效：<br>□公司内专门培训讲师　□公司内部各部门主管　□高校教师　□培训机构讲师<br>□社会成功人士　□公司内业务资深人员　□其他：____________ |
| 14. 请问您认为您目前最希望通过培训解决哪一方面的问题：<br>□增加专业知识　□提高综合素质　□提升实际业务能力　□转变思想改变态度 |
| 15. 你认为培训效果的评价哪些方式效果较为理想：（可多选）<br>□与受培训者面谈　□问卷调查　□心得报告　□闭卷考试　□座谈会　□角色扮演<br>□受培训者直属主管或同事评价　□行为观察　□绩效考核　□其他____________ |
| 16. 您认为培训是否应纳入绩效考核？<br>□要　□不要 |
| 17. 您认为下面哪些与培训有关的内容应纳入培训管理：<br>□是否按时参加培训　□是否上完规定的培训课时　□是否完成规定的培训课程<br>□讲师是否准备有完整培训工具（教材、讲义等）　□学员在培训过程的专注度和积极性 |
| 18. 在以下几个要素中，您更关心的是：<br>□培训组织与服务　□培训内容和教材　□培训时间的安排　□培训方式与手段<br>□培训讲师的水平　□对实际工作帮助程度　□培训时数的长短<br>□其他（请说明）：________________ |
| 第三部分　培训需求信息 |
| 1. 您认为新进入公司的员工，最急需哪些方面的培训？<br>□公司简介　□公司历史　□公司文化　□商务礼仪　□办公行政制度　□薪酬福利<br>□工作流程　□人力资源管理制度（如调薪、晋升、降职、辞退、离职、休假等）<br>□其他（请说明）________________ |
| 2. 您认为应如何开展对新进人员的培训？<br>□人事部门单独进行　□人事部门与用人部门共同进行　□指定专门入职引导人员<br>□其他：________________ |
| 3. 近一年内您自己最希望接受的培训有哪些（不超过 3 项）？<br>□通用技能类　□专业知识类　□人力资源类　□财务计划类　□采购营销类　□生产管理类<br>□生产现场类　□管理技能类　□资格认证项目　□语言发展项目　□其他：________ |
| 4. 根据本部门员工在 2021 年上半年的业绩表现，您认为本部门员工 2021 年下半年培训需求重点在于哪个方面：<br>□岗位专业技能　□个人自我管理技能　□企业文化　□职业道德与素养　□职业生涯规划<br>□行业、市场及产品信息　□人际关系及沟通技能　□通用基本技能　□其他：________ |
| 5. 作为管理者，您认为您本人 2021 年下半年的培训需求重点在于哪个方面：<br>□领导艺术　□管理理念　□沟通协调　□角色认知　□职业道德　□管理理论　□职业化<br>□人员岗位技能　□其他：________ |

续表

| 6. 考虑到各部门岗位、职能差异较大，以下问题请您针对本部门的业务特点及管理重点，以文字进行描述。<br>（1）您认为本部门员工在岗位专业技能上，需要进行哪些方面的培训（请列举 3 项最紧迫的培训需求）：<br><br>（2）您本人在日常工作中经常遇到的问题或困难，请举例说明（列举）：<br><br>（3）您本人希望提升哪些方面的能力： |
|---|

## 三、任务评价指标和标准

**“培训需求调查”任务评价指标和标准**

| 标准<br>指标 | 优<br>(5 分) | 良<br>(4 分) | 中<br>(3 分) | 差<br>(2 分) | 很差<br>(1 分) |
|---|---|---|---|---|---|
| 方法与岗位的匹配性 | | | | | |
| 表单针对性 | | | | | |
| 表单合理性 | | | | | |
| 内容完整性 | | | | | |

# 任务二　设计和策划培训

## 一、知识准备

### （一）确定培训类型

#### 1. 按培训机构不同分类

（1）企业内部培训

企业内部培训一般有三种：第一种是从外面聘请企业实战经验丰富的培训师进行

企业内部培训，第二种是企业培训部门有专职的培训师定期进行企业内训，第三种是企业内部的某个专家做临时的培训师。外聘的培训师能给企业带来新思维、新方法，并且训练强度高，技能提升快，是许多企业喜欢的培训类型。专职的内部培训师一般是参加各种公开课，把所学的知识转授给企业内部人员，使知识共享。临时培训师通常是企业某一方面的专家，具有丰富的企业实践经验，能为员工传授和分享更多的实战经验，以提升员工的技能，改善工作绩效。

（2）外部培训公司培训

外部培训公司培训是把员工派到外部参加公开课、拓展训练、沙盘模拟和脱产教育等方式的培训。在企业内，有些内容不能集中培训学习，员工可以到外部参加公开课，既能开阔其眼界，又能增加其与外界交流的机会。拓展训练和沙盘模拟都属于体验式培训，前者可以增强团队精神、锻炼个人意志等，后者主要通过模拟学习，系统锻炼员工工作中的思维和行为方式，为解决实际工作中的问题起到很好的效果。脱产教育是阶段性的集中培训，能够系统地学习和掌握内容。

### 2. 按培训对象分类

（1）新员工培训

新员工培训也称岗前培训，是员工逐步熟悉、适应企业环境的过程，是员工从局外人转变为企业人的过程，是员工融入一个新团体的过程，是员工初步定位自己角色、规划职业生涯、发挥自己才能的过程。对于新员工，企业可以开展企业文化、业务培训以及“传、帮、带”活动，培训结束后新员工可以进入上岗试用期。企业文化培训主要是指让新员工正确理解和继承企业经营思想和作风，形成良好的工作氛围和积极向上的团队精神，并让新员工清楚投入工作的精神风貌及待人接物的态度，从而成为一名优秀员工。业务培训是指根据不同的岗位，新员工要学习与岗位相关的业务知识、业务技能、工作要求、工作流程和操作规范等。“传、帮、带”活动是指让经验丰富、素质高的老员工以一对一的形式进行系统、细致的指导，教育新员工掌握操作技术、办事方法和服务技巧等，使新员工尽快熟悉业务知识和工作方法。

（2）技术人员培训

在科学技术迅速发展的时代，技术人员的专业知识和技能需要不断更新，才能适应组织发展的需要。技术人员应集中在专业领域培训，培养他们解决实际问题的能力，将知识运用于生产和经营过程中，多出成果。根据技术人员的特点，主要培训的项目有：新设备的操作、维护和维修，市场营销，计算机编程，目标管理，质量管理，程序和网络维护，生产管理，品质工程，管理信息系统等。

（3）管理人员培训

管理人员培训的对象主要是任职的和准备任职的主管人员。组织、协调、指挥、控制和计划等知识以及沟通、倾听、反馈、时间管理、冲突管理、训导等技能，都是管理人员应该掌握的管理知识和工作能力。因此，企业可以从管理方面、实务操作方面、人际关系方面、思想意识方面来培训管理人员。通过这四个方面的培训，可以让管理人员清楚地了解组织的战略目标、管理政策和管理原则，明确工作内容、工作流程、工作标准和工作方法，善于与员工沟通并了解影响员工的工作态度和行为，掌握不同的工作方法并预见其所带来的结果。

### 3. 按培训方法分类

（1）直接传授型培训

讲授法、研讨法、专题讲座法是属于直接传授型的知识类培训方法。讲授法是指培训师按照事先准备好的讲稿，通过语言表达，系统地向参训者传授知识，有利于参训者系统、全面地接受新知识，可以大规模培养人才。研讨法是指在培训师的指导下，参训者交流讨论，或者培训者与参训者之间相互讨论，相互启发的培训方法。这种方法要使参训者对讨论的问题发生内在的兴趣，才能鼓励他们积极思考，主动提出问题，表达个人的感受，有助于激发学习兴趣，有利于能力的开发。专题讲座法形式上和讲授法基本相同，只是内容上有所差异。专题讲座是对某个专题而开展的一次培训，适合管理人员或技术人员了解专业技术发展的方向或当前热点问题等方面知识的传授。

（2）实践型培训

工作指导法、工作轮换法、特别任务法属于实践型培训方法，适用于掌握技能的培训。工作指导法是指由经验丰富的老员工或直接主管人员在工作岗位上一对一地对参训者进行工作的指导和培训的方法。不管是管理人员还是基层生产工人，都可以运用这种方法进行培训。工作轮换法是指让参训者变换工作岗位，在不同的工作岗位上获得工作经验的培训方法。直线管理人员可以用这种培训方法进行培训。特别任务法一般适用于管理培训，是指某些员工接到企业分派的特别工作任务而需要培训的方法，如董事会成员需要提高决策能力进行相关的培训，某些管理人员需要提高分析、解决问题的能力进行对应的培训等。

（3）在线教育

在线教育即 E–Learning，其通行概念约在 10 年前提出来，其定义为：通过应用信息科技和互联网技术进行内容传播和快速学习的方法。E–Learning 中的“E”代表电子化的学习、有效率的学习、探索的学习、经验的学习、拓展的学习、延伸的学习、易使用的学习、增强的学习。借助网络课件，学员可以随时随地进行学习，真正打破了时间和空间的限制。对于工作繁忙、学习时间不固定的职场人而言，网络远程教育是最方便不过的学习方式。

### （二）制订培训计划

#### 1. 培训计划的内容

一个完整的培训计划应包括 5W2H 的内容，具体的内容如图 4–4 所示。

| | |
|---|---|
| When<br>什么时间 | 培训的具体时间、期限 |
| Where<br>什么地点 | 明确培训的地点，落实课堂摆设和培训设施 |
| Whom<br>培训对象 | 规定参训者的参训资格和参训人数 |
| What<br>培训内容 | 说明培训目的，列出培训内容简介、培训名称 |
| Who<br>授课教师 | 简要介绍培训师的教育背景、工作经历、阅历 |
| How<br>怎样实施 | 培训方法有讲授、讲座、研讨、角色扮演等，<br>向参训者说明需要准备的工作 |
| How much<br>费用预算 | 实施培训需要各种开支，如参训者交通、住宿、餐饮费用，<br>场地租用费，培训资料费，培训师的授课费等 |

图 4–4　培训计划 5W2H 的内容

#### 2. 培训计划制订流程

在制订培训计划前，首先要了解以往的培训计划的内容，并对它进行分析总结，从中提取所需的信息，在原有的基础上进行完善和改进。其次要根据培训需求进行调查，确定培训目标、培训对象、培训内容，结合培训内容和对象，再确定培训方法、选择培训师。再次要确定培训时间地点、培训效果评估方式、培训费用预算。最后编写培训计划书。

制订培训计划的流程如图 4–5 所示。

|  |  |
|---|---|
| 做好计划准备 | • 在制订培训计划前，先对以往培训计划进行总结分析，并以此基础作出改进和完善。培训需求调查需结合公司年度培训计划的方向和进程 |
| 培训需求调查 | • 培训者应根据长期培训计划、年度培训计划、岗位技能培训、员工个人职业生涯等需求进行调查 |
| 培训目标确立 | • 培训者在分析员工工作过程中发现员工需要的知识、技能、素质等的培训，以改善和提高他们的工作能力，缩小与工作需要的差距 |
| 培训对象确定 | • 培训者根据培训需求分析调查结果，结合组织发展目标，确定需要接受培训的人员名单 |
| 培训内容设置 | • 培训对象不同，培训内容不同；培训阶段不同，培训内容不同。在预定的时间内，根据不同的培训对象设置培训内容 |
| 培训师的选择 | • 培训师的选择要从培训师管理、培训师来源和选择标准等方面考虑 |
| 培训方法确定 | • 培训方法有很多种，应根据培训内容、培训对象、培训形式、培训场所选择合适的培训方法 |
| 培训时间、地点确定 | • 根据培训对象和培训内容合理安排培训时间和培训地点 |
| 培训效果确定 | • 受训者的考试、受训者的行为变化、受训者的意见反馈、受训者的工作绩效改善等都是培训效果评估的方式，可以跟踪培训效果 |
| 培训费用预算编制 | • 培训目的、培训内容、培训对象、培训人数、培训场所等因素决定培训的各项开支，根据具体情况，编制培训的预算费用 |
| 培训计划书编写 | • 培训部门结合上述内容，采用公司规定的培训计划书模板，编写培训计划书，并经相关领导和部门审批后发布执行 |

图 4-5　培训计划制订流程

### （三）确定培训内容

#### 1. 知识培训

（1）具备完成本职工作所必需的基本知识。

（2）了解公司经营基本情况，如公司的发展战略、目标、经营方针、经营状况、规章制度等，便于员工参与公司活动，增强员工的自信心。

（3）懂得处理工作中发生的问题，能够从不同角度思考问题，总是积极寻找更优的方法解决问题，能够处理突发事件，转危为安。

（4）明确岗位职责，熟悉并了解本专业领域国内外现状和发展趋势。

（5）培养和掌握一些管理的基本职能，包括计划、组织、领导、控制等。计划是表现为确定目标和达到目标的步骤；组织是目标变成现实需要的人力、资源、分工合作合理配置的过程；领导是运用职权和威信，协调人与人的关系，激励员工努力工作；控制是保证实现目标过程中的检查和纠偏工作。

（6）学习必备的社会学理论知识，如激励理论、人际关系协调、社会政治文化、伦理道德等方面的知识。

#### 2. 技能培训

（1）掌握完成本职工作所必备的技能，如谈判技能、操作技能、处理人员关系的技能等，与此同时，培养、开发员工的潜能。

（2）熟练运用各种技术和方法去处理与本职工作相关的技能问题。

（3）做到理论与实践相结合，用科学理论指导实践，在创新实践中发展理论，不断提高自身的知识和技能，解决工作中的问题。

（4）针对工作问题，具备思考、计划、检查和评价的技能，并能够及时和有条理地处理问题。

（5）学会运用经营管理技术、生产技术、生产过程工艺技术等为企业经营服务。

#### 3. 态度培训

（1）明确员工角色，处理员工与他人、员工与企业的关系，建立相互之间的信任，增强员工的忠诚度和个人的自信心。

（2）明确自己的目标，正确规划自己的职业生涯，实现奋斗目标。

（3）正确看待自己的工作岗位、上级、下属、企业和团队。

（4）树立正确的人生观、价值观和工作责任心。

（5）面对工作的变化、责任和挑战，保持端正的心态，积极应对。

（6）以真诚、友善的方式对待客户和他人。

（7）培养团队合作意识，积极打造团队精神，构建良好的分工协作氛围。

### 二、任务要求

#### 1. 任务具体要求

设计培训计划表。

要求：

（1）针对新员工“心态调整”进行一天的培训，各团队明确与“心态调整”相关的信息和目的。

（2）根据培训内容和目的，合理安排培训时间。

（3）结合培训时间、培训内容和培训目的，形成一份完整的表格。

### 2. 任务完成常用实际业务工具

部门培训申请表、培训计划和预算汇总表见表 4-2。

**表 4-2　　部门培训申请表、培训计划和预算汇总表**

部门培训申请表

| 申请部门 | | 申请人 | |
|---|---|---|---|
| 培训时间 | | 总时数 | |
| 培训讲师 | | 培训费用 | |
| 培训地点 | | | |
| 培训人员 | | | |
| 培训内容 | | | |
| 培训器材 | | | |
| 部门主管审核：<br>签字：<br>年　月　日 | | 主管领导批准：<br>签字：<br>年　月　日 | |

培训计划和预算汇总表

| 序号 | 培训内容 | 培训对象 | 建议课程 | 授课方法 | 课时 | 课程来源 | 预算金额 | 备注 |
|---|---|---|---|---|---|---|---|---|
| | | | | | | | | |
| | | | | | | | | |
| | | | | | | | | |

## 三、任务评价指标和标准

"设计培训计划表"任务评价指标和标准

| 标准<br>指标 | 优<br>(5分) | 良<br>(4分) | 中<br>(3分) | 差<br>(2分) | 很差<br>(1分) |
|---|---|---|---|---|---|
| 培训目标明确性 | | | | | |
| 培训内容针对性 | | | | | |
| 培训内容合理性 | | | | | |
| 表格内容完整性 | | | | | |

# 任务三　实施培训

## 一、知识准备

### （一）培训课程设计

#### 1. 确定培训目的

有了明确的培训目的，才能确定培训内容、对象、方法等具体的内容，因此培训目的为培训计划提供明确的方向和依据。培训目的可以分为"提高员工在企业中的角色意识、提高知识和技能、转变态度动机"三类。提高员工在企业中的角色意识对于新员工来说尤为重要，只有让新员工完全融入或投入企业的工作氛围中，才能履行职责，做好本职工作。提高知识和技能，主要是根据员工的工作岗位、工作绩效情况，以提高与其本职工作相关的基本知识、人际关系技能、专项知识和技能、高层次整合技能等为目的而展开的培训活动。转变态度动机主要是为了提高员工对企业、组织、本职工作的认知，改变员工自身的工作态度，形成良性动机，改善员工的工作绩效，进而提高公司整体的绩效。

#### 2. 选择教学策略和教学媒体

常用的教学策略有以下几种：启发式教学，模式是准备—诱发—答疑—转化—应用；探究式教学和情境教学，模式分别是提出问题—形成假说—制定方案—实施方案—

分析论证—评价—交流与合作，创设情境—获得体验—引发思考。

教学媒体最常见的是 PPT，PPT 的功能强大，是集文字、声音、图像、视频等多媒体元素于一体的演示文稿。现在流行的新教学媒体手段是微课，它围绕一个知识点呈现 5~10 分钟的一段讲解音频或视频。微课的内容以点状、碎片化的形式补充培训内容。培训的对象、培训的内容不同，选择的教学媒体也不同，如速录员需要文字软件，编程人员需要编程软件，摄影师需要图像处理软件等。

### 3. 安排教学进度

教学进度一般包括时间、地点、课程内容、讲师姓名等信息。在培训前必须详细、具体地把相关内容安排好，制作成表格，及时发给培训师，再次与他们核对培训内容和培训时间。教学进度安排表也应该提前发给受训者，可以让他们知道培训的内容、时间、地点和讲师等信息，好让他们提前做好工作安排，准时参加培训。表 4-3 是教学进度安排表的范例。

表 4-3　　教学进度安排表

| 日期 | 时间 | 地点 | 课程内容 | 讲师 | 备注 |
|---|---|---|---|---|---|
| 第一天 | 9：00—10：00 | 机房 1 | 1. Word 的基本知识<br>2. Word 的基本操作应用 | 陈玲 | |
| | 10：30—12：00 | | 短篇、长篇文档的编辑与排版 | 朱江 | |
| | 14：30—17：30 | | 1. 联合公文制作<br>2. 产品说明书制作<br>3. 邀请函制作 | 廖婷 | |
| 第二天 | 9：00—10：00 | 机房 2 | 1. Excel 的基本知识<br>2. Excel 的基本操作 | 张静 | |
| | 10：30—12：00 | | 统计、查找、常用函数的应用 | 雷伟 | |
| | 14：30—17：30 | | 1. 销售数据分析，制作图表<br>2. 面试成绩分析，制作图表 | 付娜 | |

### 4. 实施培训评价

在培训结束时，可以把事先制作好的培训评价表（见表 4-4）发给受训者，让受训者依据表格的内容进行评价和打分。通过评价分数的统计，详细分析本次培训的各个方面，查漏补缺，以提高下一次培训的质量和效果。

表 4-4　　培训评价表

| 评价对象 | 具体调查的内容 | 1分 | 2分 | 3分 | 4分 | 5分 |
|---|---|---|---|---|---|---|
| 整体培训 | 对本次培训课程的整体评价 | | | | | |
| | 本次培训的组织安排工作是否到位 | | | | | |
| | 本次培训后期工作是否到位 | | | | | |
| 培训课程 | 培训内容是否清晰、明确 | | | | | |
| | 您认为培训的内容适合您吗 | | | | | |
| | 培训内容对您的工作有帮助吗 | | | | | |
| | 您认为培训师与受训者的互动情况如何 | | | | | |
| | 教学媒体的选择是否合适 | | | | | |
| 培训方法 | 培训师的培训方法是否能激发您的学习兴趣，是否提高了您的学习效果 | | | | | |
| 培训讲师 | 语言表达能力 | | | | | |
| | 仪容仪表仪态 | | | | | |
| | 课堂引导和回答问题的准确性 | | | | | |
| | 准备是否充分，授课内容是否丰富 | | | | | |
| | 授课技巧运用程度 | | | | | |

## （二）培训师选择

### 1. 培训师的来源

企业外部聘请培训师指的是企业外部人员，如大学教授、大学讲师、政府官员、专职培训师等。企业内部开发培训师指的是企业内部员工，其具有丰富的工作实战经验，可以负责业务知识、业务技能、工作理念等方面的培训。目前，企业外部聘请和企业内部开发是属于培训师的两大来源，企业可以根据培训的情况和需要聘请不同来源的培训师。这两个来源的培训师具有各自的优缺点，详细见表 4-5。

### 2. 培训师的类型

知识和经验、培训技能、个人魅力这三个方面决定了培训师的水平，依此可以把培训师分为以下八种类型。

（1）卓越型培训师

卓越型培训师有丰富的理论知识，也有丰富的实践经验，并且熟练掌握各种培训技能、技巧和方法，能展现个人魅力和树立威望，因此培训效果极佳。

表 4-5　两个来源的培训师的优缺点

| 来源 | 优点 | 缺点 |
|---|---|---|
| 外部培训师 | •选择范围大，可获得高质量、专业化的培训师资源<br>•不受企业固有理念影响，可带来许多新思想、新观念，能吸引培训对象，可提高培训档次<br>•具有丰富的培训经验、丰富的培训技巧，容易营造良好学习氛围，促进培训效果 | •培训风险大，培训师对企业和培训对象不熟悉、不了解，降低培训适用性<br>•培训成本高 |
| 内部培训师 | •培训成本低<br>•对企业各方面的情况比较熟悉，培训内容的针对性和适用性强<br>•与培训对象熟悉，在培训过程中能有效交流沟通，保证培训效果 | •内部选择范围小，权威性不高，影响受训者的参与度<br>•易受企业文化和经营现状影响，缺少新思想、新理念，创新性不强 |

（2）专业型培训师

专业培训师具有扎实的理论功底和丰富的实践经验，熟练掌握各种培训技能和方法，但与卓越型培训师相比，缺乏个人魅力，培训效果较好。

（3）技巧型培训师

技巧型培训师掌握各种培训技能和方法，富有个人魅力，但缺乏专业的知识和经验，在培训过程中，受训者的感觉很好，但实际效果不一定最佳。

（4）演讲型培训师

演讲型培训师富有个人魅力，拥有丰富的理论知识和实践经验，但是缺乏培训技能。他们善于运用现场效果，演讲口若悬河、妙趣横生，现场往往掌声雷动，但培训效果欠佳。

（5）肤浅型培训师

肤浅型培训师熟练掌握各种培训技能，但是缺乏个人魅力和必备的理念知识和实践经验，因此在培训过程中可能故事不断，笑话连篇，也可能不断引导受训者讨论，但讨论无结果，最终使培训流于形式，不能达到应有的效果。

（6）讲师型培训师

讲师型培训师一般以大学、高职类教师居多，他们拥有丰富的理论知识和经验，但是缺乏培训方面的技巧、技能，又缺乏个人魅力，常常使受训者处于催眠状态，前听后忘，培训效果欠佳。

（7）敏感型培训师

敏感型培训师缺乏培训技能，个人魅力、理论知识和经验不佳。他们在培训时的表现是不断地提问受训者，并让受训者回答，但不做任何指导，使受训者不知所措、不知所云，培训效果很不理想。

（8）弱型培训师

弱型培训师是最差的一类培训师，在知识和经验、培训技能、个人魅力三个方面都处于低水平。在培训过程中，他们对着黑板读讲稿，或者让受训者轮流读教材，使受训者浪费时间、精力、金钱，培训效果极差。

### 3. 选择培训师的步骤

（1）企业外部聘请培训师的选择步骤

企业外部聘请培训师的选择步骤如图 4-6 所示。

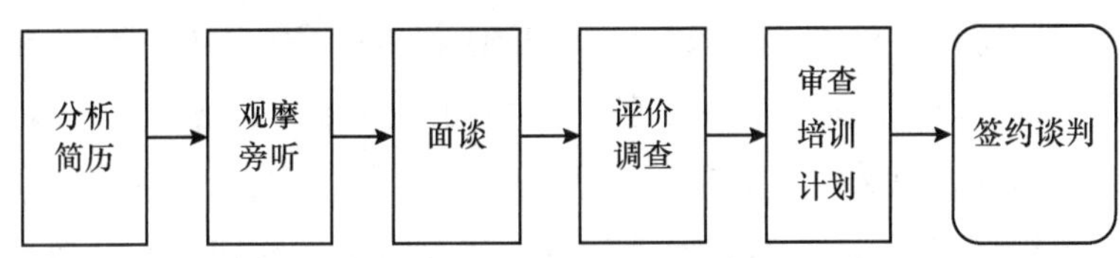


图 4-6 培训师选择步骤

通过简历可以知道培训师的基本情况，了解其教育背景、工作经历、经验以及阅历等。为了保证培训质量和培训效果，观摩培训、旁听是很有必要的，旁听时间最好是 2~3 小时，如果无法现场旁听、观摩，可以让培训师提供授课录像，从中了解培训师的理论知识、实践经验、培训技能以及个人魅力。培训者与培训师进行事前的沟通，可以让培训师熟悉企业的情况，了解企业现存的问题，一般有经验的培训师具有很好的分析能力，能够提出一些有益的建议。了解培训师的培训效果，可以联系培训师服务过的客户，打电话咨询一下客户们的评价。在培训前，可以先让培训师提供一份培训计划，通过计划了解培训内容、培训方法以及能否通过培训达到组织目的等信息。如果各方面都合适，则这个培训师在能力上是合格的，可以考虑签约谈判了。

（2）企业内部开发的培训师选择步骤

第一步，发布公告。培训管理者可以根据企业内部的培训需要，发布内部培训师资格选拔范围和选拔标准等要求，并附上某课程的培训信息。

第二步，提出申请。如果有符合要求的人选，可以由各部门推荐或自荐，填写“内部培训师推荐表”。

第三步，进行筛选。培训部门和管理人员依据“内部培训师资格选拔条件”和企业培训的实际需求，筛选出合适的内部培训师。

第四步，进行培训。筛选出的内部培训师必须参加培训学习，取得基本的课程设计、现场控制、语言表达、营造氛围、组织引导等方面的专业知识和技巧。

第五步，试讲与评估。培训部门组织符合条件的内部培训师进行试讲，安排内部培训师评审小组对试讲的人员进行评估。

第六步，确定合格人员。培训部门将申请人的综合评估意见呈报相关部门和领导审核，审批后可以向合格人员颁发内部培训师的证书。

### （三）培训课程实施

#### 1. 培训实施前的准备

常言道，良好的开始是成功的一半。一个培训活动的实施，涉及许多的人员、部门、资源的组织和协调，前期的准备工作是否到位对培训质量有直接的影响。因此，必须做好培训资料、设备设施、后勤服务、人员四个方面的准备工作。培训资料需要准备培训教材、领导发言稿、签到册、培训指南、展板、广告牌、条幅、易拉宝、培训礼品等。设备设施准备主要是桌椅、名牌、茶水饮料、签到册、名册、培训议程、投影仪、幻灯片、激光笔、手提电脑、白板、马克笔、板擦、会标、背景板、展板等。后勤服务准备是根据场地布置要求，提前把会场布置好，并提前安排好会务人员的住宿，提前制作培训所需的学员证、资料、签到表、就餐票等，确认现场的设施设备是否正常，配备医疗人员，解决突发事件。人员准备主要包括接待员、督导员、摄影师、交通员、财务人员、班主任等。接待员负责受训人员的签到、咨询、引导等工作。督导员负责落实培训室布置、茶水供应及服务工作。摄影师负责培训摄影工作。交通员负责落实车辆和临时的接待服务工作。财务人员负责发票的开具工作。班主任负责整个培训的人员和学习的跟踪工作，每场培训的实到人员情况，现场学习情况，学习后的评价，安排培训期间的生活服务，撰写通讯稿文字材料工作等。

#### 2. 培训实施阶段

培训实施中关键一环就是要提高授课效率，调动学员的课堂积极性。因此，培训者要注意观察培训师的表现、受训者的课堂反应，及时与培训师沟通、协调。工作人员应协助上课、休息时间的控制，以及做好上课记录、摄影、录像等工作。

#### 3. 对学习进行回顾和评价

科学、严格和系统的考核制度可以检验培训工作的成效。培训结束时，可要求每位受训者写出培训小结，总结在思想、知识、技能上的进步，同时设置考核项目进行考核，可以让每位受训者针对整个培训活动进行回顾和反思，进一步巩固所学的知识，也为培训后的效果评估做好铺垫工作。对于业务操作和技术技能方面的培训，可将受训者培训前后的水平进行比较和评价，以确定培训有无成效及成效多大。

## 二、任务要求

### 1. 任务具体要求

模拟设计新员工入职培训课程。

要求：

（1）各小组明确企业行业类别和新员工岗位。

（2）根据行业类别和新员工岗位，结合“五线谱”工具设计入职培训课程。

（3）围绕“心态、技巧、礼仪、知识”的内容进行相关课程的设计，培训时间为3天。

### 2. 任务完成常用实际业务工具

“五线谱”培训设计表见表4-6。“五线谱”包括时间线、内容线、目的线、方法线和准备线，用这五种线来设计培训课程。时间线是课程时间的演进，包括开始、结束、休息。内容线是课件的结构设计，包括组合、段落、安排。目的线是学员的参与状态，包括课堂气氛、掌握情绪。方法线是教学的方法技巧，包括最终目的、方法互动。准备线是课前的准备事项，包括场地、设备和设施。

表4-6　“五线谱”培训设计表

| 时间线 | 内容线 | 方法线 | 目的线 | 准备线 |
| --- | --- | --- | --- | --- |
| 9：00—9：30 | 1. 开场白（介绍自己、培训主要内容、授课形式等）<br>2. 破冰<br>3. 分组 | 1. 设计有趣的开场白<br>2. 破冰小游戏<br>3. 公开分组规则 | 引起兴趣<br>调动课堂气氛<br>团队意识<br>团队学习 | 九宫格<br>玩具球 |
| 9：30—10：30 | 1. 组织能力三脚架<br>2. 责任与使命<br>3. 三重角色 | 视频、讲授、案例说明、组内分享 | 共鸣反思 | 印象最深的一句话、一个词、一个观点是什么 |
| 10：30—10：45 | 休息 | 音乐 | 放松 | |

## 三、任务评价指标和标准

"培训课程设计"任务评价指标和标准

| 标准<br>指标 | 优<br>（5分） | 良<br>（4分） | 中<br>（3分） | 差<br>（2分） | 很差<br>（1分） |
| --- | --- | --- | --- | --- | --- |
| 时间安排的合理性 | | | | | |
| 内容明确和针对性 | | | | | |
| 方法的新颖性 | | | | | |
| 目的明确 | | | | | |
| 准备是否充分 | | | | | |

# 任务四　评估培训效果

## 一、知识准备

### （一）培训效果评估

#### 1. 培训效果评估的定义

培训效果评估是收集培训成果以衡量培训活动是否有效的过程。培训前，对培训需求、培训对象（知识、技能和工作态度、工作绩效）、培训计划进行评估。培训中，对受训者与培训内容的相关性、受训者与培训项目的认知程度、培训内容、培训的进度和中间效果、培训环境进行评估。培训后，对受训者学习和掌握程度、受训者工作行为发生改进、企业经营绩效有多大的提高进行评估。

#### 2. 培训效果评估的目的

培训效果评估为新的培训活动提供参考依据，是培训活动循环开展的关键点。

（1）提高培训质量

对培训效果进行评估以便了解培训活动是否达到组织的目标，受训者理论知识和技能是否提高和行为表现是否改进，为进一步的培训工作提供调整的方向，保证培训质量。

（2）检查培训费用效益

通过对整个培训活动的各项支出和收入的评估，判断企业培训的效益情况，从而更好地利用培训资金，为管理决策提供可靠的信息。

（3）推广培训资源的应用

通过培训评估，促进企业各部门、领导、受训者对培训资料的关注，同时让受训者更清晰地认识到自身的短板，增强参加培训的愿望，有利于下一步培训活动的开展。

### 3. 培训效果评估的步骤

培训效果评估的步骤如图 4-7 所示。

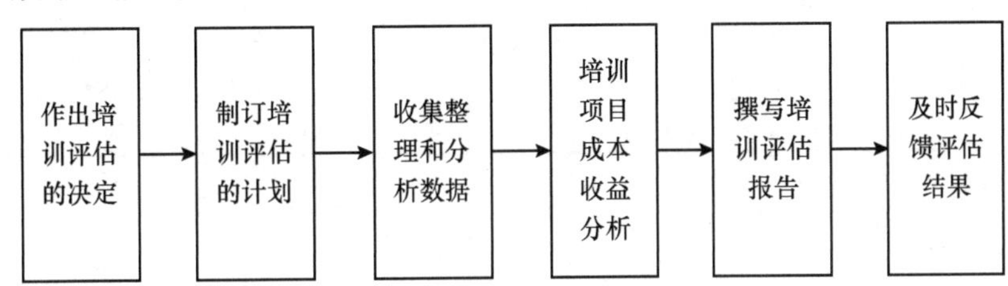


图 4-7　培训效果评估的步骤

### 4. 培训效果评估表

培训效果评估表范例见表 4-7。

表 4-7　　培训效果评估表

| 培训课程名称 | | 办公动化 | 培训时间 | | | | |
|---|---|---|---|---|---|---|---|
| 参训者姓名 | | | 培训师姓名 | | | | |
| 参训者岗位 | | | 培训地点 | | | | |
| 参训者部门 | | | 参训者人数 | | | | |
| 在培训前，您是否了解本次培训的内容？ | | | | 是　　否 | | | |
| 分项评估 | | | | | | | |
| 评估内容 | | 评估标准 | | | | | 改善意见 |
| 课程内容 | 1. 课程结构 | 好 | 较好 | 一般 | 差 | | |
| | 2. 培训资料选择 | 好 | 较好 | 一般 | 差 | | |
| | 3. 练习活动 | 好 | 较好 | 一般 | 差 | | |
| 培训师表现 | 1. 专业水平 | 好 | 较好 | 一般 | 差 | | |
| | 2. 讲授技巧 | 好 | 较好 | 一般 | 差 | | |
| | 3. 气氛营造 | 好 | 较好 | 一般 | 差 | | |
| 学员参与度 | 1. 本人参与度 | 好 | 较好 | 一般 | 差 | | |
| | 2. 其他受训者参与度 | 好 | 较好 | 一般 | 差 | | |

续表

| 请您为本次培训打分（总分为 100 分）： |
|---|
| 本次培训您学到了什么，对工作有何帮助？ |
| 您还期待哪几个方面的培训？ |
| 恳请您对本次培训提出宝贵的意见或建议： |

## （二）评估工具

### 1. 柯氏培训评估模式

柯氏培训评估模式也称柯式四级评估模型，是由著名学者柯克帕特里克于 1959 年提出的，是目前应用最为广泛和较为实用的培训效果评估模式。它既要求评估受训者的学习反应和效果，又强调衡量培训前后受训者的表现和组织经营业绩的变化情况。柯氏培训评估模式的主要内容主要有四个层次，包含反应层（reaction）、学习层（learning）、行为层（behavior）、结果层（result），简称“4R”，见表 4−8。

表 4−8　柯氏培训评估模式

| 培训层次 | 层次名称 | 评估内容举例 | 评估方法 | 评估时间 |
|---|---|---|---|---|
| 第一层次 | 反应层 | • 对讲师培训技巧的反应<br>• 对课程内容的设计的反应<br>• 对教材挑选及内容、质量的反应<br>• 对培训组织的反应 | • 问卷调查法<br>• 面谈法<br>• 座谈法 | 课程结束后 |
| 第二层次 | 学习层 | • 受训员工是否学到东西<br>• 受训员工对培训内容的掌握程度 | • 提问法<br>• 笔试法<br>• 面试法 | 课程进行时或课程结束后 |
| 第三层次 | 行为层 | • 受训员工在工作中是否使用了他们所学到的知识、技能<br>• 受训员工在培训后，其行为是否有了好的改变 | • 问卷调查法<br>• 360 度评估<br>• 绩效考评 | 三个月或半年后 |

续表

| 培训层次 | 层次名称 | 评估内容举例 | 评估方法 | 评估时间 |
| --- | --- | --- | --- | --- |
| 第四层次 | 结果层 | • 员工的工作绩效是否有了改善<br>• 客户投诉是否有所减少<br>• 产品质量是否有所提升 | • 个人与组织绩效指标<br>• 成本效益分析 | 半年后或一年后 |

柯氏培训评估模式主要分为以下四个阶段。

阶段一，观察受训者的反应。在培训结束时，向受训者发放满意度调查表，征求受训者对培训的反应和感受。

阶段二，检查受训者的学习效果。确定受训者在培训结束后，是否在知识、技能、态度等方面得到了提高。

阶段三，衡量受训者培训前后的工作表现。确定学员在培训结束后，是否在工作行为上得到了改进，在工作绩效上得到了改善。

阶段四，衡量公司经营业绩的变化。这一阶段的评估要考察的不再是受训者的情况，而是从部门和组织的大范围内，了解因培训而带来的组织上的业绩改变效果。

### 2. CIRO 评估模型

奥尔、伯德和莱克哈姆三位专家提出的 CIRO 评估模型，其名称是由四项评估级别的首个字母组成，这四项评估级别是情境（contextual）、输入（input）、反应（reaction）和输出（output），见表 4–9。

表 4–9 CIRO 评估模型

| 阶段评估 | 阶段评估任务 | 任务说明 |
| --- | --- | --- |
| 情境评估 | 确认培训的必要性 | 1. 收集和分析有关人力资源开发的信息<br>2. 分析和确定培训需求与培训目标 |
| 输入评估 | 确定培训的可能性 | 1. 收集和汇总可利用的培训资源信息<br>2. 评估和选择培训资源，同时确定人力资源培训的实施战略与方法 |
| 反应评估 | 提高培训的有效性 | 1. 收集和分析受训者的反馈信息<br>2. 改进人力资源培训的运作程序 |
| 输出评估 | 检验培训的结果 | 1. 收集和分析同培训结果相关的信息<br>2. 评价与确定培训结果 |

## 二、任务要求

### 1. 任务具体要求

撰写培训效果评价报告。

要求：

（1）各小组明确报告的结构。

（2）各小组根据“新入职员工培训”的培训评价结果，完成一份培训效果评价报告。

### 2. 任务完成常用实际业务工具

培训项目评估表见表 4-10、表 4-11。

（1）培训整体评估

表 4-10　　培训整体评估表

| 序号 | 评估项目 | 分数 | 建议 |
|---|---|---|---|
| 1 | 培训组织管理 | | |
| 2 | 培训内容设计 | | |
| 3 | 培训日程安排 | | |
| 4 | 总分 | | |

注：打分标准：5 分最高，表示非常好；4 分表示良好；3 分表示一般；2 分表示合格；1 分最低，表示不合格，有待改进。

（2）培训师评估

表 4-11　　培训师评估表

| 序号 | 课程名称 | 培训师姓名 | 授课内容的实用性 | 授课的逻辑和条理性 | 授课的生动性 | 总分 |
|---|---|---|---|---|---|---|
| 1 | | | | | | |
| 2 | | | | | | |
| 3 | | | | | | |
| 4 | | | | | | |

注：打分标准：5 分最高，表示非常好；4 分表示良好；3 分表示一般；2 分表示合格；1 分最低，表示不合格，有待改进。

## 三、任务评价指标和标准

"撰写培训效果评价报告"任务评价指标和标准

| 组别 | 评价项目和分值、指标 | | | | | 总成绩 |
|---|---|---|---|---|---|---|
| | 报告的内容 | 报告的结构 | 文字表述 | 任务完成的效率 | 组员参与程度 | |
| | 50分 | 20分 | 10分 | 10分 | 10分 | |
| | 内容的完整性 | 结构符合要求的程度 | 评估后建议的针对性 | 是否能按时或提前完成任务 | 参与讨论的成员数量 | |
| 1组 | | | | | | |
| 2组 | | | | | | |
| 3组 | | | | | | |
| 4组 | | | | | | |
| 5组 | | | | | | |

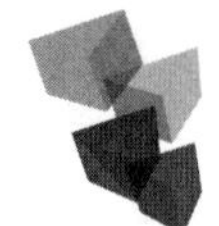

## 练习题

### 一、单项选择题

1.（　　）是第一级评估，易于进行，是最基本、最普遍的评估方式。

A. 学习评估　　B. 结果评估　　C. 反应评估　　D. 行为评估

2. 选择培训师的原则，（　　）是正确的。

A. 择优聘用原则　　B. 公平选择原则

C. 突出选择原则　　D. 高薪聘用原则

3. 按培训对象分类，培训类型有（　　）。

A. 高级培训　　B. 初级培训

C. 操作人员培训　　D. 中级培训

4. 培训需求是指特定工作的（　　）与任职者现有能力之间的距离，即理想的工作绩效-实际工作绩效=培训需求。

A. 任职者需求　　B. 培训需求　　C. 实际需求　　D. 管理者需求

5.（　　）就是采用科学的方法明确培训对象、培训内容、培训目标等信息，并进行深入探索研究的过程。

A. 培训需求分析　　B. 培训需求
C. 培训要求　　D. 培训分析

6. 为了寻找切合企业发展的培训诉求点和保障培训需求诉求点的有效性，应采取（　　）进行培训需求分析。

A. 工作日志法　　B. 专家小组法　　C. 工作样本法　　D. 访谈法

7.（　　）根据岗位要求和员工的工作绩效情况，分析其应具备的知识、技能、素质等，形成相应的培训计划和方案。

A. 组织分析　　B. 工作分析　　C. 岗位分析　　D. 人员分析

8.（　　）培训是把员工派到外部参加公开课、拓展训练、沙盘模拟和脱产教育等方式的培训。

A. 企业内部　　B. 外部培训公司
C. 新员工　　D. 技术

9. 工作指导法、工作轮换法、特别任务法是属于（　　）方法，适用于掌握技能的培训。

A. 实践型培训　　B. 理论型培训　　C. 直接传授型　　D. 间接传授型

10. 常用的教学策略中，启发式教学的模式是准备—诱发—答疑—转化—（　　）。

A. 执行　　B. 使用　　C. 行使　　D. 应用

二、判断题

1. 培训需求分析的内容是组织、工作、人员分析。（　　）
2. 常用的培训效果评估工具是调查问卷法。（　　）
3. 培训的内容主要有战略、技能、知识培训。（　　）

# 项目五

# 人力资源管理咨询服务

## 【项目导入】

### 一、主题案例

（一）项目背景

乙公司是一家从事食品加工的家族企业，经过十多年的奋斗，拥有资产近六亿元，成为当地市场上的主导品牌，质量得到客户的高度认可。为了进一步发展，公司正在进行行业内的兼并，引进职业经理人，同时准备实施全国市场发展计划和企业信息化管理方案（ERP）。这些工作的展开，使企业内发展滞后的人力资源体系无法与快速发展的企业相匹配这一问题暴露出来。于是他们找到当时正在当地做项目、在业内咨询经验十分丰富的B公司，为其进行一次全面的人力资源体系咨询。

（二）项目过程

1. 项目前期

B公司派出了由四人组成的资深咨询团队，正式进驻乙公司。针对乙公司提出的现有人力资源体系存在的许多问题，如企业的员工流失率过高，高级专业人员缺乏，愿出高薪却请不到适合的人，企业内部没有专门人力资源管理机构的设置，缺乏规范的招聘、培训、绩效考核和薪酬管理等，四位资深顾问拿出了项目建议书，将此次咨询项目分为三个阶段，分别为诊断阶段、设计阶段和实施阶段。

2. 项目中期

B公司通过对乙公司员工进行访谈，并结合问卷调查的方式，将企业薪资标准与当地及国内同行业进行比较，得出了以下诊断分析结果。

乙公司员工对于企业的满意度较低，他们认为企业发展快，而自己的收入却不高。

通过对比也发现，该企业的薪资水平在当地企业中有明显的优势，但是在国内同行业中却处于一个相对较低的水平。在人才招聘方面，缺乏适应公司发展需要的招聘策略，而大量使用直接从学校招聘来的员工，导致公司业务发展急需的能力不能及时获得，使得公司人才缺口大；没有有力的雇主形象宣传，只讲好的，不讲坏的，导致员工流失率很高；缺乏灵活配套的吸引人才的措施来弥补地域劣势，导致在对一些具有关键能力的人员的获得上吸引力不够，或最终不能获得想要的人才。虽然企业考核制度中也提到与工资级别等其他方面相联系，但是没有具体阐明，缺乏导向性。考核之后也没有向员工提供绩效评价信息的反馈，被考核人不知道应该在哪些方面进行改善，更没有进行有效的帮助和指导，工作绩效评价信息没有被有效利用，这些都不利于员工工作业绩水平的提高。该企业现行的绩效管理体系没有与人力资源管理的其他环节，如培训开发、管理沟通、岗位轮换、晋升等相互联结，相互促进。

针对乙公司的人力资源现状，B 公司提交了人力资源现状整体分析及初步建议、薪酬诊断和外部调查报告。

3. 项目后期

B 公司根据诊断分析结果进行岗位设计，编写了定岗定编及职务说明书，将岗位与薪酬直接挂钩，在薪酬福利方面提出了企业薪酬福利方案以及长期激励方法；在绩效管理方面，设计了企业绩效管理方案、企业员工绩效管理制度以及关键岗位绩效考核指标体系；为企业人力资源管控量身定做了人力资源管控体系；针对培训管理和职业发展，定制了企业职业发展制度和培训管理制度；为相关培训和研讨提供了人力资源培训教材、岗位价值评估培训资料、职位分析培训材料、平衡计分卡研讨会资料及职能部门平衡计分卡设计思路等智力成果。

（三）项目成果

项目赢得了客户的高度认可，通过此次咨询项目，B 公司进行了公司组织架构的调整、职位说明书的撰写，明确了岗位职责，在提升核心骨干员工积极性的同时，稳定了老员工的情绪和心态，同时薪酬体系的设计更科学合理，新的绩效方案使得员工绩效有了大幅度的提高，从而使企业顺利地突破了发展瓶颈。

（四）案例分析

人力资源管理是一个系统的管理过程，各个模块之间联系非常紧密，某一个模块产生问题不一定是这个模块本身的原因，或许是因为其他与之相关联的模块出现了问题造成的，但是问题的表象特征却不能很直接地表现出真正产生问题的模块，因此，类似于本案例中系统的人力资源管理咨询就很有必要。通过对人力资源管理进行整体性诊断，发现各主要模块之间的联系是否产生问题，并且针对各模块进行优化调整，加强模块之间的互动，如通过工作分析为薪酬的调整提供更准确的信息，通过更合理的绩效激励方式使员工的薪酬构成更加合理，从而激发员工更大的积极性，最终实现企业的发展目标。

## 二、学习目标

1. 掌握人力资源管理咨询的一般流程。
2. 掌握人力资源管理诊断的常用方法。
3. 具备辅助完成人力资源管理咨询服务的技能。

# 任务一　人力资源管理咨询调研与诊断

## 一、知识准备

### （一）人力资源管理咨询

#### 1. 定义和内容

人力资源管理咨询是指从事第三方人力资源服务的单位利用己方丰富的知识、经验及专业所长，在客户单位提出咨询服务要求的基础上，深入客户单位进行调研，找出客户单位人力资源管理存在的主要问题及原因，进而提出切实可行的人力资源管理咨询服务方案与指导实施方案，帮助企业提高管理水平及经营效益的一种服务形式。

人力资源管理咨询服务的主要范围及其说明见表 5-1。

表 5-1　　人力资源管理咨询服务主要范围及其说明

| 服务范围 | 范围说明 |
|---|---|
| 人力资源战略规划 | 分析客户单位战略对人力资源的要求，进行人力资源供需预测，制定保证客户单位发展战略目标实现的人力资源配置计划和人力资源管理政策 |
| 岗位管理 | 通过客户单位的岗位设置、岗位说明书编制、定岗定员等岗位管理工作，落实岗位职责，实现人岗匹配 |
| 员工招聘管理 | 优化客户单位的员工招聘操作流程，指导招聘与面试各个环节实施，设计面试及测评具体工具并辅导应用 |

续表

| 服务范围 | 范围说明 |
| --- | --- |
| 人才测评 | 运用心理测评、智力测评、能力测评、人格测评等人才测评技术，对客户单位重要岗位的内外部应聘人员进行心理、知识、能力、业绩等方面的测评，公平、公开、科学地选聘客户单位所需要的人才 |
| 岗位胜任素质模型 | 为客户单位建立岗位胜任素质模型，为员工的选、用、育、留提供科学依据 |
| 培训管理 | 帮助客户单位设计、构建培训课程体系，帮助企业内部培训师掌握培训内容设计、培训实施的主要方法和技巧，努力提高培训投入产出效果 |
| 薪酬设计和激励管理 | 根据客户单位的特点和需要设计薪酬构成、各类人员薪酬制度及激励方案，真正体现多劳多得、少劳少得、不劳不得，激发员工潜力，充分发挥薪酬的激励功能 |
| 绩效考核和管理 | 根据客户单位的经营特点和需要，设计科学实用的绩效考核办法，进行绩效目标分解，建立绩效管理体系，指导实施绩效考核工作并有效运用绩效考核结果，促进客户单位绩效水平的不断提升 |
| 员工职业生涯管理 | 为客户单位建立员工职业生涯管理体系，规划不同类型人员的职业生涯发展通道，制定员工职业发展规划及人才储备计划和接班人计划，指导客户单位有力落实员工职业生涯管理规划 |
| 劳动关系管理 | 指导客户单位用工及劳动合同管理，帮助客户单位处理解决劳动纠纷，规避劳动用工风险 |
| 保险、福利计划 | 帮助客户单位设计各项保险方案和福利计划，既有效规避风险，又能长效激励员工 |
| 人力资源管理提升 | 帮助客户单位的人力资源管理部门建立健全部门职能和管理制度，完成由人事管理向现代人力资源管理的转变 |
| 人力资源外包 | 为客户单位制定人力资源外包方案，向其推荐合格合适的外包服务商等 |

### 2. 人力资源管理咨询的流程

人力资源管理咨询项目已经有一套相对成熟的流程。一般而言，人力资源管理咨询项目按照以下几个流程进行。

（1）决定是否寻求咨询服务

企业对于人力资源管理咨询的需求源于其自身存在的问题以及提升人力资源管理水平的期望。也就是说，企业往往是认识到人力资源管理工作中存在某些问题或者有提升改进的空间，而且这部分工作是自己没有能力做，或者不适合自己来亲自操作的，这就是对人力资源管理咨询的需求。管理者在对企业人力资源管理状况进行审视之后往往会提出很多需要解决的问题，但真正对人力资源管理咨询提出需求的，通常是企业经过自身努力采取措施仍然解决不了的问题。这时候往往就应该考虑寻求人力资源管理咨询机构的帮助。

（2）选择咨询公司和团队

企业有了请人力资源管理咨询公司的意向之后，接下来的就是选择一家合适的人力资源管理咨询公司。那么如何来判断人力资源管理咨询服务能否适合自己企业的需要呢？

首先是选择合适的咨询公司。一般而言，要从公司背景、人员规模、咨询顾问的层次、成功案例和客户口碑五个方面来评价一家人力资源管理咨询公司。从保证管理咨询项目效果的角度，通常是先确定选择人力资源管理咨询公司的标准，然后通过公开招标或者要约议标的方式来进行筛选。

其次是选择咨询团队。一般而言，在选择咨询团队时，最为关注的因素是团队成员的咨询行业经验和工作经历背景，然后是面谈印象和教育经历。而其中至关重要的是选择项目经理，往往选择了一个合格的项目经理等于成功了一半。

（3）召开项目动员会

项目动员会具有比较重要的意义。因为涉及人的问题，个性化比较强，所以好的人力资源管理咨询项目通常是由咨询顾问以及企业共同完成的。项目动员会的意义就在于让企业各级人员能够理解人力资源管理咨询的意义，并更好地配合咨询团队的工作。

一般而言，咨询公司与企业的高层领导均需要参加项目动员会，并就项目的必要性及重要性进行动员讲话。在动员会上，咨询公司项目经理需要详细介绍项目情况、流程、方法以及对企业各级人员的要求。

（4）调研与诊断

调研与诊断是极为重要的环节，是咨询项目成功的基石。调研与诊断阶段是咨询项目团队对公司情况进行详细摸底，形成基本结论以及提出解决问题思路的过程。调研与诊断的产出是人力资源管理诊断报告。

人力资源管理诊断报告一般需要回答公司人力资源管理存在着什么问题，什么原因导致这些问题的产生，怎么解决这些问题等。人力资源管理诊断报告的内容通常都会涉及组织管理、业务流程、人力资源规划、岗位设计、招聘甄选、培训发展、薪酬激励、绩效管理等方面。

（5）方案设计

方案设计最重要的就是能够将方案的科学性与企业的实际情况有机地结合起来，

既要解决问题，还要有适当的前瞻性。最忌讳的就是咨询团队直接使用模板适当修改一下就作为成果交付给客户。

（6）成果验收

人力资源管理咨询的所谓成果就是方案和报告，一般都会细化到各项制度和管理办法。一般而言，企业会组织一个成果验收会，咨询项目组在会上汇报各项成果。需要注意的是，实际上最有价值的成果，是在人力资源管理咨询的过程中，企业各级人员学会了人力资源管理的理念、工具和方法。成果验收，通常也标志着人力资源管理咨询项目的结束。

（7）辅导实施

方案的意义和价值在于实施，否则就成为一堆废纸。越来越多的人力资源管理咨询公司会为企业提供辅导实施的管理咨询后续服务，即通过持续跟踪，支持解决企业执行方案中的难题。需要指出的是，无论如何，咨询团队都无法替代企业的各级管理者，最终还是要靠企业各级管理者真正掌握了人力资源管理的理念、方法和工具。

## （二）人力资源管理诊断

### 1. 定义和作用

人力资源管理诊断就是运用各种科学的方法和工具，对企业人力资源管理体系的制度建设、运行情况、实际效果、特点等方面进行综合，发现并确定企业人力资源管理中存在的各种问题，并在此基础上提出解决问题的有效思路。人力资源管理诊断有以下三种作用。

第一，人力资源管理诊断所发现的问题是人力资源管理咨询中具体模块设计的前提和出发点。问题发现得越深入、越具体，那么人力资源管理咨询的设计就能够越贴合企业的实际，满足企业的需要，解决企业的问题。

第二，人力资源管理诊断所提出的解决办法是人力资源管理咨询中具体模块设计的思路指南。人力资源管理诊断可以站在企业全局，从企业实际情况出发，从达成企业战略的角度出发，系统性地提出解决问题的总体思路。人力资源管理咨询中模块的设计紧扣着总体思路来开展，就能够保证薪酬激励、绩效管理等具体模块协调起来。

第三，人力资源管理诊断是咨询团队与企业达成共识的载体，是双方共同合作的基础。人力资源管理咨询团队在进入企业之前对企业的了解是十分有限的，必须经过人力资源管理诊断调研之后才能全面掌握企业的情况。只有通过人力资源管理诊断阶段，让企业感受到咨询团队确实发现了存在的问题，也提出了好的解决思路，企业才能真正信任咨询团队，更好地配合咨询团队完成咨询内容的设计和实施。

总之，人力资源管理诊断是人力资源管理咨询的重要开端，也是人力资源管理咨询内容设计的重要前提和基础。

### 2. 人力资源管理诊断的内容

人力资源管理诊断的内容既包括人力资源管理体系的全部内容，又要考虑人力资源管理体系作为一个整体对企业战略体系、组织管理体系的支撑作用和匹配度，因此人力资源管理诊断的内容涵盖面比较广。

（1）人力资源管理对战略支撑的诊断

人力资源管理活动发挥对战略目标达成的支撑作用是企业人力资源管理体系的重要价值，也是战略性人力资源管理体系的重要方面。因此，人力资源管理诊断首先需要诊断的是人力资源管理对战略的支撑情况。在诊断人力资源管理对战略支撑方面，可能涉及以下问题：公司领导层普遍关注的是什么？利润/质量/安全……公司的顾客是如何划分的？现有顾客的结构如何？公司期望的顾客结构是什么样的？公司的优势、劣势、机会、威胁各是什么？公司现在的主要竞争对手有哪些？潜在的竞争对手有哪些？从现有资源看，公司的核心能力是什么？

（2）人力资源管理与组织管理相匹配的诊断

人力资源管理体系与组织管理体系是相互影响和相互促进的。良好的组织架构、业务流程、部门职责划分将有力地促进人力资源管理体系效果的发挥。同样，良好的人力资源管理能够促进员工做正确的事情并正确地做事情，以此推动组织管理的规范性，提升组织的效率。因此，人力资源管理体系的设计必须考虑与组织管理体系之间的匹配。在诊断人力资源管理与组织管理相匹配方面，可能涉及以下问题：公司目前的组织架构是否与未来发展战略相匹配？各部门的职责分工是否清晰合理，是否存在责、权、利不对等的现象？在现有流程中哪些流程或环节效率最低/成本最大/风险最大/收益最大？公司采取了什么样的措施？取得了什么样的效果？现有的部门、职位之间是否存在职能上的重叠、交叉、多余或者空缺，应该怎样解决？

（3）人力资源管理体系自身的诊断

人力资源管理体系由若干个模块构成，因此对于人力资源管理体系自身的诊断既包括每个模块的诊断，还包括模块之间相互关系的诊断。在诊断人力资源管理体系自身方面，可能涉及以下问题：公司人员数量、人员结构（年龄、学历、工作经历、技术层次）等方面情况如何？人员素质是否满足公司经营发展的需要？公司在员工内外部培训的经费投入、人均次数是多少？培训效果如何？培训需求是否得到满足？公司是否有成文的绩效考核办法？绩效考核的方法是否适当？考核事实记录是否完整？现行工资制度发挥的作用如何？与企业的经营方针是否一致？是否有利于提高生产效率？企业设置了哪些奖励？这些奖励的发放主要考虑哪些因素？对于采纳的可行性建议是否发给奖金？岗位设置、职责分工、招聘甄选、薪酬管理与绩效管理各模块之间是否存在冲突？

### 3. 人力资源管理诊断的流程

实施人力资源管理诊断的业务流程如图 5-1 所示。

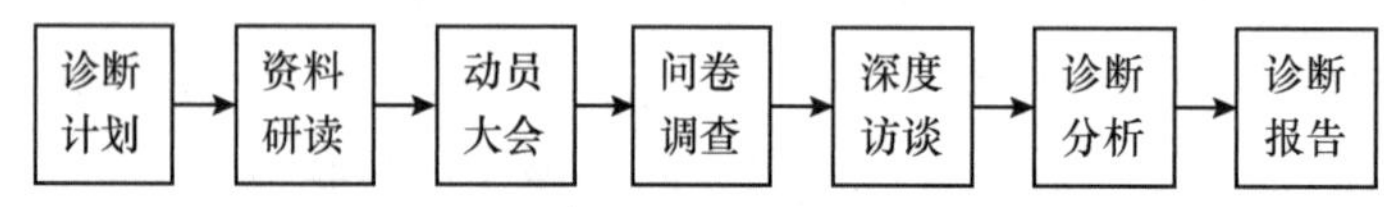


图 5-1　实施人力资源管理诊断的业务流程

（1）诊断计划

为保证在规定时间内能够很好地完成对企业的诊断，咨询团队必须在工作开展之前制订人力资源管理诊断工作的全程计划。这个计划应该详细地界定人力资源管理诊断的各项工作内容、时间进度、问卷调查范围、深度访谈范围、人员投入等内容。

（2）资料研读

一般而言，在正式开展诊断调研工作之前，咨询团队需要事先阅读企业的各类文本资料，以对其情况有个大致的了解，便于调研诊断工作的深入开展。需要收集的资料往往会以一个资料清单的方式提供给企业。所需收集的资料包括多个方面，如企业发展历史、组织架构图、岗位设置、现有制度文件、领导发言稿、年度总结等。

（3）动员大会

为了让企业各级员工更好地配合人力资源管理咨询项目的开展，往往在问卷调查和访谈之前要召开动员大会。动员大会上，企业高层以及咨询公司都要讲明咨询项目的内容、意义以及要求各级管理者及员工需要配合的事项。其目的是让各级管理者能够放下思想包袱、明确工作意义，在调研中尽可能多地反映真实情况和问题。动员大会的时间一般以 1~2 个小时为宜。

（4）问卷调查

问卷调查一般在动员大会结束后就开始，一是人员相对集中便于发放，二是动员大会刚开过填写的真实性能够更强。一般而言，问卷调查采取集中填写的方式，在规定的时间内完成问卷填写，不宜发给个人带回填写。问卷回收之后，一定要剔除无效问卷再进行统计分析。

（5）深度访谈

深度访谈一般安排在动员大会之后进行。访谈时间以高管 2~3 个小时、中层 1 小时左右、普通员工 0.5 小时左右为宜。访谈要事先与被访谈人沟通好时间，同时提供访谈提纲给被访谈人做事先准备。访谈一般以一名顾问主谈，另一名助理全程记录为宜。访谈开始前应该承诺访谈内容不向任何人透露。

（6）诊断分析

在完成问卷调查和深度访谈之后，就要对企业的问题进行系统、全面的诊断。通常诊断分析过程会以课题组会议讨论来进行，重点是全面梳理企业的问题，挖掘问题产生的根源，提出问题的解决方案。

（7）诊断报告

诊断报告是将诊断分析发现的问题、根源、解决方案进行系统表述的文本。诊断报告既可以是 Word 文档形式，也可以是 PPT 文档形式。诊断报告切忌脱离企业实际谈理论或者谈问题。如何将企业的问题说明白，并说清楚解决问题的办法是诊断报告的关键。

### 4. 技术方法与工具

为了更全面、更准确、更快速地获得企业的信息，在人力资源管理诊断中通常需要运用一些技术方法与工具。常用的技术方法与工具包括文献研究法、问卷调查法、深度访谈法等。

（1）问卷调查法

问卷调查法是人力资源管理诊断最常用的方法之一。所谓问卷调查法，就是通过让员工填写书面问卷的形式，了解企业人力资源管理方方面面的情况以及员工对企业人力资源管理各方面的看法。因此，问卷调查既可以是了解客观情况，也可以是了解企业员工的意愿。

问卷调查法具有明显的优点：第一，调查面非常宽，甚至可以对全员进行调查，又不至于占用过多的时间，再大的调查面一般都不会影响人力资源管理咨询项目的进度；第二，问卷调查，尤其是无记名的问卷调查，往往能够让员工真实地反映问题，表达自己的看法和不满；第三，从问卷调查中得到的数据和观点，往往能够更加容易地被企业高层管理者接受，所提出的改革措施也更加易于被员工接受。

问卷调查法也具有明显的缺点：第一，问题的针对性太强，无法获得问卷所问问题之外的内容，因此对问题内容设计要求很高；第二，往往需要问卷设计技术和统计分析技术作为支撑，同时可能耗费大量的时间；第三，如果控制不好，就容易造成低回收率，在得到的答案中容易产生夸大性回答、无关性回答以及不适当回答等问题；第四，往往难以获得问题产生原因以及问题解决办法等信息。

一般而言，在设计问卷以及问卷调查时需要注意以下问题：第一，要根据调查目的编制结构化的调查问卷，所设计的问卷要做到问句贴切、所问问题与调查目的相一致、问句排列合乎逻辑、便于员工回答问题；第二，具体问题设计需要做到用词准确、语义明确，不能含糊其词，不能用威胁性的语句，一问不能两答；第三，由员工在不受干扰的条件下独立填写，在规定时间内收回，最后由调查人员汇总整理；第四，问卷发放必须达到一定比例，回收率也必须达到一定比例；第五，要做问卷信度分析。

根据不同的诊断目的，可以设计出针对不同调查对象的结构不同、调查内容不同的问卷。一般而言，不同的咨询公司都会基于其理论基础开发不同的诊断问卷工具，常见的有“组织与人力资源管理诊断问卷”“组织气氛调查问卷”等。

（2）深度访谈法

深度访谈法是人力资源管理诊断中一个常用且行之有效的方法。深度访谈法主要是通过与企业各级管理人员以及普通员工进行面对面的交流，深入了解企业人力资源管理及相关方面运行的现状以及存在的问题，并听取他们对于问题的分析以及对解决问题的建议。因此，通过深度访谈往往能够对企业有深入、透彻的了解，能够比较快地完成对一个企业情况的全面掌握，并形成对一个企业问题的判断。事实上，优秀的、经验丰富的人力资源管理咨询顾问往往只需与少数具有代表性的人员进行面谈，便可以对这家企业人力资源管理乃至整个企业状况都有较为准确的概念。因此，面谈是人力资源管理诊断人员获取第一手资料的一个有效的方法。

深度访谈法的优点是：第一，有利于更加深入地发现企业存在的人力资源管理相关具体问题及这些问题产生的原因和解决办法；第二，能够为被访谈对象提供最多的自由表达意见的机会，发泄他们的不满情绪；第三，能够赢得被访谈对象的信任，在未来方案的执行过程中，将变得更加容易。

深度访谈法的缺点是：第一，因为每个人的访谈时间往往都不少，所以总共需要耗费的时间较多；第二，因为访谈的内容多为定性内容，所以访谈记录资料整理的工作量非常繁重，分析的工作量和难度也非常大；第三，深度访谈对人力资源顾问个人的要求比较高，需要水平较高的访问者，并运用大量的访谈技巧，否则容易引起被访谈对象的紧张或警惕心理，反而引起信息失真。

一般而言，深度访谈需要事先做好访谈内容的设计，往往会需要借助一些访谈提纲，然后根据不同的访谈对象做适度调整，在访谈的过程中再根据实际情况追加一些访谈问题。一般而言，不同的咨询公司都会基于其理论基础开发不同的深度访谈工具，常见的有“组织与人力资源管理访谈提纲”等。

## 二、任务要求

### 1. 任务基本要求

A. 为某公司设计人力资源咨询调研方案

要求：

（1）组成项目小组，走访一家企业，为企业设计人力资源咨询调研方案。

（2）运用观察法、访谈法、专家法、问卷调查法中的至少两种方法进行调研。

B. 撰写诊断报告

根据调研结果，撰写诊断报告。

### 2. 任务完成常用实际业务工具

访谈提纲样例如下。

#### 一份典型的组织与人力资源管理访谈提纲样例

**说明**

本次访谈主要目的是了解企业的现状、问题及建议，涉及企业战略、组织管理、人力资源管理以及企业文化等方面。为了让咨询工作更加有效，我们希望了解到客观情况和您的真实想法。作为第三方，我们会对您的谈话具体内容绝对保密，不会反馈给任何个人。请您畅所欲言。

**主要问题**

1. 请您从所负责的业务或工作角度，介绍公司（业务板块）近年来的发展情况，并分析公司当前面临的机会和威胁，以及与竞争对手相比的优势和劣势。

2. 您怎么看待公司现在的市场地位及行业前景？您对公司未来发展有何建议？

3. 您所在部门的职责分工是否清晰合理？是否存在与其他部门职责重叠或冲突的地方？是否存在责、权、利不对等的现象？

4. 您所负责工作的相关业务流程有哪些方面或环节过于烦琐？有哪些方面因缺乏有效的控制导致风险过大？

5. 您所在部门设置了哪些职位？人员和职责分工情况如何？这些人员在数量、结构、素质等方面能否满足未来发展需要？

6. 您认为在选人、育人、留人、用人方面应该遵循什么理念？有什么具体建议？对于公司近年来引进大学生有何看法和建议？

7. 您对现行的薪酬体系、考核体系、招聘体系、培训体系有何看法？您有什么改进建议？

8. 您对本次咨询有何期望和要求？

## 三、任务评价指标和标准

**“人力资源诊断调研方案”任务评价指标和标准**

| 指标 | 标准 | | | | |
|---|---|---|---|---|---|
| | 优秀（10分） | 良好（8分） | 中（6分） | 差（4分） | 很差（2分） |
| 方案完整性 | | | | | |
| 是否至少使用两种调研方法，且方法使用是否得当 | | | | | |
| 调研工具使用情况 | | | | | |
| 方案思路清晰性及逻辑性 | | | | | |
| 调研方案的可操作性 | | | | | |

# 任务二　人力资源管理咨询服务方案设计

## 一、知识准备

人力资源管理咨询方案设计的本质是咨询团队将人力资源管理理论同企业的实际情况结合起来，提出对企业人力资源管理问题的解决方案的过程，它是人力资源管理咨询工作的重心。下面仅以人力资源管理咨询中的薪酬管理和绩效管理为例，阐述人力资源管理咨询方案的设计与实施。

### （一）薪酬管理咨询问题

薪酬管理咨询是人力资源管理咨询顾问针对企业薪酬激励要实现的目标以及存在的问题，对企业薪酬结构、薪酬决定机制、薪酬水平定位、薪酬内部差距、薪酬激励机制、薪酬计算办法、薪酬晋升方式、薪酬发放方式、薪酬水平调整模式等内容进行设计的管理咨询活动。一般而言，薪酬管理咨询围绕着以下三个方面进行。

第一，内部公平性和薪酬内部差距。内部公平性，又称内部一致性，是指在同一企业内部将不同岗位员工之间或不同专业技能员工水平之间的薪酬进行比较，其薪酬的高低与各自对企业目标所做贡献大小是相匹配的。内部公平性决定了员工的内部公平感觉，因此在开展企业薪酬管理咨询活动中必须首先考虑实现内部公平性。实现内部公平性就要处理好几组内部薪酬差距，包括不同层级薪酬差距、同一层级不同岗位薪酬差距、同一岗位不同任职者薪酬差距等。

第二，外部公平性和薪酬水平。外部公平性，又称外部竞争性，是指将一个企业岗位与外部同等条件下的岗位进行薪酬比较时，薪酬水平相对公平合理，能够吸引到合适人才。外部公平性决定了薪酬目标的两个方面，即“公平和效率”，这是薪酬策略最核心的内容。企业在确定薪酬水平时，应该有一定的市场竞争力，能让员工感觉到与外部相比是公平的，否则就不能吸引和保留优秀的人才。

第三，个体公平性和薪酬构成。个体公平性，又称员工激励性，是指将员工在不同绩效表现下所获得的薪酬进行比较时，薪酬支付额度是相对公平的，能够调动员工的工作积极性。通常，企业通过设置与绩效相关的工资模块来实现个体公平性。薪酬构成是指薪酬由哪些模块构成，各模块之间的比例关系等。实行不同的基本工资制度可以设置不同的薪酬模块。

因此，薪酬管理咨询问题大体可概括为六个方面。①明确企业薪酬战略定位。对于不同成长阶段、不同类型的企业选择不同的薪酬战略，通常可以选择的有领先型、竞争型、跟随型三种。②选择薪酬制度体系。对于不同特点的企业尤其是不同特点的职位，采取不同的薪酬制度体系，通常可以选择基于岗位价值、人力资源价值、工作业绩的薪酬制度体系。③设计薪酬结构。对于不同类型职位，设置不同固定收入与浮动收入的比例，增强薪酬的激励效应，促进企业薪酬制度与市场接轨。④建立多元化的激励模式。充分利用薪酬杠杆调节，根据不同类型人员的工作业绩产生特点，建立不同的激励模式，充分调动员工的潜能与工作热情。⑤创新福利制度。深入研究福利制度，避免福利制度成为“大锅饭”，在保证福利制度的普惠前提下，建立在适度集中基础上的自助式福利体系，提升福利制度的激励效能，将福利制度引导到增强员工归属感和忠诚度、促进其个人成长的道路上来。⑥建立薪酬水平动态调整机制。依据企业战略发展需要、支付能力以及市场薪资水平变化等因素适时对薪酬水平进行调整，促使薪酬水平与劳动力市场接轨。

### （二）绩效管理咨询问题

绩效管理咨询是指外部人力资源管理顾问基于公司的问题以及公司的战略目标，通过设计绩效管理制度、绩效指标体系、绩效目标值、绩效考核办法、绩效沟通反馈、绩效结果应用等模块，将组织目标和个人目标有机结合起来，推动公司战略目标落地并解决相关问题的咨询过程。

绩效管理咨询主要是帮助企业设计绩效管理的体系、解决其中的技术难点问题、指导和辅导各级管理者和员工能够理解其中的方法，并教会他们按照这个方法实施绩效管理的具体工作。绩效管理咨询既是一个体系设计过程，又是一个绩效管理体系辅导实施的过程。绩效管理咨询要根据企业的实际情况为企业设计一套适合其特点的绩效管理体系，还需要教会各级管理者与员工如何开展绩效管理工作，最终促使企业实现在绩效管理上的共赢。

绩效管理咨询一般包括以下四个方面内容。

第一，设计绩效管理制度。绩效管理咨询需要根据企业的实际情况进行绩效管理制度的设计。要明确企业进行绩效管理的目的、原则，绩效管理的组织机构，绩效管理周期、主体、程序，绩效目标设定方法、绩效考核指标设定方法、绩效考核方式、绩效考核结果评定办法、绩效结果应用办法等。

第二，建立绩效指标库。绩效管理咨询还要针对公司的情况，为公司层面、部门层面、团队层面、员工层面建立相应的绩效指标库。绩效指标库是从理论和实践角度，对可能用的绩效指标都进行梳理和定义。在实际使用时，公司可以根据当期目标任务情况进行选择。

第三，编制当期考核量表。明确完成公司、部门、团队、员工当期考核应该使用哪些指标，具体形成考核表时要明确不同指标的权重，以及考核周期内考核指标的具体目标值以及评分细则。

第四，辅导实施一次考核。绩效管理咨询不能仅仅停留于方案层面，一般还需要具体帮助公司完成一次当期考核。在具体进行考核的时候，咨询顾问还要指导各级管理人员进行绩效考核，并指导人力资源部门完成绩效考核的全部流程。

### （三）人力资源管理咨询服务方案设计要求

这一阶段需要更多的创新和创造，是在诊断阶段弄清客户存在的问题及其原因后，为提出进一步的改善建议提供方向和思路。但是只有方向和思路并不能解决存在的问题，还必须进行与之配套的详细方案设计。在设计咨询方案时，有以下几项要求。

#### 1. 要根据客户的预期目标来撰写方案

在拟定咨询方案时必须紧紧围绕客户想要取得的目标，新的建议或措施能为客户解决哪些问题。

#### 2. 制定的方案要有可执行性

方案的范围是要如何解决问题，但同时也要考虑客户是否能顺利执行这些措施。例如，咨询团队进行了深入的研究，制定了一份富有创意的方案，讲述了如何实现客户的目标，但是只集中于客户所提出的问题，而没有停下来去思考客户能够实施什么，方案再富有创意如果没有办法实施也将是空谈。衡量咨询方案是否具有可执行性，应该考虑的主要因素有以下几点：客户是否具备实施这一方案所需的资源；客户能否接受方案实施的成本；客户是否具备解决这一方案所必需的技能；咨询方案同客户的文化和管理风格是否相适应。

#### 3. 可以将大的方案分成周期短的子方案

一个方案完成得越快，就越有可能产生期望的效益。如果方案实施了6~8个月或12个月，客户的需求会随着工作进行而变化，组织中的一些关键人物也许更换了工作或权力发生了变更，因此将风险减少到最小的最可靠和最有力的方法就是把一个全面的方案分成一系列的子方案，使每一个子方案能在短期内取得成效。

#### 4. 需要客户企业内部人员的深度参与

因为咨询团队设计的咨询方案必须适应客户企业的独特环境，而客户的参与和配合，不仅能够有效地帮助咨询顾问准确把握企业人力资源管理咨询过程中的细节信息，更重要的一点是，客户参与此过程也是给客户企业的员工提供一次良好的培训机会，从而当咨询顾问撤出客户企业以后，客户企业的员工可以更容易地实施设计方案。

### （四）人力资源管理咨询服务方案设计步骤

#### 1. 形成初步的人力资源管理咨询方案

咨询方案构思正式确立之前，应在咨询团队内部进行讨论。这样做既可以充分听取其他咨询人员的意见和建议，吸收他人的经验，发挥团队作用，又可在咨询团队内部实现资源共享。咨询团队经过集体讨论，来确定项目咨询的初步方案。

#### 2. 与客户就初步人力资源管理咨询方案和制度进行全方位沟通

在整体的咨询方案初步形成以后，咨询团队应与客户进行深度的沟通交流和研讨，自下而上地对已经形成的咨询方案征求意见。研讨的主要内容是方案的有效性和可行性。方案的有效性是指按此方案实施能否解决存在的问题。由于在诊断的时候，对存在的问题及其原因作了透彻的分析并提出了改善的方向和重点，方案的构思如果能够紧扣诊断报告所规定的方向和重点，一般能保证方案本身的有效性。

### 3. 项目组内部研讨与方案修正

根据客户反馈的意见，咨询团队要在充分考虑方案的可行性与有效性的基础上，再次组织内部成员深入讨论，对客户提出的意见进行探讨，修正方案，使咨询方案既能满足客户需求又能达到解决问题的目标。

### 4. 精心准备咨询方案的汇报会

咨询方案确立后要向客户进行详尽的说明与汇报。汇报前需要准备的内容包括：详细设计报告并汇编成册；决定汇报方式；做好演示用的 PPT 文件；报告要尽量使用表格、图表、投影仪等视觉辅助工具进行说明，通过具体、直观、生动的说明，增加感染力。

### 5. 调整并最终确定人力资源管理咨询方案

汇报结束后，咨询团队要再一次认真听取客户的意见，进一步完善详细设计方案，最终形成人力资源管理咨询服务方案。

## （五）人力资源管理咨询服务方案的内容

对于大型人力资源管理咨询项目，咨询方案一般包括多种小的方案，如薪酬体系设计方案、培训体系设计方案、绩效体系设计方案、岗位职责优化方案等。一般包括以下项目：咨询项目综述、问题诊断、第一阶段实施计划、第二阶段实施计划、第三阶段实施计划。

### 1. 咨询项目综述

咨询项目综述主要是对整个项目的概括性描述，应包括项目的背景，咨询小组的组成、咨询的预期目标等。

### 2. 问题诊断

问题诊断主要包括对公司前期咨询调研情况的分析，得出产生问题的原因，并提出切实有效的改善方案。

### 3. 第一阶段实施计划

将改善方案进一步细化，分成几个阶段，提出第一个阶段的具体目标及执行计划，包括需要参与人员、执行进度安排、阶段性成果等。

### 4. 第二阶段实施计划

第二阶段实施计划包括对第一阶段成果的总结，第二阶段具体的目标、工作内容、参与人员、执行进度安排、阶段性成果等。

#### 5. 第三阶段实施计划

第三阶段实施计划包括第二阶段成果的总结，第三阶段具体的目标、工作内容、参与人员、执行进度安排、最终成果等。

## 二、任务要求

#### 1. 任务基本要求

根据上一节任务中针对某一公司做的调研结果，为公司设计关于薪酬或绩效管理的咨询方案。

要求：根据诊断报告拟定咨询方案，分小组完成任务。

#### 2. 任务完成常用实际业务工具

### 甲公司人力资源管理全面解决方案

一、项目背景

乙公司受甲公司委托对该公司进行人力资源管理全面诊断与咨询，乙公司××全面负责本方案的实施。××将组织有关专家及工作人员，在甲公司长期驻扎，深入了解甲公司实际情况，扎实、稳妥、高效、有序地实施本方案，保障甲公司平稳、有效、快速地向更为科学化、系统化、规范化的现代人力资源管理制度过渡。

二、问题诊断

通过为期一个月的调研，甲公司在人力资源管理方面存在的问题如下。

1. 关于职务分析方面（具体内容略）。
2. 关于绩效管理方面（具体内容略）。
3. 关于员工培训方面（具体内容略）。

三、第一阶段实施计划

（一）实施步骤（具体内容略）

1. 做职务分析。
2. 制定职务分级制度。
3. 制定公开、公正、公平的绩效考核制度。
4. 制定工资、奖金管理制度和办法。

（二）进度安排

第一阶段工作的实施时间预计2~3个月，基本划分如下。

1. 职务分析 10~15 天。

2. 职务分级 10~15 天。

3. 制定制度考核制度 10~15 天。

4. 制定工资、奖金管理制度和方法 10~15 天。

四、第二阶段实施计划

（一）实施步骤（具体内容略）

1. 建立基本的员工招聘制度。

2. 建立员工（重点是管理人员、工程技术人员、有知识的年轻员工）培训和潜能开发制度和方法。

3. 建立定期管理工作自我诊断的制度和方法。

4. 制定较为完备的职业生涯管理制度。

5. 制定各种福利制度及管理规范。

（二）进度安排

第二阶段工作的实施时间预计 2~3 个月，基本划分如下。

1. 建立员工招聘制度和方法 10~15 天。

2. 建立员工培训制度 10~15 天。

3. 建立人力资源管理自我诊断制度 10~15 天。

4. 制定职业生涯管理制度 20~30 天。

5. 制定各种福利制度 10~15 天。

五、第三阶段实施计划

全面引入"人力资源管理集成化办公系统"，并将上述内容作为该系统的二次开发基础，特别是"劳动定额计算机管理系统""动态目标计算机管理系统""职业生涯管理系统"，实现完全适用于甲公司的"人力资源管理办公系统"。

（一）实施步骤

1. 乙公司帮助甲公司进行内部计算机局域网的建设。

2. 乙公司帮助甲公司规划"人力资源管理集成化办公系统"的使用、操作、查询、输出方案。

3. 按上述方案安装"人力资源管理集成化办公系统"。

4. 对甲公司使用"人力资源管理集成化办公系统"的有关人员进行系统操作的培训。

5. 三年内，乙公司免费现场监视、维护"人力资源管理集成化办公系统"的使用，保证及时解决出现的任何问题。

（二）进度安排

第三阶段工作的实施时间预计 1~2 个月，基本划分如下。

1. 计算机局域网的建设 10~15 天。

2. 规划“人力资源管理集成化办公系统”10~15 天。

3. 安装“人力资源管理集成化办公系统”10~15 天。

4. 操作培训 5~10 天。

## 三、任务评价指标和标准

“咨询服务方案设计”任务评价指标与标准

| 指标 | 标准 | | | | |
|---|---|---|---|---|---|
| | 优秀（10 分） | 良好（8 分） | 中（6 分） | 差（4 分） | 很差（2 分） |
| 方案内容完整 | | | | | |
| 方案具有可操作性 | | | | | |
| 方案与预期目标匹配度 | | | | | |
| 阶段性任务明确、具体 | | | | | |
| 方案整体文字表达情况 | | | | | |

# 任务三　人力资源管理咨询服务实施

## 一、知识准备

咨询工作的目的是帮助客户实现真正提升，因此咨询方案的实施是咨询服务的重中之重。咨询团队应协助、指导客户实施方案，直到客户验收通过。人力资源管理咨询服务的实施流程根据咨询的具体问题而定，下面仅以常用的人力资源管理咨询中薪酬管理咨询和绩效管理咨询为例来阐述人力资源管理咨询服务的实施流程。

### （一）薪酬管理咨询的核心技术与实施流程

#### 1. 薪酬管理咨询的核心技术

要解决以上薪酬管理问题，薪酬管理咨询过程中往往需要用到一些咨询技术，通过这些技术能够给企业提供更好的解决方案。

（1）薪酬调查技术

薪酬调查是对企业各职位在外部劳动力市场或者竞争对手中相应职位的薪酬额度进行调查的过程。其目的是解决外部不公平问题，包括两种情况的外部不公平：内部薪酬过度高于外部水平和内部薪酬过度低于外部平均水平。企业必须非常敏感地掌握薪酬管理中的外部公平情况，并利用外部公平数据对其薪酬水平进行有目的的调节，以达到管理目的。如果企业急需大量的人才，就可以调高薪酬水平，吸引人才；如果企业已经稳定，并且有很高的知名度，就可以将薪酬水平调整至与外部水平持平。

薪酬调查的内容包括两个方面：①薪酬水平调查，主要收集行业和地区的薪资增长状况、不同薪酬结构对比、不同职位和不同级别的薪酬数据、奖金和福利状况、长期激励措施以及未来薪酬走势分析等信息；②影响因素调查，主要收集宏观经济、通货膨胀、行业特点和竞争、人才供应影响因素等。

通常薪酬调查的渠道有：①企业之间的相互调查；②委托专业机构进行调查；③从公开的信息中了解。在实施薪酬调查的时候需要注意：①在被调查企业自愿的情况下获取薪酬数据；②调查的资料要准确；③调查的资料要随时更新；④与外部职位的匹配是关键。

实施薪酬调查一般来讲应该分为四个步骤：确定调查目的、确定调查范围、选择调查方式、整理和分析调查数据。

第一，确定调查目的。通常薪酬调查有四个目的：①整体薪酬水平的调整；②薪酬结果的调整；③薪酬晋升政策的调整；④某具体岗位薪酬水平的调整。通常目的不同，调查范围和调查对象都会有所不同。

第二，确定调查范围。根据调查的目的，可以确定调查的范围。调查的范围主要是确定以下问题：需要对哪些企业进行调查？需要对哪些岗位进行调查？需要调查该岗位的哪些内容？调查的起止时间是什么？

第三，选择调查方式。根据实际情况，可以考虑让企业的人力资源部门与相关企业的人力资源部门进行联系，或者通过行业协会等机构进行联系，促成薪酬调查的开展。如果无法获得相关企业的支持，可以考虑委托专业机构进行调查。通常咨询顾问可以考虑与专业的薪酬调查公司进行合作，获取外部薪酬数据。

第四，整理和分析调查数据。在完成调查之后，要对收集到的数据进行整理和分析。在整理中要注意将不同岗位和不同调查内容的信息进行分类，并且要注意识别是否有错误的信息。最后，根据调查的目的，有针对性地对数据进行分析，形成最终的调查结果。

（2）职位评价技术

职位评价是指通过一些方法来确定企业内部职位（工作）与职位（工作）之间的相对价值。职位评价的结果为企业薪酬的内部公平提供了调节的依据。

职位评价的作用和目的是：①排列组织内部各个职位的主次序列，明确各个职位在整个组织中的相对位置，也就是相对重要度；②使企业内部建立一些连续性的等级，这些等级可以引导员工朝更高的工作效率发展；③企业内部的岗位与岗位之间建立起一种联系，这种联系组成企业整个的薪酬支付系统；④为薪酬体系的建立提供参考依据，决定职位在薪资等级中的位置，以此作为薪资发放的依据；⑤使薪资等级的制定公平化，使员工与员工之间、管理者和员工之间对报酬的看法趋于一致和满意，各类工作与其对应的报酬相适应；⑥当有新的岗位设置时，可以找到该岗位较为恰当的薪酬标准。

职位评价通过比较企业内部各个职位的相对重要性，得出职位等级序列。职位评价要评价的内容是：①评估职位职责及对企业的价值；②考虑的是职位所需要的专业知识、领导才能、解决问题能力、影响性质及程度、内外联系等因素，系统、客观地决定职位的等级；③用来衡量职位之间的相对价值。同时要注意职位评价不评价的内容是：①不是评估个人表现、年资或薪酬水平；②不是要考虑谁担任这个职位，具体个人应该做什么，需要多少人做，现在人员做得如何，何时做的，在哪儿做的；③不能用个人感情来衡量职位的绝对价值。

在进行职位评价时，应注意以下原则：①职位评价的是岗位而不是岗位中的员工；②让员工积极地参与到职位评价工作中来，容易让他们对职位评价的结果产生认同；③职位评价的结果应该公开。

职位评价以岗位说明书为依据，方法有许多种，可根据自身的具体情况和特点，采用不同的方法来进行。常用的方法有四种。①工作排序法，即依据调查资料或岗位说明书，确定评定标准，对各个岗位打分；汇总评定结果，计算平均得分，进而得出各个岗位的综合相对次序。②岗位分类法，即将所有岗位根据工作内容、工作职责、任职资格等不同要求，分为不同类别（管理类、事务工作类、技术类及营销类等），然后给每一类确定一个岗位价值的范围，并且对同一类的岗位进行排列，从而确定每个岗位不同的岗位价值。③因素比较法，即根据岗位所需要的智力、技能、体力、责任及工作条件，将各因素区分成多个不同的等级，然后再根据岗位的内容将不同因素和不同等级对应起来，等级数值的总和就是该岗位的岗位价值。④要素计点法，这是最常用的方法，即确定影响所有岗位的共有因素，并将这些因素分级、定义和配点（分），以建立评价标准。依据评价标准，对所有的岗位进行评价并汇总每一岗位的总点数（分数）。目前咨询公司通常使用要素计点法，如海氏三要素评估法、美世国际职位评估法、惠悦全球职等系统等。

实施职位评价的流程是：①确定职位评价的方法；②确定职位评价的工具；③选取参与职位评价的人员；④选取参与评价的标杆职位；⑤进行正式的测评；⑥对测评结果进行统计与修正；⑦以企业评价的排序为主要依据，以专家组的评价作为修正依据，得出“标杆职位等级表”；⑧对于没有参与评价的职位，仔细分析职位说明书，通过与标杆的比较，采取比较插空入位的方式，把其他职位列入职位等级表中，形成最终的“公司职位等级表”。

### 2. 薪酬管理咨询的实施流程

在具体开展薪酬管理咨询时，需要遵循一些基本实施流程，一般分为以下步骤。

（1）诊断薪酬管理问题

薪酬管理诊断的目的是深入而细致地了解并发现企业在薪酬管理方面存在的问题，甄别产生这些问题的深层次原因，并根据企业希望达到的预期目标，结合企业的实际情况，提出薪酬设计的思路和框架。薪酬管理诊断的方法主要是文献研究、问卷调查以及深度访谈。根据项目时间进度和工作要求，咨询顾问可自主确定适合工作要求的调研方式。

（2）建立薪酬激励策略

薪酬管理咨询的一项重要指引性工作就是以企业竞争战略和核心价值观为方向指南，建立薪酬激励策略，为薪酬具体设计提供指导。在薪酬策略的指导下，在进行薪酬方案的设计、薪酬的发放及沟通中，均应体现企业竞争战略和核心价值观对人力资源尤其是对激励机制的要求。对于符合企业战略和价值取向的行为和有助于提高企业核心竞争优势的行动，在薪酬体系设计中都应该予以倾斜，以引导员工正确的工作行为。

（3）确定薪酬制度模式

咨询顾问必须根据企业实际情况和问题，选择合适的薪酬制度模式。一般而言，薪酬制度模式主要有计件工资制、计时工资制、职位工资制、能力工资制、职能工资制、绩效工资制、提成工资制、薪点工资制、谈判工资制以及年薪制等。在具体选择时，既要考虑不同类型人员工作特点，还要考虑外部竞争对手采取的薪酬制度模式。咨询顾问还可以根据实际需要，将不同薪酬制度模式进行组合，形成适合企业需要的薪酬制度。一般而言，高层可采用年薪制，管理序列人员和技术序列人员可采用岗位技能工资制，营销序列人员可采用提成工资制等。

(4) 确定薪酬结构

所谓薪酬结构，是指薪酬的构成模块及其相对比例。在实际设计时包括两个部分：一是选择薪酬构成模块，二是设计不同模块的比例。

薪酬构成模块考虑的因素主要是：职位的工作性质、职位的业绩特点、职位所需人才的市场稀缺程度、对职位进行激励的特点等。通常考虑设置基本工资、职位工资、绩效工资、奖励工资、津贴和补贴、福利等薪酬模块。

薪酬结构的另一个方面是薪酬中各个模块所占比重的构成。尤其是固定部分薪酬（主要指基本工资或职位工资）和浮动部分薪酬（主要指奖金和绩效工资）所占的比例。一般可以有三种选择：①高风险薪酬结构，即绩效工资等浮动部分为主要组成部分，固定工资等处于非常次要的地位，所占的比例非常低（甚至为零）；②高稳定薪酬结构，即固定工资为主要组成部分，浮动薪酬处于非常次要的地位，所占的比例非常低（甚至为零）；③调和型薪酬结构，即浮动工资和固定工资各占一定的比例，根据不同职位的特点进行选择。

(5) 确定岗位相对价值

企业的专业岗位繁多，为了给各岗位确定合理的工资额度，必须先确定各个岗位的相对价值，明确各个岗位的薪酬等级，使各岗位之间薪酬差距具有合理性。确定岗位相对价值的方法是职位评价。而通常职位评价的前置工作是工作分析，即对工作的职责权限和任职资格进行详细描述，撰写职位说明书。

(6) 进行外部薪酬调查

进行外部薪酬调查的主要目的是体现薪酬管理的外部公平性。通过薪酬调查，可以让企业的薪酬水平更富有市场竞争力，让企业更容易吸引到优秀的人才，同时也为确定内部差距提供一个依据。

(7) 决定企业薪酬水平

咨询顾问应该会同企业高层管理人员根据企业业务发展状态以及人才竞争的需要，选择合适的薪酬水平定位，再结合市场薪酬调查情况，确定企业的薪酬水平。一般而言，企业薪酬水平定位有三种。①市场领先策略，即薪酬水平在同行业的竞争对手中处于领先地位。如果企业市场处于扩张期，对高素质人才需求迫切，薪酬的支付能力比较强，则可以考虑。②市场跟随策略，即根据市场平均水平确定本企业的薪酬定位。这种定位经营风险比较小，但是在吸引优秀人才方面缺乏优势。中小型企业普遍采用这个策略。③市场滞后策略，即薪酬水平低于竞争对手。如果企业处于萎缩期，或者有其他不可替代的优势时，则可以考虑。当然，咨询顾问还可以针对不同的部门、不同的岗位、不同的人才，采用不同的薪酬策略。

（8）进行薪酬总额预算控制

咨询顾问需要对企业的薪酬总额进行预算，以使其不超出企业支付能力。确定薪酬总额预算的方法有两种。第一种：企业总体薪酬预算=薪酬占主营业务收入比率×主营业务收入，其中，主营业务收入是企业在计划期内的预定目标，薪酬占主营业务收入比率=薪酬总额÷主营业务收入。该指标可参照同行业水平。第二种：企业总体薪酬预算=企业总体基薪+企业总体目标奖金。其中，企业总体基薪为目前全体员工薪酬结构中基薪合计，企业总体目标奖金为预算期内企业目标奖金总额。

（9）确定各岗位薪酬水平与内部差距

咨询顾问需要帮助企业确定各岗位薪酬水平，同时处理好内部差距问题，即不同层级的薪酬差距、同一层级不同岗位的薪酬差距、同一岗位不同任职者的薪酬差距等。一般而言，不同层级的薪酬差距，要有效激励员工通过努力工作获得晋升的积极性；同一层级不同岗位的薪酬差距，要反映岗位的相对价值差别；同一岗位不同任职者的薪酬差距，要反映任职者经验能力的差别以及历史贡献的差别。此外，确定某些重要岗位的薪酬水平，还要参考同行业企业相同岗位的薪酬水平。

（10）设计薪酬升降规则

企业薪酬只有能够动态地进行升降，才能具有激励效果。员工的薪酬应该考虑根据工作绩效、职位变更和能力发展等因素的变化，作出相应的调整，以充分发挥薪酬体系的激励作用。咨询顾问要据此设计相应的薪酬升降规则。

（11）设计初次套改办法

咨询顾问不能只是设计出薪酬制度，还需要帮助企业进行初次套改。要对目前所有员工根据新的薪酬体系进行套改，并根据个人的条件确定他们的薪酬数值。一般而言，薪酬等级初次套改，应该在薪酬档次额度上就近就高不就低，让大多数人的薪酬不降低。

（12）薪酬方案测算和平衡

岗位薪酬水平套入后，要进行反复测算，确定各岗位薪酬增减幅度和薪酬总额增减幅度，检查其是否在薪酬总额预算控制范围内。超出总额预算范围的，要反复进行平衡。对于岗位薪酬下降的，咨询顾问要与企业管理者充分沟通，尽量降低方案的实施难度。

（13）薪酬方案培训与宣讲

薪酬管理咨询的内容涉及企业员工的切身利益。员工对于薪酬的调整关注程度非常高，因此需要小心谨慎地进行操作。实施新的薪酬管理方案之前，咨询顾问必须对新的薪酬方案进行广泛、深入的培训和宣讲，要取得各级管理者和员工在理念上的认同后才能够实施。

（14）定期进行薪酬调整

薪酬体系运营一段时间后，由于企业经营战略、人员状况、业务重心都可能发生变化，很可能会不再适应企业的发展需要，这是正常的。通常需要定期地对薪酬制度进行重新审视，并适当地对薪酬体系进行调整。

### （二）绩效管理咨询的核心技术与实施流程

#### 1. 绩效管理咨询的核心技术

绩效管理本身的技术性较强，因此绩效管理咨询过程中使用的相关技术也比较多。下面介绍几种常用的技术。

（1）关键绩效指标（KPI）技术

关键绩效指标（key performance indicators，KPI）技术是通过一些衡量组织或个人工作绩效的提纲挈领性的指标，来对部门或个人的业绩进行测量的技术。这些指标不是业绩的全部，但是通过对这些指标的衡量，可以相对准确地判断组织或个人的绩效表现。

一般而言，以 KPI 为基础制定绩效目标或衡量标准，内容包括结果和行为两个方面。KPI 的来源有以下三个渠道。

第一，从公司战略和部门目标提取 KPI。公司战略的实现以及部门目标的达成是绩效管理的目的，因此，KPI 首先要研究公司战略和部门目标对于相关责任部门和员工个人提出什么要求，以此来作为考核指标。

第二，从部门或岗位所承担职责中提取 KPI。部门或岗位所承担职责描述的是一个部门或岗位在组织中所扮演的角色，即部门或岗位对组织有什么样的贡献、产出。应负责任依附于岗位，相对比较稳定，除非部门或岗位职责本身从根本上发生了变化。绩效目标是对在一定条件下、一定时间范围内所达到的结果的描述。也就是说，绩效目标具有一定的时间性和阶段性。

第三，从内、外部客户需求提取 KPI。满足内、外部客户需求是部门或岗位存在的重要价值，因此还应该仔细研究内、外部客户需求，并从中提取相应的 KPI。

选取 KPI 时，要遵守 SMART 原则。S 代表 Specific，就是说所选择的指标必须是具体的，不是虚幻的，即考核者和被考核者都应该明确具体要做什么或者完成什么工作。M 代表 Measurable，就是说所选择的指标必须是可度量的，要么是可以测量的，要么是可以衡量的。考核者和被考核者都应该知道如何衡量自己这项工作做得好还是不好。A 代表 Attainable，就是说所选择指标的目标值是可实现的，没有超出员工可能实现结果的范围。R 代表 Relevant，就是说所选择的指标与员工实际工作内容是具有相关性的，不能给员工选择那些与实际工作无关联的指标。T 代表 Time-bound，就是说所选择的指标及其目标实现是有时间限制的，考核者和被考核者都应该清楚在什么时间完成工作。

在实际选择指标的过程中，高层、中层和基层在 KPI 体系中结果和行为指标所占的权重也有所不同，层级越高则结果在 KPI 体系中所占的比重越大，反之亦然。

KPI 的建立要点在于流程性、计划性和系统性。企业级 KPI、部门级 KPI 和每个岗位的 KPI，共同构成 KPI 体系。各部门管理者给下属订立工作目标的依据来自部门的 KPI，部门的 KPI 来自企业的 KPI，这样就能够保证企业每个人员的努力方向都围绕着企业的目标。

在表述 KPI 时，应该精确、易懂、完整，遣词造句只能有一种解释，不能带有歧义。KPI 定义要包括测量频率（每月、每季或每年），具体测量最好使用分子和分母，百分比比具体的数字信息含量更高。

（2）关键成功因素（CSF）分析技术

关键成功因素（core success factors，CSF）分析技术是提炼绩效指标的方法之一，它是通过因果关系对达成战略目标的关键因素进行层层分析，并据此将驱动因素提炼为 KPI 的过程。CSF 分析的过程是：首先对公司擅长的、对成功起决定作用的某个战略要素进行定性描述，再由 KPI 进行定量（即使其可以计算和测量）。使用 CSF 和 KPI，能够使战略目标得以分解，压力逐层传递，同时使战略目标的实现过程得以监控。

具体而言，关键成功因素分析技术有以下三个环节。

第一，战略目标分析。在战略目标分析中，所得出的目标必须标明达到最终期望结果的活动。所界定的目标必须表述行动，并且使用表示主动行为的动词（如“提高……”等）来进行界定。同时对于目标的描述必须是具体的。每个经理承担的目标数量有限制（5~7 个）。

第二，CSF 分析。在 CSF 分析中，通过因果关系得出要实现战略目标的若干因素，即要达成各个战略目标，应该把哪些成功因素做好。CSF 是定性概念，通常用语句描述做好哪些成功因素才能实现预期战略目标。在实际分析时，CSF 要做到清晰而精确。在具体分析中不仅要包含财务信息，还要包含非财务信息，确保每个目标视线平衡。必须注意的是，CSF 是需要做的具体的东西，而不是叙述某价值结果的方向，如不能说“高员工质量”，只能说“员工质量”。

第三，确定KPI。一般而言，为每个CSF开发的KPI不超过三个。在具体开发KPI时，需要注意其与CSF之间的紧密联系，还要考虑其本身的合理性。

### 2. 绩效管理咨询的实施流程

绩效管理咨询的活动开展过程既是咨询顾问基于企业实际情况和问题设计绩效管理方案的过程，也是企业各级管理者了解并掌握绩效管理工具和方法的过程。一般而言，绩效管理咨询按照以下实施流程开展咨询活动。

第一，了解企业绩效管理现状，诊断存在的问题。绩效管理咨询的首要工作是深入、系统地了解企业的绩效管理现状，摸清企业当前的做法，找出绩效管理的问题，并提出解决办法。在这个过程中，咨询顾问要积极与企业各层级进行互动，既要了解更多的企业信息，同时也需要通过交流让企业认可咨询公司的诊断结论和解决办法，这样才有利于开展下一步的设计工作。

第二，明确企业的战略目标、年度经营计划、年度预算以及组织架构、岗位设置、工作分析（职位说明书）等前置条件。绩效管理是为达成企业战略服务的，因此绩效管理咨询必须在设计之前明确企业战略目标及其相应的年度经营计划、年度预算。如果企业没有清晰的目标、没有明确的经营计划，也就谈不上绩效管理。另外，组织架构、岗位设置、工作分析（职位说明书）既决定了绩效管理的主体、客体关系，又决定了绩效考核的任务分解对象。这些都是绩效管理咨询设计的前置内容，应该事先做好。

第三，根据实际情况，确定考核主体，在多个考核主体中，明确不同考核主体所占的权重。考核主体的设置非常关键，是重要的制度安排。咨询顾问根据企业实际情况提出后，还需要与企业高层进行确认。一般原则是直接上级为考核者，间接上级为复核者。但也有些企业适合多个考核主体，这时候必须明确不同考核主体考核的内容和权重，如考核某个部门的主体中，分管副总经理占70%，总经理占30%。有时候考核主体中可能会有下级或者平级评价，但注意权重不能超过10%，否则容易发生不好的导向。

第四，根据职位的特点，明确考核分类，确定考核周期。职位的工作性质不一样，其考核的方式和薪酬激励的手段都可能不一样。为了便于考核和薪酬的管理，应该把职位分为不同的类别。例如，决策类，即承担经营责任的职位；管理行政类，即在管理范畴里，既管人又管事，负有管理下属责任的职位；研发类，即专职从事研究开发工作的科学技术职位；生产类，即直接从事产品生产的职位；销售类，即直接从事产品销售工作的职位；事务类，即在各部门中从事事务性工作的职位。

考核周期的确定需要考虑企业的管理现状。不同性质工作的绩效周期可能不一样，因此应该设立不同的考核周期。例如，对于一个部门的工作，其绩效周期较长，很难用一两个月衡量，因此对于管理行政类的员工，其考核周期一般为一个季度；而对于销售员来说，其绩效周期很短，可能几天就有结果，因此其考核周期可定为一个月。一般而言，销售类职位绩效考核周期为“月”，即每月进行一次月度考核；管理行政类职位绩效考核周期为“季”，即每季进行一次季度考核；决策类职位绩效考核周期为“年”，即每年进行一次年度考核；人的能力的变化一般比较缓慢，因此能力的考核周期通常为一年。

第五，提炼考核指标体系，并具体设计近期考核量表。提炼考核指标体系是绩效管理咨询中工作量最大，也是最核心的、难度最大的工作内容。绩效考核的成败往往取决于考核指标提取的有效性和合理性。通常需要将企业战略目标和被考核者工作职责结合起来，运用诸如KPI、CSF等方法对绩效考核指标进行提炼。提炼指标的过程，一定要与企业高层、中层、员工反复交流，充分听取他们的意见，在必要时也需要说服他们，并帮助他们掌握提炼指标的方法。最后，一般需要帮助企业将提炼好的绩效考核指标转化为近期的考核量表。考核量表中要明确指标的目标以及考核评价标准，以避免在实际考核时扯皮。

第六，设计并确定考核结果的运用。考核结果运用的设计非常关键，这为绩效考核工作提供了动力。考核结果可以与奖金、薪资等级调整、晋升、培训等人事手段挂钩。一般而言，季度绩效考核结果作为绩效奖金发放的依据；年度综合考核结果作为员工薪资等级升降、职务升降、辞退等的依据。例如，可以考虑年度综合考核获得一次S级者可晋升一级基薪；一次年度综合考核评分为D级者辞退或调换合适的工作，降低一档工资；考核结果为E者，降低两档工资，并实行末位淘汰。

第七，撰写绩效管理制度文件。绩效管理制度文件是实施绩效管理的制度依据。一般而言，咨询顾问需要把绩效管理的各种规定和办法进行整理，变成一份管理制度。同时，这份管理制度一般需要由职代会通过。

第八，开展绩效管理培训，辅导绩效管理运行。在绩效管理制度和绩效考核量表设计完成之后，咨询顾问需要就绩效管理对全员进行培训。宣贯和试运行阶段非常重要，必须通过开展全员培训工作，让每个员工都深刻理解绩效管理的意义并掌握其操作办法。在辅导实施过程中，非常关键的环节是辅导各级管理者对下属绩效进行评价，对考核结果进行分析，并进行相应的绩效面谈，以不断提升绩效。

第九，完善绩效管理制度和绩效指标体系，保障绩效管理体系的有效运行。根据试运行的状况，收集企业各层级对绩效管理的看法，咨询顾问要适当地对绩效管理制度和绩效指标体系作出调整，其目的在于与企业的实际能够更加匹配。某些企业还会与咨询公司签署1年左右跟踪辅导的协议，动态关注绩效管理的情况，深入指导企业的绩效管理工作，及时解决问题，保障绩效管理体系的有效运行。

## 二、任务要求

### 1. 任务基本要求

组织实施上一节设计的某公司薪酬咨询方案或某公司绩效咨询方案。

要求：

（1）根据咨询方案分步骤完成某企业的咨询项目；

（2）根据服务实施情况，撰写实施报告；

（3）分小组完成任务。

### 2. 任务完成常用实际业务工具

甘特图见表5-2。

表5-2　　甘特图

| 项目执行进度表 | | | | | | | | | | | | | | | | |
|---|---|---|---|---|---|---|---|---|---|---|---|---|---|---|---|---|
| 时间 | | 计划时间进度表 | | | | | | | | | | | | | | |
| 项目序号 | 项目内容 | 日期 | ×月 | | ×月 | | | | | ×月 | | | | | ×月 | |
| | | | | | | | | | | | | | | | | |
| 第一阶段 | | | | | | | | | | | | | | | | |
| 1.1 | | | | | | | | | | | | | | | | |
| 1.2 | | | | | | | | | | | | | | | | |
| 1.3 | | | | | | | | | | | | | | | | |
| 1.4 | | | | | | | | | | | | | | | | |
| 第二阶段 | | | | | | | | | | | | | | | | |
| 2.1 | | | | | | | | | | | | | | | | |
| 2.2 | | | | | | | | | | | | | | | | |
| 2.3 | | | | | | | | | | | | | | | | |
| 2.4 | | | | | | | | | | | | | | | | |
| 第三阶段 | | | | | | | | | | | | | | | | |
| 3.1 | | | | | | | | | | | | | | | | |
| 3.2 | | | | | | | | | | | | | | | | |

续表

| 项目执行进度表 | | | | | | | | | | | | | | | | |
|---|---|---|---|---|---|---|---|---|---|---|---|---|---|---|---|---|
| 时间 | | 计划时间进度表 | | | | | | | | | | | | | | |
| 项目序号 | 项目内容 | 日期 | ×月 | | ×月 | | | | | ×月 | | | | | ×月 | |
| 3.3 | | | | | | | | | | | | | | | | |
| 3.4 | | | | | | | | | | | | | | | | |
| 第四阶段 | | | | | | | | | | | | | | | | |
| 4.1 | | | | | | | | | | | | | | | | |
| 4.2 | | | | | | | | | | | | | | | | |
| 4.3 | | | | | | | | | | | | | | | | |
| 4.4 | | | | | | | | | | | | | | | | |

## 三、任务评价指标和标准

"人力资源管理咨询服务实施报告"任务评价指标和标准

| 指标 | 标准 | | | | |
|---|---|---|---|---|---|
| | 优秀（10分） | 良好（8分） | 中（6分） | 差（4分） | 很差（2分） |
| 总结报告内容完整性 | | | | | |
| 客户评价情况 | | | | | |
| 项目自我评价情况 | | | | | |
| 咨询方案的改进建议情况 | | | | | |
| 总结报告的整体文字表达情况 | | | | | |

# 任务四　人力资源管理咨询服务效果评估

## 一、知识准备

### （一）咨询服务效果评估的主要意义

人力资源管理咨询项目结束后要进行项目评估，因为项目执行的结果是否达到客户的预期，咨询的建议是否能实现它应该实现的效果，是否会使客户感觉“物有所值”，这都是非常关键的问题，也是评判咨询项目成功与否的重要指标。同时，人力资源服务机构在项目执行过程中是否按计划执行，对于自身项目如何作出评价，如何改进服务、增加经验，也是项目评估的一个重要方面。因此，在人力资源管理咨询项目结束后，开展咨询服务效果评估就显得意义重大。

### （二）咨询服务效果评估的主体

咨询服务效果评估的主体由客户和项目组成员两部分组成。客户主要从人力资源服务项目的运作过程、实施效果、目标达成等方面进行评价，由客户各个级别的人员组成；而项目组成员主要从项目执行情况、项目给企业带来的利润、项目组成员的团队配合情况等方面进行自评。

### （三）咨询服务效果评估流程

咨询服务效果评估一般包括以下八个步骤。

#### 1. 确定评价目标

评价的具体目标，要根据咨询项目的性质、范围、类型和条件等确定。目标的确定要考虑项目本身的性质和决策的需要。

#### 2. 制定评价指标设定的原则

这些原则包括：动态分析与静态分析原则相结合，以动态为主；定量分析与定性分析相结合，以定量分析为主；全过程分析与阶段分析相结合，以全过程分析为主；近期效益分析与远期效益分析相结合，以远期效益分析为主等。

#### 3. 选择评价方法

目前，在咨询工作过程中使用的技术与方法有几十种，而这些方法又可分为定量分析法和定性分析法，可以根据需要选择不同的评价方法。

#### 4. 制定评价指标体系和标准

根据评价目标和指标设定原则，在众多因素中找出能科学、客观、综合地反映该项目整体情况的指标及影响这些指标的因素。评价指标的设立，不仅与该项目的目标、特点、类型、规模等有关，而且与调查对象所处的层次有关。选定评价指标后，应制定相应的评价标准。评价不能仅仅依靠主观直觉，要有定量的评价标准。

5. 确定评价指标权重

各个指标的重要性程度在评价中是不同的，需要通过加权给予修正，对不同的指标给予不同的权重。权重的确定需要考虑企业的战略目标、项目的性质、对企业生存与发展的重要性等。

6. 确定评判依据

综合评价的评判依据可以是单一指标，也可以是若干个指标。以单一指标作为评判依据，该指标多为定性和定量相结合的评价值。以若干个指标作为评判依据，有时候更具有科学性，也可以从多个角度更加真实地反映实际情况，当然有时也可能会弱化核心指标。

7. 进行综合评价并进行分析

在明确的目标和范围内，根据所定的指标和评判依据，采用选择的方法进行综合评价，并根据定量的数据进行分析，得出数据分析报告。

8. 提出评价报告和建议

咨询评价的最后一个步骤是提出评价报告和建议。报告中要说明评价资料、数据来源与评价方法，特别应说明评价的结论和建议。

**（四）咨询服务效果评估的内容**

1. 客户评价主要内容

客户对于咨询项目的评价因素更多的是基于以下两点：咨询项目是否达到了企业的心理预期程度和企业面临的人力资源问题是否得到改善。

（1）咨询项目是否达到了企业的心理预期程度

在咨询项目的实施过程中，企业的管理层都对咨询项目寄予自己的期望，如咨询方案是否能解决企业人力资源管理方面的相关问题，咨询方案是否符合企业对于人力资源某些方面的改革思路，咨询项目对企业员工观念的转变、知识、技能等方面的影响等。这些期望有些通过项目目标反映出来，有些则通过管理层与咨询顾问的交流和讨论反映出来。因此，咨询项目的实施对于企业的心理预期满足程度也是企业评判项目成败的重要因素。

（2）企业面临的人力资源问题是否得到改善

企业寻求咨询服务的目的就是解决企业面临的人力资源方面的实际问题，这些问题得到改善和解决的程度是企业评判项目成败与否的重要参考，同时也是对整个咨询项目进行一些评价的量化指标。这些指标包括满意度指标、实施应用指标、经营影响指标、间接影响指标等。

### 2. 人力资源管理咨询项目客户的评价指标

客户对于人力资源管理咨询项目的评价，可以从以下四个方面进行。

（1）满意度指标

在评价项目效果时，首先要考虑的主要因素一定是客户对于咨询项目的满意程度。所谓客户的满意程度实际上只是一个心理概念，也就是企业高层对于此项目的满意程度。客户对于咨询项目的满意是基于多方面的，企业高层对于咨询方案的偏好、咨询顾问与企业高层的客户关系、咨询项目的实施效果、咨询顾问对于企业额外需求的满足程度、咨询顾问的工作水平等都可能对客户的满意度造成影响。因此，人力资源服务机构为企业提供的人力资源管理咨询服务不仅仅是基于实施合同，而更多的是基于客户满意度。

客户满意度实际上是衡量和评估咨询项目的利益相关者对咨询方案的反应和评价，一般包括咨询方案的可用性、咨询方案与当前紧迫问题的相关性、咨询方案的经济性、咨询方案理解的难易程度、方案学习的难易程度、员工对方案的支持程度、方案所必需的资源需求等多种指标。

（2）实施应用指标

这个指标主要是衡量和测度咨询方案应用后企业内部人力资源管理效率和效果的变化。

（3）经营影响指标

这个指标主要是衡量和评估企业在进行咨询后，企业人力资源的相关指标（人员成本、员工满意度、员工离职率等）发生的变化。

（4）间接影响指标

这个指标主要是衡量和评估企业咨询后企业的主要经营指标（如利润、成本、市场占有率等）发生的变化。

尽管企业可以从这些方面衡量咨询项目的收益，但是如何获取这些方面的数据仍然是一件复杂而困难的事情。这些指标的一部分，如员工满意度，可以通过在企业开展员工问卷调查的形式得到量化的数据。然而如果要获得更多的指标就要求企业在项目没有进行之前就开始准备，而且在项目进行过程中和项目结束后也不断进行跟踪和监测，如企业人力资源管理效率的变化、员工满意度的变化等。

### 3. 咨询项目组的自我评价内容

咨询公司对咨询项目成功与否的评价主要基于咨询项目的质量控制、咨询利润的实现和咨询经验的获得三个方面。

（1）咨询项目的质量控制

咨询公司在为客户提供咨询服务的过程中，主要的考虑因素一直是客户对于咨询项目的满意程度。这个指标不仅是外部客户对于项目的评价内容，也是咨询公司自我评价项目是否成功的一个重要指标，其次还包括项目实施的实际效果如何，项目风险的有效控制情况等。

（2）咨询利润是否得到实现

“时间就是金钱”这句话对于人力资源服务机构来讲是最正确不过的了。一方面，咨询项目的报价主要是基于咨询顾问的人工费用来实现的；另一方面，公司最不愿意看到的就是项目没有按期完成。项目计划的任何延误都将导致整个咨询项目成本的上升，这直接影响了人力资源服务机构商业利润的实现。

然而在实际的咨询项目中，如何有效地管理客户需求，同时又获得比较高的客户满意度的确是非常困难的。由于在很多咨询项目的实施过程中，企业的需求不断变化，再加上企业在咨询项目的实施过程中缺乏相应的支持和配合，势必导致咨询项目不能按计划完成，导致项目成本的上升。这就使人力资源服务机构不得不变相降低项目成本，如减少派驻高级别顾问的数量和天数，降低项目的承诺以尽快完成项目计划等。因此，在确保商业利润的前提下，如何有效地满足客户的需求已经成为咨询公司最大的挑战。

（3）是否获取了相关咨询经验

在确保一定商业利润的前提下，获得较高的客户满意度实际上只是人力资源服务机构评价一个咨询项目成功的基本要求。而通过咨询项目达到积累经验，培养咨询顾问队伍，并进一步获得新的咨询业务则是咨询公司完成项目的高级目标。

考虑到咨询公司持续发展和人员更新的问题，咨询公司会不断借助咨询项目来锻炼咨询队伍。这样也就出现了企业经常所提到的“在与企业最初的接洽阶段，咨询公司派出的都是一些经验非常丰富的专家；而到真正实施的时候，咨询公司派驻企业的顾问不少都是缺乏经验的新手”的情况。实际上，一般的咨询项目顾问团队的组成都是由不同级别和资历的咨询顾问组合而成的。如果派驻企业的全部顾问都为经验丰富的资深顾问，对于咨询公司而言显然成本过高。而派驻过多缺乏经验的顾问势必影响项目质量的控制和获得较高的客户满意度。因此，咨询公司希望组成的咨询顾问团队既能有效地完成咨询项目，确保一定的客户满意度和利润收益，同时还能达到锻炼队伍的目的。

尽管企业可以对咨询项目作出各种评价，但是咨询项目就像一件艺术品一样，不论成功与否都是带有“遗憾色彩”的。企业咨询的过程也是一个不断认识、不断学习、不断突破的历程。而对咨询项目进行评价不仅仅在于判断企业对于咨询项目的投资是否恰当，更为重要的是发现今后改进的方向。

### （五）撰写咨询项目总结

在项目全部结束之后，应对项目进行正式总结。项目总结是人力资源服务机构完成知识积累、提升咨询能力的重要手段，必须高度重视。一般来说，项目总结应该从以下几个方面进行。

1. 项目实施效果如何，客户对项目的整体评价如何。这是评价一个咨询项目是否成功的最关键因素，因为咨询公司只有不断为客户创造价值，使客户对每个咨询项目都满意，才能够真正得到发展。

2. 项目运作管理是否完善，在项目运作过程中是否有值得固化和推广的创新思路与方法。这方面的总结使咨询公司能够通过一个个项目的积累，逐步形成自己的咨询知识体系和项目运作管理体系，有效提升咨询公司的实力。

3. 咨询项目组搭配是否合理，各咨询顾问是否有能力完成工作，也需要认真总结。机构不论多么庞大，在某个具体项目上和客户深度接触的也只有小组成员，保证合理搭配项目组、保证每个咨询顾问都有充分的能力是项目能否成功的关键。

4. 项目具体咨询内容的总结，包括对咨询项目形成内部培训体系案例、提交完整的咨询报告和重要过程文件、形成某一领域的咨询指南等，这是一个咨询公司业务能力不断提升的保证。

5. 其他方面总结，如项目财务方面、项目运作中存在的问题与建议等。

对于一个完整的咨询项目，尽管在客户处已经完成了项目，但只有认真完成以上项目总结工作之后，该咨询项目才算是正式结束。

## 二、任务要求

### 1. 任务具体要求

根据上一节某公司薪酬咨询方案或某公司绩效咨询方案的完成情况撰写咨询项目总结。

### 2. 任务完成常用实际业务工具

客户满意度调查表见表 5-3。

表 5-3　　客户满意度调查表

尊敬的客户：

您好，非常感谢您对本项目的大力支持和信任，我们将一如既往地站在客户的立场，为客户的利益尽职尽责，争取客户最大的满意。

为了更进一步提高服务质量，特就本公司的咨询项目在质量、服务等方面征求意见。我们真诚地希望您能填写这份问卷，提供宝贵的意见和建议。

一、客户信息

参与调研人职位：__________________

参与调研人姓名：__________________

二、总体满意度

| | 很满意 | 满意 | 一般 | 不满意 | 很不满意 |
|---|---|---|---|---|---|
| 您对咨询的整体服务满意程度 | | | | | |
| 您对咨询的总体质量满意程度 | | | | | |
| 您对咨询组的专业性满意程度 | | | | | |

三、咨询顾问服务满意度

| | 很满意 | 满意 | 一般 | 不满意 | 很不满意 |
|---|---|---|---|---|---|
| 解决问题的办事效率 | | | | | |
| 业务知识熟练度 | | | | | |
| 能充分了解企业的需求 | | | | | |
| 解决问题的能力 | | | | | |
| 沟通能力 | | | | | |
| 工作态度 | | | | | |
| 完成工作的质量 | | | | | |

四、项目结果满意度

| | 很满意 | 满意 | 一般 | 不满意 | 很不满意 |
|---|---|---|---|---|---|
| 项目是否达到预期目标 | | | | | |
| 是否解决了企业人力资源实际问题 | | | | | |
| 是否给企业带来了预期效益 | | | | | |

## 三、任务评价指标和标准

**“咨询项目总结报告”任务评价指标和方法**

| 指标 | 标准 | | | | |
|---|---|---|---|---|---|
| | 优秀（10分） | 良好（8分） | 中（6分） | 差（4分） | 很差（2分） |
| 总结报告内容完整性 | | | | | |
| 客户评价情况 | | | | | |
| 项目自我评价情况 | | | | | |
| 咨询方案的改进建议情况 | | | | | |
| 总结报告的整体文字表达情况 | | | | | |

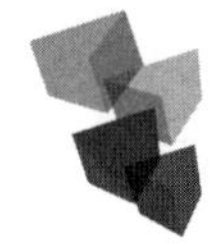

## 练习题

**选择题**

1. 以下情况中，不属于人力资源管理咨询服务的是（　　）。

A. 某公司员工工资成本在所属行业中偏高，但员工离职率依然居高不下

B. 某制造公司利用了最新技术投入生产，但产品依然不受市场欢迎

C. 某公司高层管理者发现几名工作业绩突出的员工，在升职考核中却分数很低

D. 某公司发现在业务量没有大幅上涨的情况下，员工却普遍性需要加班，员工满意度很低

2. 以下不属于人力资源管理诊断流程的是（　　）。

A. 拟定调研方案　　B. 开展调研活动

C. 诊断分析　　D. 诊断反馈

E. 撰写诊断报告　　F. 撰写项目建议书

3. 人力资源管理诊断中需要进行调研，常用的调研方法有（　　）。

A. 访谈法　　B. 专家意见法　　C. 观察法　　D. 问卷调查法

E. 个别访谈法　　F. 实验法

4. 薪酬管理咨询一般包括（　　）。

A. 内部公平性　　B. 外部公平性　　C. 薪酬水平　　D. 薪酬结构

E. 员工满意度

5. 进行薪酬水平定位时，通常需要根据劳动力市场中竞争对手的薪酬水平来考虑，

一般可以有（　　）策略可以选择。

A. 领先型　B. 跟随型　C. 滞后型　D. 竞争型

E. 垄断型

6. 以下属于绩效管理咨询内容的是（　　）。

A. 设计绩效管理制度　B. 建立绩效指标库

C. 编制当期考核量表　D. 辅导实施一次考核

E. 绩效管理面谈

7. 关键绩效指标（KPI）主要的来源有（　　）。

A. 从公司战略和部门目标提取 KPI

B. 从公司业务中提取 KPI

C. 从部门或岗位所承担职责中提取 KPI

D. 从内、外部客户需求提取 KPI

E. 从工作计划中提出 KPI

8. 咨询项目评估的主体包括（　　）。

A. 客户高层领导　B. 客户中层领导

C. 客户公司普通员工　D. 项目经理

E. 项目组成员

9. 客户对项目评价的指标主要有（　　）。

A. 满意度指标　B. 实施应用指标

C. 利润率　D. 市场占有率

E. 员工流失率

10. 咨询项目自我评估的主要内容包括（　　）。

A. 咨询质量是否得到有效控制　B. 咨询利润是否得到实现

C. 是否获取了相关咨询经验　D. 项目组成员是否满意

E. 项目组成员是否获得足够成长

# 项目六

# 劳务派遣服务

## 【项目导入】

### 一、主题案例

2010年12月26日，山东省某市人民医院的一名护士称，自己和300多个非在编的姐妹将被迫与劳务派遣公司签订劳动合同，劳动合同签订后便与医院没有关系，同工同酬不但无法实现，还可能随时面临失业，她们“被派遣”了。当日下午，记者来到某市，联系到了线索提供人小张（化名），她告诉记者，12月24日下班后，医院就通知她们说周六周日要和某经济技术有限公司签订劳动合同，同时小张也向记者说出了她的顾虑：“如果签了劳动合同就是公司派遣来的人了，和医院就没有关系了，我们不是医院的，一旦出现医疗事故，岂不是要自己承担全部责任?”医院一方认为，签订劳动合同全是自愿，并称使用派遣形式只为给护士们投保。某市人民医院政工科主任告诉记者，医院是好心，只是员工不理解。根据主任介绍，合同都是自愿签的，医院的出发点是为了给不在编的护士投保，但是护士们不理解，以为签了劳动合同就是别的公司的人，其实还是在医院工作。非在编护士是合同工不是医院系统内的人，签了劳动合同待遇会提升，以前她们一个月四五百，签了劳动合同后按学历发工资，中专一个月800元，大专一个月900元，本科生一个月1 000多元。且据主任说经过医院多次和这些护士沟通后她们基本上都签了。

### 二、学习目标

1. 了解劳务派遣相关知识。
2. 了解劳务派遣典型任务及操作要求。

3. 具备辅助完成劳务派遣业务的技能。

## 任务一　劳务派遣业务洽谈

### 一、知识准备

#### （一）业务的洽谈流程

##### 1. 明确客户服务需求

劳务派遣就是劳务派遣单位根据用工单位的用人需求，将符合要求的员工派遣到用工单位，然后收取一定费用的行为。因此用工单位的需求是劳务派遣单位开展业务活动的前提，只有明确了用工单位的需求，才能保证派遣的服务质量及经济效果。明确用工单位需求，主要是对用工单位派遣需求的范围、特征、数量、期限等进行详细确认。明确需求的内容如下。

第一，明确用工单位采用劳务派遣方式的原因。

第二，明确用工单位使用派遣人员的期限、所从事的岗位（工种）、技能、工作数量、质量要求。

第三，明确用工单位使用派遣人员所执行的工时制度和提供的待遇。

##### 2. 分析考察客户情况

当与用工单位达成了初步的合作意向后，劳务派遣单位还需要对用工单位的基本情况进行分析考察，防止盲目输出，并为后续的服务执行提供保证。分析考察的内容如下。

第一，用工单位的企业性质、规模、经营状况、产品及相关资源。

第二，用工单位的发展历史、企业文化、经营理念。

第三，用工单位的信用状况、行业口碑。

第四，用工单位的相关管理制度。

第五，派遣员工工作场所的职业安全、卫生状况和食宿条件。

详细了解和掌握用工单位的实际情况，是切实保障用工单位和劳动者合法权益的关键，只有深入了解和掌握用工单位的具体情况，才能为用工单位选派符合要求的员工，才能为用工单位提供既符合劳动人事管理法规规定，又能使用工单位和劳动者满意的规范的劳务派遣管理和服务。

### 3. 双方洽谈派遣方案

劳务派遣方案，是劳务派遣单位与用工单位进行合作的基础。劳务派遣单位在了解用工单位的需求和掌握相关具体情况的基础上，拟订并向用工单位提交切合实际、以劳动人事管理政策法规为依据、以劳务派遣日常管理为主要内容，包括劳务派遣实施步骤、主要业务工作程序在内的具体实施方案，以此作为用工单位和劳务派遣单位在实施劳务派遣期间相互合作的基础。

劳务派遣单位与用工单位就派遣方案达成一致意见，需经过一定的程序，图 6-1 清晰地展现了这一洽谈过程。

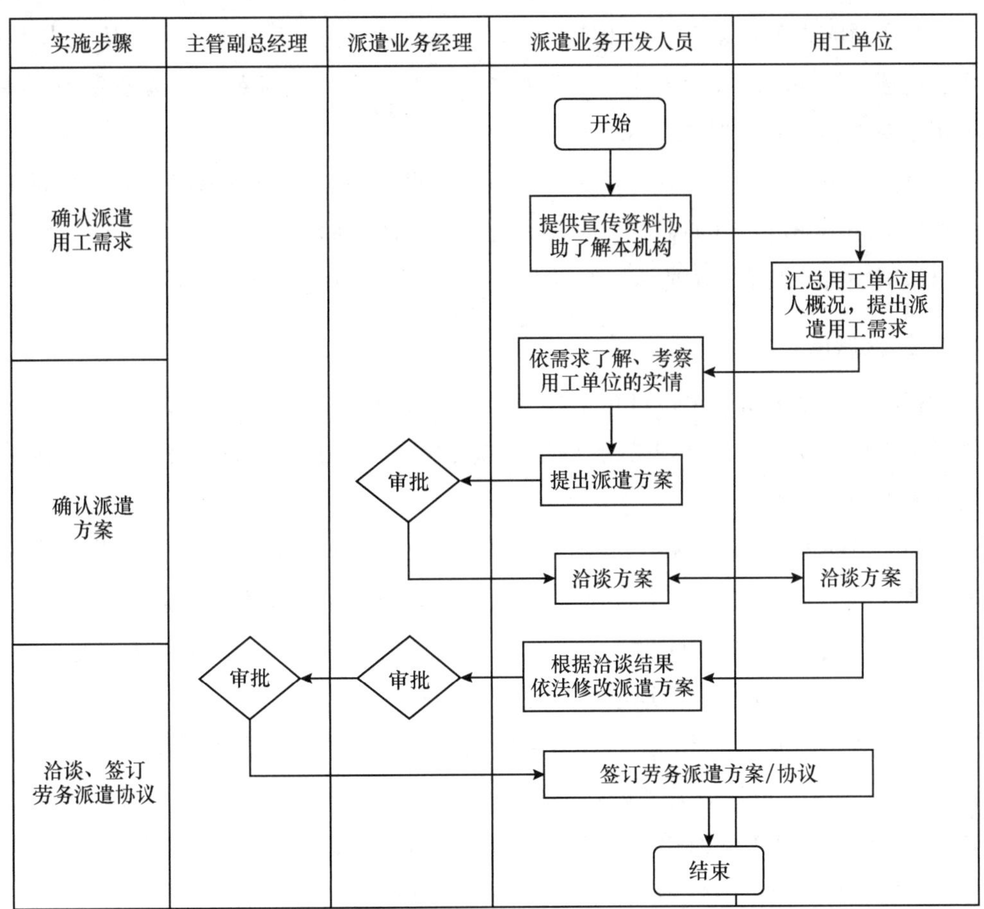


图 6-1 劳务派遣单位与用工单位洽谈派遣方案的过程图

### （二）劳务派遣用工形式

#### 1. 完全派遣

完全派遣是指由劳务派遣单位负责整套员工派遣管理服务工作，包括人才招募、选拔、培训、绩效评价、报酬与福利、安全与健康等。

在完全派遣的模式下，用工单位只需将用人的条件向劳务派遣单位提出来即可，具体的招聘、管理和培训工作将由劳务派遣单位负责完成，而劳务派遣单位利用自己在劳动力市场中积累的资源，以及人力资源专业化管理的优势，使用工单位从烦琐的人事工作中解脱出来，在降低用工单位管理成本的同时，使用工单位更专注于核心业务，提高用工单位的效率。因此，目前完全派遣的需求越来越大。

完全派遣的积极意义是完全派遣中劳务派遣单位承担一条龙服务，包括人力资源招聘、选拔、培训、绩效考核等，可保证派遣人员的质量，避免人员素质参差不齐，方便用工单位和劳务派遣单位的管理。

完全派遣服务的风险表现在：①完全派遣中劳务派遣单位管理服务的工作量大，自然要面临和承担更多的风险，如法律风险、管理风险、财务风险、经营风险等；②完全派遣中劳务派遣单位要承担的成本较高，面临着收益风险。

#### 2. 转移派遣

转移派遣是指由用工单位自行招聘、选拔、培训应聘员工，再由劳务派遣单位与应聘员工签订劳动合同，并由劳务派遣单位负责这些员工的报酬、福利、绩效评估、劳动纠纷处理等事务。

转移派遣的适用情况表现在：当用工单位面临兼并或重组产生大量人员岗位变动、调动的情况时，可以通过转移派遣将这些员工的劳动关系转移给劳务派遣单位，由劳务派遣单位与这些员工签订劳动合同，用工单位再返租这些人员作为劳务工使用，以此帮助用工单位更加方便灵活地进行员工岗位调整和调动。

转移派遣的积极意义是：①转移派遣减轻了劳务派遣单位的工作量，劳务派遣单位只需对派遣人员的劳动关系进行管理，免去了前期的招聘、面试、培训等流程；②转移派遣降低了劳务派遣单位招聘、培训的费用和时间成本，派遣人员全部来自用工单位，劳务派遣单位不需要发布招聘广告，也不需要进行员工培训；③转移派遣可以消除劳务派遣单位派遣人员的录用风险，避免了来自用工单位招聘需求的压力，解决了人员的到岗率、及时率等一系列问题。

转移派遣服务的风险是：用工单位使用转移派遣的目的如果只是为了大量裁员以

此降低用工成本和风险，就会导致劳务派遣单位在协议中承担各种不规范操作导致的风险，而且企业随意裁员退员还存在产生大量纠纷的可能。

### 3. 短期派遣

短期派遣是指劳务派遣单位为用工单位临时需要一名或数名员工而提供的一种派遣服务，是人力资源外包服务的一种形式，这些派遣员工与劳务派遣单位签订劳动合同。

一般来讲，短期派遣的形式主要有依据一定期限租赁人才和以完成某一工作项目为依据来租赁人才两种。对于一些企业来讲，一年当中某些时段对人才的需求高于平时，如业务部门因公司扩大宣传，需要适时补充人员来满足业务需求，此时，采取短期派遣的方式便可为企业在人力资源上省去一些成本。

此外，短期派遣员工可以取代那些因病假、事假、产假、年休假等诸多原因而不能正常上岗的长期员工。

短期派遣的积极意义表现在：①相比传统单一的雇佣方式，短期派遣要更加方便灵活，因而成为不少用工单位弥补间接性人员短缺的最佳方式，劳务派遣单位提供短期派遣服务可以获得较大的收益；②短期派遣为劳务派遣单位安置其他用工单位退回的派遣员工提供了一条良好的解决途径；③短期派遣一定程度上分散了劳务派遣单位安置其他用工单位退回的派遣员工所带来的风险。

短期派遣服务的风险是短期派遣服务虽然对用工单位、劳务派遣单位、派遣员工本身来说都有一定的好处，但同时也存在很大的风险，尤其是遇到大量的派遣员工退回，不仅会增加安置成本，还存在产生大量纠纷的可能。另外，对于大量的短期派遣员工，派遣服务质量也是一个很大考验。

## 二、任务要求

### 1. 具体任务要求

工作场景：由于A公司业务量增加，需要招聘一批投递员，负责招聘的王刚想通过劳务派遣招聘，解决现在的燃眉之急。于是他联系了人力资源服务市场的肖红，想了解劳务派遣要怎么做……假如你是肖红，现在需要拟订一份劳务派遣洽谈提纲，以了解A公司的情况和具体需求，为后面开展劳务派遣洽谈和设计劳务派遣方案做准备。

具体任务：设计劳务派遣洽谈提纲。

### 2. 完成任务所需业务工具

客户需求登记表见表6-1。

表 6-1　　客户需求登记表

<table>
<tr><td>概述</td><td>（与用工单位有关人员进行沟通，以进一步了解项目有关情况，同时表示合作意愿）</td></tr>
<tr><td rowspan="3">要点</td><td>（了解目前情况及用工单位情况）</td></tr>
<tr><td>（了解客户需要哪些方面的服务）</td></tr>
<tr><td>（重要信息或注意事项）</td></tr>
</table>

## 三、任务评价指标和标准

"设计劳务派遣洽谈提纲"任务评价指标和标准

| 序号 | 内容 | 评分标准 | | | |
|---|---|---|---|---|---|
| | | 优<br>（90~100分） | 良<br>（80~89分） | 中<br>（70~79分） | 差<br>（60~69分） |
| 1 | 条理性<br>（30%） | 内容条理清晰，逻辑性强 | 内容条理清晰，有一定的逻辑性 | 内容条理比较清楚，逻辑性一般 | 内容条理不清晰，没有逻辑性，还需修改完善 |
| 2 | 可行性<br>（30%） | 内容可操作性强，语句通顺，语言准确 | 内容可操作性一般，语句较为通顺 | 内容可操作性有待提高，语言/语句有些拗口 | 内容可操作性差，语言/语句需要修改 |
| 3 | 规范性<br>（40%） | 内容非常符合业务洽谈和相关法律法规的要求 | 内容比较符合业务洽谈和相关法律法规的要求 | 内容符合业务洽谈和相关法律法规的要求，有1处错误 | 内容不符合业务洽谈和相关法律法规的要求，有2处以上错误，需要修改 |
| 得分 | | | | | |

# 任务二　签订劳务派遣合同与劳务派遣协议

## 一、知识准备

在劳务派遣这一用工形式中，涉及三方主体：劳务派遣单位、用工单位、被派遣员工。其中，劳务派遣单位与被派遣员工之间属于劳动关系，因此，劳务派遣单位需与被派遣员工签订劳动合同（以下称劳务派遣合同）；劳务派遣单位与用工单位之间属于合同关系，双方签订劳务派遣协议；用工单位与被派遣员工之间是基于劳务派遣协议所产生的一种劳务用工关系。三方关系如图6-2所示。

在劳务派遣的三方关系中，各主体需明确劳务派遣中各自的角色及各自之间的法律关系，据此来签订有关的文本，切不可混淆关系，以免产生不必要的麻烦。

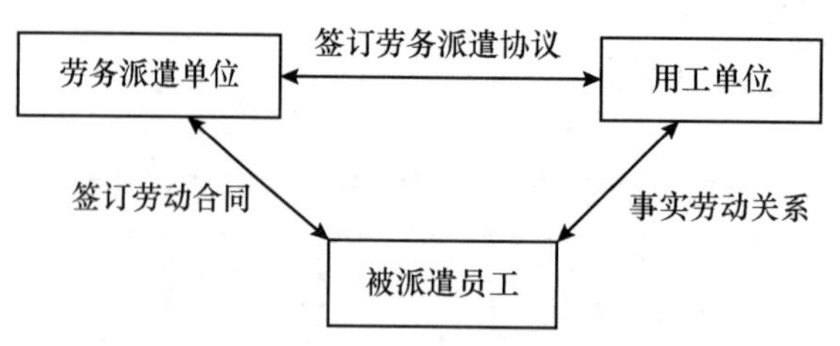


图 6-2　劳务派遣三方关系图

## （一）劳务派遣合同

### 1. 劳务派遣合同的订立

《中华人民共和国劳动合同法》（以下简称《劳动合同法》）第五十八条第一款规定："劳务派遣单位是本法所称用人单位，应当履行用人单位对劳动者的义务。劳务派遣单位与被派遣劳动者订立的劳动合同，除应当载明本法第十七条规定的事项外，还应当载明被派遣劳动者的用工单位以及派遣期限、工作岗位等情况。"也就是说，劳务派遣单位与被派遣劳动者订立的劳动合同的必备条款包括以下十二个方面的内容。

第一，用人单位的名称、住所和法定代表人或者主要负责人；

第二，劳动者的姓名、住址和居民身份证或者其他有效证件号码；

第三，劳动合同期限；

第四，工作内容和工作地点；

第五，工作时间和工作地点；

第六，劳动报酬；

第七，社会保险；

第八，劳动保护、劳动条件和职业危险防护；

第九，法律、法规规定应当纳入劳动合同的其他事项；

第十，被派遣劳动者的用工单位；

第十一，被派遣劳动者的派遣期限；

第十二，被派遣劳动者在用工单位的工作岗位。

签订的劳务派遣合同中，除内容条款须符合《劳动合同法》的规定外，有以下四点需要引起注意。

第一，派遣内容。劳务派遣合同应当载明被派遣劳动者的用工单位以及派遣期限、工作岗位等情况。

第二，合同期限。劳务派遣单位应当与被派遣劳动者订立二年以上的固定期限劳动合同。

第三，费用问题。劳动派遣单位应按月支付劳动报酬；被派遣劳动者在无工作期间，劳务派遣单位应当按照所在地规定的最低工资标准，向其按月支付报酬；劳务派遣单位跨地区派遣劳动者的，被派遣劳动者享有的劳动报酬和劳动条件，按照用工单位所在地的标准执行；劳务派遣单位和用工单位不得向被派遣劳动者收取费用。

第四，社会保险问题。劳务派遣单位应按照法律的规定为被派遣劳动者缴纳社会保险费。

下面是一份劳务派遣合同的范本（见表6-2），供参考。

表6-2　劳务派遣合同

| 文本名称 | 劳务派遣合同 | 编号 | |
|---|---|---|---|

甲乙双方根据相关法律规定，在平等自愿、协商一致的基础上订立本合同。

一、合同的主体情况

甲方（劳务派遣单位）：　　乙方（被派遣员工）：

法定代表人（或主要负责人）：　　身份证号码：

注册地址：　　户籍地址：　　现居地址：

联系电话：　　联系电话：

邮政编码：　　邮政编码：

二、合同期限

劳动合同期限自____年____月____日至____年____月____日止。自____年____月____日至____年____月____日为试用期。

三、工作内容、工作地点及要求

1. 甲方派遣乙方工作的用工单位名称：________________________。

2. 乙方同意根据用工单位工作需要，从事____________工作，乙方的工作区域或工作地点在________________________。

3. 乙方按用工要求应达到以下工作标准：

________________________________________________________________

________________________________________________________________

四、工作时间和休息休假

1. 用工单位安排乙方执行__________工时制度。

2. 甲方和用工单位对乙方实行的休假制度有________________________。

五、劳动报酬

1. 甲方每月____日前以货币形式支付乙方工资，月工资为____元，乙方在试用期的工资为____元，甲乙双方对工资的其他约定为____________。

2. 甲方未能安排乙方工作或被用工单位退回期间，按照当地最低工资标准支付乙方报酬。

六、劳动条件和工作纪律

1. 乙方在被派遣单位工作期间，按岗位（工种）享受劳动保护用品待遇。

续表

| 2. 在合同期间乙方违反被派遣单位管理规章或操作规程给被派遣单位造成经济损失或损害声誉的，按被派遣单位的有关规定，由乙方负责赔偿。<br>3. 乙方应承担保密义务，不得以任何形式向外界提供或泄露被派遣单位的商业机密，保障被派遣单位的合法权益，维护被派遣单位的利益和社会声誉，造成不良影响的，由乙方承担责任。<br>七、社会保险<br>1. 甲方根据法律、行政法规负责办理乙方的养老、医疗、工伤、失业、生育、住房公积金等有关手续。<br>2. 甲方为乙方提供以下福利待遇______________________________。<br>八、劳动合同变更、解除、终止<br>1. 甲乙双方变更、解除、终止劳动合同依据《劳动合同法》和有关法律法规规定执行。<br>2. 甲方在解除或终止本合同时，为乙方出具解除或者终止劳动合同的证明，并在____天内为乙方办理社会保险关系和住房公积金关系转移手续。<br>3. 乙方按照双方约定，办理工作交接，甲方应当支付经济补偿的，在办结工作交接时支付。<br>九、违约责任<br>任何一方违反本合同规定，给对方造成经济损失，应视其后果和责任大小按有关规定予以赔偿。<br>十、劳动争议处理<br>1. 因履行本合同发生的劳动争议，甲乙双方应协商解决，协商、调解不成，可向当地仲裁机构申请仲裁或向人民法院提起诉讼。<br>2. 本合同未尽事宜或与今后国家和当地有关规定相悖的，按有关规定执行。<br>3. 本合同一式两份，甲乙双方各执一份，双方签字，盖章生效。<br>甲方（公章）　　　　　　　　　　　　　　乙方（签字或盖章）<br>日期：　　　　　　　　　　　　　　　　　日期： | | | | | |
|---|---|---|---|---|---|
| 编制日期 | | 审核日期 | | 批准日期 | |
| 修改标记 | | 修改处数 | | 修改日期 | |

### 2. 劳务派遣合同的变更

劳动合同是用来明确用人单位与劳动者之间各自应该履行的义务以及应当享有的权利的一种协议。劳动合同的订立应该遵守相应的订立原则，劳动合同一经签订，双方就应当自觉遵守。劳动合同在履行过程中，可以变更合同条款。需要变更的事宜，由双方协商解决，经双方协商一致对合同进行修改、补充。劳务派遣合同也是如此。

（1）变更的主体

劳务派遣合同是劳务派遣单位与劳动者签订的劳动合同，变更合同只能在劳务派遣单位与劳动者之间执行。

（2）变更的情形

劳动合同条款的变更通常可分为法定变更和协商变更两种，具体有以下几种情形。

第一，试用期内。

第二，劳动合同双方当事人在平等自愿、协商一致后达成新的协议变更原有的约定。

第三，签订劳动合同时的法律、行政法规发生变化，劳动合同的相关条款应作相应变更。

第四，劳动者患病或非因工负伤，医疗期后不能从事原工作。

第五，劳动者不能胜任工作，用人单位对其工作岗位予以调整。

第六，发生不可抗力或出现致使劳动合同全部或部分条款无法履行的其他情况，如企业发生分立、合并、迁移、被兼并、企业资产转移、转产转型、技术改造后某些岗位消失等。

（3）内容效力

劳动派遣合同变更后，变更后的新条款即取代原条款，原条款失去法律效力，但是变更合同时未予变更的旧条款依然有效。

### 3. 劳务派遣合同的解除

劳务派遣合同的解除是指合同双方在合同到期之前提前终止劳务派遣合同的法律效力，解除双方的权利义务关系的行为。

（1）被派遣员工辞职

对被派遣员工来说，辞职存在着两种形式，即《劳动合同法》的第三十六条、第三十八条规定的形式。《劳动合同法》第六十五条对此的规定是：“被派遣劳动者可以依照本法第三十六条、第三十八条的规定与劳务派遣单位解除劳动合同。”

《劳动合同法》第三十六条规定，用人单位与劳动者协商一致，可以解除劳动合同。

《劳动合同法》第三十八条规定，用人单位有下列情形之一的，劳动者可以解除劳动合同：未按照劳动合同约定提供劳动保护或者劳动条件的；未及时足额支付劳动报酬的；未依法为劳动者缴纳社会保险费的；用人单位的规章制度违反法律、法规的规定，损害劳动者权益的；因本法第二十六条第一款规定的情形致使劳动合同无效的；法律、行政法规规定劳动者可以解除劳动合同的其他情形。用人单位以暴力、威胁或者非法限制人身自由的手段强迫劳动者劳动的，或者用人单位违章指挥、强令冒险作业危及劳动者人身安全的，劳动者可以立即解除劳动合同，不需事先告知用人单位。

（2）劳务派遣单位解除合同

劳务派遣单位是劳动合同上的用人单位，解除劳动合同应当遵守法律上对用人单位的规定。

《劳动合同法》第六十五条第二款规定：“被派遣劳动者有本法第三十九条和第四

十条第一项、第二项规定情形的，用工单位可以将劳动者退回劳务派遣单位，劳务派遣单位依照本法有关规定，可以与劳动者解除劳动合同。

按照上述规定，被派遣劳动者有下列情形之一的，用工单位可以将被派遣劳动者退回劳务派遣单位：

1）在试用期间被证明不符合录用条件的；

2）严重违反用人单位的规章制度的；

3）严重失职，营私舞弊，给用人单位造成重大损害的；

4）被派遣劳动者同时与其他用人单位建立劳动关系，对完成本用工单位的工作任务造成严重影响，或者经用工单位或劳务派遣单位提出，拒不改正的；

5）因被派遣劳动者以欺诈、胁迫手段或乘人之危使劳务派遣单位在违背真实意思的情况下订立或者变更劳动合同，致使劳动合同无效的；

6）被依法追究刑事责任的；

7）被派遣劳动者患病或者非因工负伤，在规定的医疗期满后不能从事原工作，也不能从事由用工单位另行安排的工作的；

8）被派遣劳动者不能胜任工作，经过培训或者调整工作岗位，仍不能胜任工作的。

下面是一则解除劳务派遣合同协议，是在办理劳务派遣合同解除事宜时会用到的表单（见表6-3）。

表 6-3　　解除劳务派遣合同协议

| 文本名称 | 解除劳务派遣合同协议 | 编号 | |
|---|---|---|---|

甲方：__________有限公司（以下称为甲方）

乙方：__________（以下称为乙方）

乙方于____年____月____日与甲方签订为期2年的劳务派遣合同，该劳动合同期限为____年____月____日至____年____月____日，现甲乙双方同意解除劳动合同关系。双方经协调一致，达成以下协议。

一、自____年____月____日起，双方签订的劳动合同予以解除，双方的权利义务随之终止。

二、甲方按照相关劳动法规规定以及劳动合同书约定的条款，对经济补偿金做如下决定。

（1）不予支付经济补偿金。

（2）按照合同规定，支付经济补偿金共计____月工资合计____元。

三、甲方为乙方缴纳社会保险费至____年____月____日止。

四、甲方根据相关劳动法规和规定，向乙方提供劳动合同解除的证明并办理相关离职手续。

五、乙方应当于本协议签订后____日内妥善办理所有工作移交手续，离职后不得作出有损公司名誉或利益之行为，否则将承担相应的法律责任及所造成的全部损失。

六、本协议书一式二份，甲、乙双方各执一份。

甲方（盖章）：　　　　乙方（签字或盖章）：

____年____月____日　　　　____年____月____日

## （二）劳务派遣协议

### 1. 劳务派遣协议的订立

（1）劳务派遣协议订立的主体和内容

《劳动合同法》第五十九条第一款规定："劳务派遣单位派遣劳动者应当与接受以劳务派遣形式用工的单位（以下称用工单位）订立劳务派遣协议。劳务派遣协议应当约定派遣岗位和人员数量、派遣期限、劳动报酬和社会保险费的数额与支付方式以及违反协议的责任。"这一规定明确了劳务派遣协议订立的主体和内容。

根据《劳务派遣暂行规定》，劳务派遣协议应当包括以下内容：

1）派遣的工作岗位名称和岗位性质；

2）工作地点；

3）派遣人员数量和派遣期限；

4）按照同工同酬原则确定的劳动报酬数额和支付方式；

5）社会保险费的数额和支付方式；

6）工作时间和休息休假事项；

7）被派遣的劳动者工伤、生育或者患病期间的相关待遇；

8）劳动安全卫生以及培训事项；

9）经济补偿等费用；

10）劳务派遣协议期限；

11）劳务派遣服务费的支付和标准；

12）违反劳务派遣协议的责任；

13）法律、法规、规章规定应当纳入劳务派遣协议的其他事项。

（2）需注意的问题

**情景导读**

为了提升企业整体形象，某公司领导打算雇佣一名小时工来专门负责公司内务的整理，包括打扫卫生、浇花等，考虑到这一工作的特性，即每天只需工作2小时且工作内容比较简单，所以该公司领导想让当地一家劳务派遣公司给他们派遣一名小时工，公司按每天2小时的工作量为其支付工资。但该劳务派遣公司回复说，他们做不了小时工的劳务派遣业务。试问，该劳务派遣公司的说法正确吗？

该例中的小时工，可以理解为非全日制用工。劳务派遣是一种特殊的用工形式，有着自身的特点。《中华人民共和国劳动合同法实施条例》第三十条规定，劳务派遣单位不得以非全日制用工形式招用被派遣劳动者。因此，上例中劳务派遣公司的说法是正确的。

劳务派遣单位在与用工单位签订劳务派遣协议时，需在协议中明确相关内容，以防止责任约定不清招致的风险。具体而言，在签订劳务派遣协议时需注意以下问题。

1）明确派遣岗位和人员数量。对于被派遣员工的基本信息应予以明确；同时，对于工作岗位的基本情况，在协议中也应具体说明。

2）明确劳务派遣期限。《劳动合同法》第五十九条第二款规定："用工单位应当根据工作岗位的实际需要与劳务派遣单位确定派遣期限，不得连续用工期限分割订立数个短期劳务派遣协议。"

3）明确劳动报酬和社会保险费的数额与支付方式。劳务派遣作为一种三方关系，企业作为用工单位与劳务派遣单位，应在协议中明确被派遣员工劳动报酬和社会保险费的数额与支付方式，防止发生纠纷时出现责任不明的情况。

4）明确违反协议的责任。由于劳务派遣协议的双方当事人为用工单位与劳务派遣单位，若被派遣员工的权益在被派遣岗位上受损，则用工单位与劳务派遣单位必须承担连带赔偿责任。

下面是一份劳务派遣协议范本（见表6-4），供参考。

表6-4　劳务派遣协议

| 文本名称 | 劳动派遣协议书 | 编号 | |
|---|---|---|---|

甲方（用工单位）：　　　　　　　　　乙方（劳务派遣单位）：

地址：　　　　　　　　　　　　　　　地址：

甲乙双方本着平等自愿、协商一致、公平公正、诚实信用的原则，根据《中华人民共和国劳动合同法》及《劳动派遣暂行规定》等有关法律法规规定，签订本协议，并承诺共同遵守。

一、协议期限

本协议自____年____月____日起至____年____月____日止。

二、派遣岗位、人数和期限

1. 甲方需要接受劳务派遣人员的岗位和人员数量如下：

岗位为____；人数为____人，工作内容为________________，工作地点为________________，派遣期限自____年____月____日起至____年____月____日止。

2. 乙方按照甲方用工需求，负责推荐符合条件的劳务派遣人员供甲方择优使用。乙方承担对劳务派遣人员的用人单位义务，甲方承担对接受的劳务派遣人员的用工单位连带责任义务。

3. 甲方承诺，以上岗位工种符合国家关于劳务派遣一般在临时性、辅助性或者替代性的工作岗位上实施的要求，并保证没有将连续用工期限分割订立数个短期劳务派遣协议的情形。

续表

三、工作时间和休息休假

1. 工作时间：被派遣员工在甲方实行（□标准□综合计算□不定时）工时工作制。其中，标准工时工作制度为每天工作____小时，每周休息日为____；实行综合计算工时工作制或不定时工时工作制的，由甲方负责向乙方提供报经劳动行政部门批准的行政许可决定，并告知劳务派遣人员。

2. 休息、休假：按国家和甲方的____规定执行。

3. 甲方负责保障被派遣员工享有法定休息休假权利。甲方因工作需要安排被派遣员工延长工作时间或在节假日加班的，应当征得其同意，并依法安排调休或支付加班加点工资。

四、劳动报酬

1. 被派遣员工享有与甲方相同或相近岗位劳动者同工同酬和福利待遇的权利。乙方不得克扣甲方支付给被派遣员工的劳动报酬。

2. 乙方与甲方商定的被派遣员工工资发放日为每月____日，工资发放形式为（□由乙方发放□由甲方直接发放□由乙方或甲方委托银行发放）

3. 乙方与甲方协商确定，被派遣员工的工资标准采用以下第____种方式：

（1）实行月薪制，每月为____元，具体办法按照甲方规定执行；

（2）实行基本工资和绩效奖金相结合的工资分配方法，基本工资为每月____元，绩效奖金考核发放办法根据甲方规定执行；

（3）实行计件工资制，计件工资的劳动定额管理按照甲方的规定执行，定额单价为____元。

五、社会保险

被派遣员工的社会保险由乙方负责，乙方应当给被派遣员工按时足额缴纳各项社会保险费，其中被派遣员工应缴纳的社会保险费由乙方代为扣缴。

六、劳动保护和职业危害防护

1. 甲方保证执行国家劳动标准，提供相应的劳动条件和劳动保护，甲乙双方共同负责教育被派遣员工遵守国家和甲方规定的劳动安全规程。

2. 甲方安排被派遣员工的工作若属于国家规定的有毒、有害、特别繁重或者其他特种作业的，甲方负责定期安排被派遣员工进行健康检查。

3. 被派遣员工因工作遭受事故伤害或患职业病，甲乙双方均有责任及时救治，承担保障其依法享受各种工伤保险及相关待遇的连带义务。乙方应按规定为被派遣员工申请工伤认定和劳动能力鉴定。

4. 被派遣员工患病或非因工负伤，甲乙双方共同承担保障其享受国家规定的医疗期和相应的医疗待遇的连带义务。

七、被派遣员工退回

1. 有下列情况之一的，派遣期间，甲方不得退回被派遣员工，派遣期满的，应当延续至相应的情形消失时终止。

（1）从事直接接触职业病危害作业的被派遣员工未进行岗前职业健康检查，或者疑似职业病病人在诊断或医学观察期间的；

（2）被派遣员工在本单位患职业病或者因工负伤并被确认丧失或者部分丧失劳动能力的。

（3）被派遣员工患病或者非因工负伤，在规定的医疗期内的。

（4）被派遣女员工在孕期、产期、哺乳期的。

（5）法律、行政法规规定的其他情形。

续表

2. 有下列情况之一的，甲方可以退回被派遣员工或者要求乙方更换被派遣员工，且不用支付赔偿金。

（1）被派遣员工在试用期间被证明不符合录用条件的。

（2）被派遣员工严重违反甲方的规章制度的。

（3）被派遣员工严重失职、营私舞弊，给甲方造成重大损害的。

（4）被派遣员工被依法追究刑事责任的。

（5）被派遣员工派遣期满。

3. 有下列情况之一的，甲方可以退回被派遣员工，但是应当提前 30 日通知乙方和被派遣员工本人，符合法律法规关于辞退员工需支付经济补偿的情形，甲方应按照相关法律法规的标准支付相应的经济补偿金。

（1）甲方濒临破产进行法定整顿期间或者生产经营状况发生变化，确实需要裁减人员。

（2）被派遣员工患病或者非因工负伤，在规定的医疗期满后不能从事原工作，也不能从事由甲方另行安排的工作的。

（3）被派遣员工不能胜任工作，经过培训或者调整工作岗位，仍不能胜任工作的。

八、劳务派遣服务相关费用

甲方应当承担的相关费用主要有以下几项：

1. 支付乙方的劳务派遣服务费，标准为每人每月____元，甲方支付给乙方的劳务派遣服务费，乙方必须开具正式发票。

2. 被派遣员工的劳动报酬和福利待遇。

3. 甲方应承担的被派遣员工工伤事故费用。

4. 由于甲方原因导致被派遣员工被裁减或辞退而发生的经济补偿金。

九、协议解除与终止

任何一方若提前解除或终止协议，应提前 1 个月以书面形式通知对方，经双方同意后方可执行，并协助对方处理相关善后事宜。

十、争议处理

1. 甲、乙双方对本协议若有争议，应本着友好协商和妥善处理的原则加以解决，如协商不成，则由本协议履行地的人民法院裁决。

2. 甲方与被派遣员工发生劳务争议，应先由甲方与被派遣员工协商，如果双方协商不成，由甲方、乙方和被派遣员工三方协商；如果三方协商不成，乙方负责处理涉及劳动、司法等部门的相关事宜。

十一、违约责任

1. 甲方无故拖欠乙方费用的，每日应按拖欠部分____%的标准向乙方支付违约金。若甲方拖欠数额达一个月以上，乙方有权解除本协议，并依法追回欠缴金额及违约金。

2. 因甲方拖欠费用导致被派遣员工薪酬未能结算时产生的相关责任由甲方承担。

3. 乙方因违约需承担违约金和经济赔偿的，甲方提供证明材料，经乙方核实同意后，甲方可在当期结算的费用中直接扣减。

十二、其他

1. 本协议一式两份，甲乙双方各执一份，自双方签字盖章之日起生效。

续表

<table>
<tr><td colspan="6">2. 本协议未尽事宜，法律法规有规定的，按法律法规规定执行；法律法规没有规定的，由双方协商解决，若双方协商不成或发生争议，应当依法处理。<br>甲方（盖章）： 乙方（盖章）：<br>法定代表人签字： 法定代表人签字：<br>（或委托代理人签字）： （或委托代理人签字）：<br>签订日期：____年____月____日 签订日期：____年____月____日</td></tr>
<tr><td>编制人员</td><td></td><td>审核人员</td><td></td><td>审批人员</td><td></td></tr>
<tr><td>编制时间</td><td></td><td>审核时间</td><td></td><td>审批时间</td><td></td></tr>
</table>

### 2. 劳务派遣协议的变更

劳务派遣协议的变更需要劳务派遣单位和用工单位双方协商决定，并需及时将变更内容告知被派遣劳动者。

劳务派遣协议变更需要注意的事项包括以下几个方面。

（1）变更协议必须经劳务派遣单位与用工单位协商一致，任何一方不能单方面变更协议，否则就构成违约。

（2）协议变更的内容必须明确，否则将视作无效，仍按原协议履行。协议当事人达成变更协议的协议后，按变更后的内容履行。

（3）协议的变更必须合法，不得违反法律、法规的规定。

### 3. 劳务派遣协议的解除

#### 情景导读

沿海地区某制造企业的员工大部分采用的是劳务派遣用工的形式。近段时间受外部市场环境的影响，该企业的生产线几乎处于停工状态。鉴于目前的情况，该企业想与劳务派遣公司解除劳务派遣协议，终止劳务派遣关系。请问该如何操作？

劳务派遣协议是劳务派遣单位与用工单位之间签订的，用于明确双方之间权利和义务的契约，其中也会涉及被派遣员工部分权利义务的内容。

一般而言，劳务派遣协议一经生效，协议双方均应履行协议的条款，不得无故解除或终止。对于劳务派遣协议的解除或终止，实践中更多的是来自劳务派遣单位与用工单位协商的结果。其示例如下：

符合下列条件之一的，本协议即告终止。

1. 本协议所约定的工作任务已经完成。

2. 订立协议时所依据的客观情况发生重大变化，致使本协议无法履行。

3. 略。

对于上例中企业能否解除劳务派遣协议，需要看签订的协议中是否有关于解除、终止条件的约定。如果目前的情况符合协议中约定的情形，则可解除或终止协议；如不符合解除、终止的条件，则可通过与劳务派遣单位协商解决的方式进行。

下面是两则解除劳务派遣协议书（见表 6–5、表 6–6），是在办理劳务派遣协议解除事宜时会用到的表单，供参考。

表 6–5　　解除劳务派遣协议书（一）

| 文本名称 | 解除劳务派遣协议书 | 编号 | |
|---|---|---|---|

甲方：（用工单位）____________________（以下称为甲方）

乙方：（劳务派遣单位）____________________（以下称为乙方）

甲乙双方于____年____月____日签订为期为____年的劳务派遣协议，现甲乙双方同意解除劳务派遣关系。经双方协商一致，达成如下协议。

1. 自____年____月____日起，双方终止《劳务派遣服务协议》，双方的权利义务随之终止。

2. 本协议的解除或终止，应当在妥善处理好被派遣员工合法权益的基础上进行，双方或一方违反法律规定解除或终止本协议，给被派遣员工造成损失的，应当按《劳动合同法》有关规定处理。

3. 本协议需要终止或解除，而甲方所使用的被派遣员工的工作期限尚未到期的，则协议到期终止，甲方配合乙方与被派遣员工协商解除劳动合同，如产生相关费用的，则由____方承担；同时甲方应向乙方提交被派遣员工的所有离职资料，乙方收到上述资料后办理离职手续。

4. 协议期内任何一方有违法或违反本协议约定的行为，损害另一方或被派遣员工利益的，受损方有权单方面解除本协议，解除通知自通知到达对方时生效。同时受损方有权要求另一方承担违约责任，赔偿受损方全部损失。

5. 本协议书一式两份，双方各执一份。

甲方（盖章）：　　　　　　乙方（盖章）：

____年____月____日　　　　____年____月____日

表 6–6　　解除劳务派遣协议书（二）

| 文本名称 | 解除劳务派遣协议书 | 编号 | |
|---|---|---|---|

甲方：（用工单位）____________________（以下称为甲方）

乙方：（劳务派遣单位）____________________（以下称为乙方）

经双方平等协商，就终止____年____月____日签订的《劳务派遣服务协议》达成如下协议。

1. 甲方对劳务派遣人员____________________终止用工不再续签用工合同，对于甲方不再续用的劳务派遣人员由乙方整体接收，另行安排工作。

2. 甲方应在____年____月____日前结清与乙方的费用，并于____年____月____日起终止支付一切费用。

3. 本协议书一式两份，双方各执一份。

甲方（盖章）：　　　　　　乙方（盖章）：

____年____月____日　　　　____年____月____日

## 二、任务要求

### 1. 任务具体要求

以小组为单位，制定模拟公司劳务派遣协议书。

### 2. 任务完成常用实际业务工具

劳务派遣服务报价函见表 6-7。

表 6-7　　劳务派遣服务报价函

| 服务项目 | | | | 报价 |
|---|---|---|---|---|
| 基本服务 | 1 | | 员工劳动关系转移及劳动合同的签订 | A 元/人/月（99 人以下）B 元/人/月（100~199 人）C 元/人/月（200~499 人）D 元/人/月（500 人以上）以上报价包含基本服务内容，如需增值服务另外享受优惠价格 |
| | 2 | | 员工劳动档案的建立及管理 | |
| | 3 | | 员工工资发放 | |
| | 4 | | 员工社会保险费的缴纳 | |
| | 5 | | 员工社会保险的享受及办理 | |
| | 6 | | 员工工伤、医疗保险风险转移 | |
| | 7 | | 员工住房公积金缴纳及提取 | |
| | 8 | | 员工的劳动争议处理 | |
| | 9 | | 员工宿舍提供及管理 | |
| | 10 | | 员工满意度提升（绩效考核、评优评先、员工职业规划） | |
| | 11 | | 员工关系维护（定期走访、交流会、疑难问题解答） | |
| | 12 | | 及时补充新增人员 | |
| | 13 | | 员工社会职能管理（党、工、团） | |
| | 14 | | 员工职业技能培训 | |
| | 15 | | 代办员工有关的证件 | |
| | 16 | | 办理员工商业保险手续 | |
| | 17 | | 人事法律、法规、政策咨询 | |
| | 18 | | 保险法律、法规、政策咨询 | |
| 增值服务 | 1 | 招聘 | 根据客户需要利用本派遣单位的渠道为客户发布招聘信息 | 面议 |
| | 2 | | 简历筛选，提供候选人 | |
| | 3 | | 组织应聘者考试与初试 | |
| | 4 | | 安排应聘人员复试 | |
| | 5 | | 个性化推荐（中端人才） | 八折优惠 |
| | 6 | | 猎头服务（高端人才） | 七折优惠 |

续表

| 服务项目 | | | | 报价 |
|---|---|---|---|---|
| 增值服务 | 7 | 团队建设 | 拓展训练 | 费用根据具体项目计算 |
| | 8 | | 针对性课题培训 | |
| | 9 | | 员工表彰大会 | |
| | 10 | | 人力资源管理咨询 | |

## 三、任务评价指标和标准

**"判定劳务派遣协议书"任务评价指标和标准**

| 序号 | 内容 | 评分标准 | | | |
|---|---|---|---|---|---|
| | | 优<br>（90~100 分） | 良<br>（80~89 分） | 中<br>（70~79 分） | 差<br>（60~69 分） |
| 1 | 内容合法性<br>（30%） | 内容非常符合业务洽谈和相关法律法规的要求 | 内容比较符合业务洽谈和相关法律法规的要求 | 内容符合业务洽谈和相关法律法规的要求，有 1 处错误 | 内容不符合业务洽谈和相关法律法规的要求，有 2 处以上错误，需要修改 |
| 2 | 要素完整性<br>（30%） | 要素很完整 | 要素比较完整，缺 1~2 个 | 要素不太完整，缺 3~5 个 | 要素不完整，缺 7~8 个 |
| 3 | 条款清晰性<br>（20%） | 内容条理清晰，逻辑性强 | 内容条理清晰，有一定的逻辑性 | 内容条理比较清楚，逻辑性一般 | 内容条理不清晰，没有逻辑性，要修改完善 |
| 4 | 表述逻辑性<br>（20%） | 内容可操作性强，语句通顺，语言准确 | 内容可操作性一般，语句较为通顺 | 内容可操作性有待提高，语言/语句有些拗口 | 内容可操作性差，语言/语句要修改 |
| 得分 | | | | | |

# 任务三　被派遣员工服务与管理

## 一、知识准备

### （一）被派遣员工入职管理

#### 1. 派遣对象的选择

劳务派遣用工是补充形式，只能在临时性、辅助性或者替代性的工作岗位上实施。关于劳务派遣的范围，《劳动合同法》第六十六条、《劳务派遣暂行规定》第三条都对其作出了明确的规定，具体劳务派遣用工范围如图 6-3 所示。

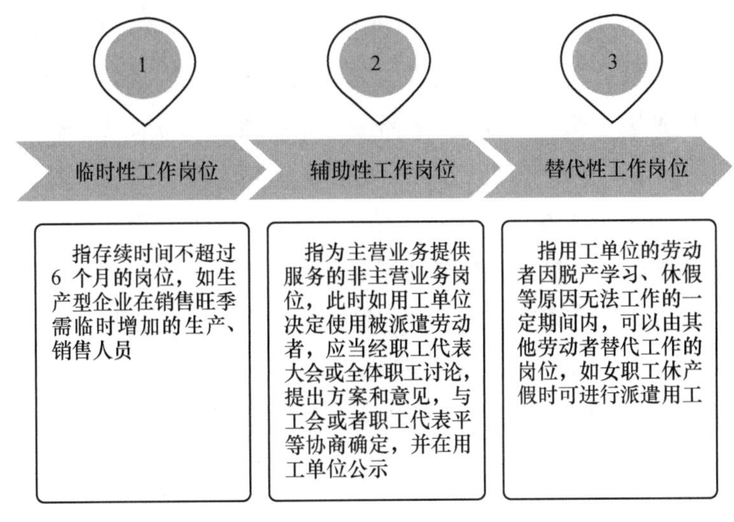


图 6-3　劳务派遣用工范围

#### 2. 派遣试用

试用期属于劳动合同期限的一部分，因此，试用期是隶属于劳动关系的。而在劳务派遣用工中，存在劳动关系的双方是劳务派遣单位与被派遣员工。因此，对于被派遣员工试用期的设置，只能由劳务派遣单位通过劳务派遣合同的方式来进行设定。

劳务派遣用工这一形式的特殊性在于被派遣员工实际上是为用工单位提供劳务，其是否胜任工作是由用工单位来考评的。在这种情况下，用工单位可以与劳务派遣单位约定试工期。在试工期内，由用工单位对被派遣员工是否胜任岗位进行评定，进而决定是否继续使用该被派遣员工。同时，用工单位将考核结果反馈至劳务派遣单位，以此作为试用期考核的评定依据。

3. 入职风险防范

劳务派遣单位有权了解与劳动合同直接有关的基本情况。在办理入职手续前，劳务派遣单位应对被派遣员工的基本信息进行核实，其核实的内容包括员工年龄、学历、工作经历、潜在疾病、是否与其他用人单位存在未到期的合同、竞业限制等方面。

（1）学历、工作经历等信息是否属实。一般而言，劳务派遣单位在招聘员工时，学历、工作经历、工作技能等信息是最基本的要求。虽然以欺诈、胁迫的手段或者乘人之危，使对方在违背真实意思的情况下订立或者变更的劳动合同属于无效合同，劳务派遣单位事后可与其解除劳动合同，但毕竟会付出一些额外的精力或产生其他方面的损耗。因此，劳务派遣单位在为员工办理入职手续时，需对员工必要的信息进行审核。

（2）是否存在潜在疾病或职业病。依据有关规定，劳动者只要与用人单位建立劳动关系，劳动者至少会有 3 个月的医疗期。在医疗期内，用人单位一般无法与劳动者解除劳动合同。即便医疗期满，与劳动者解除劳动合同，还需依照程序进行。

《劳动合同法》第四十条规定，劳动者患病或者非因工负伤，在规定的医疗期满后不能从事原工作，也不能从事由用人单位另行安排的工作的，用人单位提前 30 日以书面形式通知劳动者本人或者额外支付劳动者 1 个月工资后，可以解除劳动合同。

由此可见，员工入职前审查其是否存在潜在疾病或职业病很重要。

（3）是否与其他用人单位存在未到期的合同。《劳动合同法》第九十一条规定："用人单位招用与其他用人单位尚未解除或者终止劳动合同的劳动者，给其他用人单位造成损失的，应当承担连带赔偿责任。"因此，劳务派遣单位在招聘员工时，有必要查验其与先前单位解除或终止劳动合同的证明，以及能够证明该劳动者与任何单位都不存在劳动关系的证据，方可与其签订劳动合同。

（4）是否与其他单位存在竞业限制。对于一些知识型、技术型或从事某一管理岗位工作及掌握企业一定商业秘密的员工，单位一般在劳动合同中约定竞业限制条款，有的是签订专门的竞业限制协议。因此，劳务派遣单位在招聘员工时，应当对其是否与其他单位签订有竞业限制协议进行审核，确认拟招用的员工不存在上述义务时，方可与其签订劳动合同。

### （二）被派遣员工培训管理

#### 1. 员工岗前培训

根据劳务派遣员工的特点，岗前培训主要包括劳务派遣单位实施的岗前培训和用工单位实施的岗前培训。

劳务派遣单位实施的岗前培训的内容包括让员工了解三方关系、劳务派遣的优势、公司的管理制度、工作职责与要求、用工单位管理制度等。

用工单位对被派遣员工培训的内容主要包括企业整体培训、部门岗位培训和岗位实地训练三个方面。企业整体培训内容包括企业发展历史与愿景、企业组织机构及主要业务；企业人事管理制度，包括请假、休假、报销等；企业的总务制度，如工作牌与考勤卡的使用、车辆停放规定等；日常行为规范及礼仪知识，如企业的工作纪律；安全教育，如企业的安全管理制度及相关程序。部门岗位培训内容包括部门组织框架、功能和部门特殊规定，部门工作职责，部门绩效目标及考核办法。岗位实地训练包括本岗位的理论知识培训和本岗位的工作技能培训。

#### 2. 专职技术培训

专职技术培训的目的是增强被派遣员工与用工单位的契合度，提高被派遣员工的技能水平，使其能更好地为用工单位服务。《劳动合同法》第六十二条也对其有明确的规定。

结合劳务派遣人员的工作特点，下面以生产人员和技术人员为例，设计相关的培训内容（见表6-8、表6-9）。

表 6-8　　　　某企业生产人员培训实施计划表

| 时间 | | | 地点 | 事项 | 主讲人 |
|---|---|---|---|---|---|
| 第一天 | 上午 | 8：30—9：30 | 二楼会议室 | 生产总监致辞<br>企业文化讲解 | 生产总监<br>人力资源部经理 |
| | 下午 | 1：30—4：30 | 二楼会议室 | 行业标准与要求讲解<br>质量管理讲解 | 技术部经理 |
| 第二天 | 上午 | 8：30—9：50 | 第一车间 | 现场管理讲解<br>操作标准与技巧讲解 | 车间主任 |
| | 下午 | 1：30—3：50 | 第一车间 | 设备管理方法讲解<br>生产中常见问题解决办法讲解 | 技术部副经理<br>技术总监 |

续表

| 时间 | | | 地点 | 事项 | 主讲人 |
|---|---|---|---|---|---|
| 第三天 | 上午 | 8：30—9：50 | 第一车间 | 安全生产讲解<br>时间管理讲解 | 技术部经理 |
| | 下午 | 1：30—3：50 | 二楼会议室 | 团队协作讲解<br>人事经理致结束语 | 培训主管<br>人力资源部经理 |

表 6-9　　　　某企业技术人员培训实施计划表

| 事项/时间 | | 第一天 | 第二天 | 第三天 |
|---|---|---|---|---|
| 1. 培训进度安排 | 上午 | 9：00　集合（全体技术人员） | 8：30　昨日感想汇报 | 8：30　昨日感想汇报 |
| | | 9：30　技术总监致辞 | 9：00　安全生产与管理规范、生产车间消防安全 | 9：00　生产操作流程与规范（录像教学） |
| | 下午 | 13：30　技术人员职业道德修养 | 13：30　生产管理系统、企业生产流水线组织 | 13：30　个人计划制订与目标管理 |
| | | 15：30　各抒己见，发表看法 | | 15：30　时间管理 |
| | 晚上 | 当天培训小结 | 参观生产车间或项目组，实地学习和总结 | 当天培训总结，人力资源经理致辞，结束培训 |
| 2. 拟定紧急情况应对方案 | | | | |

在培训方式的选择上，“师带徒”这一方式被不少用工单位对被派遣员工进行专职技术培训时所选用。

“师带徒”培训方式多应用于生产部门，根据其技能的特殊性，由其所在班组经验丰富的老员工对新员工进行理论和技术上的指导，这样有助于缩短生产技能型员工初上岗时的磨合时间，从而大幅度提高新员工的工作能力。某生产部门“师带徒”的培训计划见表 6-10。

表 6-10　　　　某生产部门“师带徒”培训计划

| 计划名称 | 某生产部门“师带徒”培训计划 | 编号 | |
|---|---|---|---|
| 一、目的<br>为了推进人员结构的整体优化，不断提高公司新员工的整体素质，增加新员工的专业技能和胆识，使新员工以最短的时间立岗成才。××生产部门将指定若干名老员工，由其加强对新员工技术、技能的指导与带教，不断提升新员工的专业岗位技能水平，实现一帮一、一对一的工作氛围。 | | | |

续表

二、师傅选拔标准与原则

1. 师傅要具备团结同志、作风正派的品质。

2. 师傅要具备扎实的理论知识和丰富的实践经验，有专业技能特长。

3. 师傅一般要具有高级工及以上的职业资格。

4. 师徒双方通过双向选择，经“师带徒”管理小组通过结成师徒对子，专门举行拜师会，双方签订师带徒培训协议书，明确传、帮、带的时间和目标，期满后进行考核评定。

5. 师傅要进行专业技能传授、职业道德、生产安全、劳动纪律等培训。

三、“师带徒”培训考核

1. 为了确保“师带徒”培训的质量，徒弟要每天填写学习记录表，每月进行学习小结。师傅要在每日的学习记录下方进行批注。

2. 要详细记录“师带徒”活动开展的次数和质量、徒弟的学习记录和师傅的指导意见等。

3. 监督师带徒培训协议书规定的师徒其他职责的履行情况。

4. 师傅和徒弟要在培训协议结束一周内上交培训总结给本部门和人力资源部。

5. 学徒期满，对“师带徒”学习效果进行考核认定，成绩合格，将对师傅、徒弟给予嘉奖。

四、“师带徒”培训时间

自师带徒培训协议书签订之日起，至徒弟试用转正考核通过时为止。一般不超过 1 年。

五、“师带徒”培训内容

“师带徒”的培训内容主要集中于以下六个方面的主题培训：了解主要工序作业指导书，了解工艺细则，学习验收标准及规范，学习一般图样，看懂工艺图样资料，主要工程量的计算及复核。

此外，师傅根据徒弟的成长情况、擅长特点，可以提出相应的轮岗培训建议，即将徒弟调整到其他岗位进行轮岗锻炼，主要学习工序的施工过程、工序衔接、调度管理等。

六、出师条件

1. 特殊工种岗位的徒弟，要具有一定的独立解决问题的能力，能独立从事本专业制定项目工作，有技能等级培训和鉴定的，必须要通过相应等级技能鉴定。

2. 操作岗位的徒弟要掌握岗位操作规范和技术要求，掌握应知、应会的内容，能熟练操作该岗位指定应用的生产设备。

3. 技术、管理岗位的徒弟要掌握岗位的各项技术、管理技能要求，能独立从事本专业指定项目工作。

4. 所有徒弟的理论成绩和实践考试成绩都必须分别在 80 分以上，安全方面的培训皆采用“一票否决”制。

七、“师带徒”奖罚制度

1. “师带徒”期间，每月补贴师傅____元，随工资按月发放。

2. 学徒成绩在同类型学徒考核中名列前三名的，给予师傅和学徒各奖励____元。

3. 每年评选一次“师带徒”培训工作中的优秀师傅，给予表彰和奖励，“师带徒”培训考核中第一名的师傅，将被授予“首席技师”，颁发荣誉证书，增加带徒费用，享受更高的待遇。

| 编制人员 | | 审核人员 | | 审批人员 | |
|---|---|---|---|---|---|
| 编制时间 | | 审核时间 | | 审批时间 | |

### 3. 特殊工种培训

特种作业人员是指必须经过国家规定的统一安全技术培训、考核后，取得特种作业操作证后方能上岗，并按法规要求按期进行复审的一类人员。特种作业人员的培训主要集中于安全方面的培训，其计划的制订须在遵循国家关于企业生产安全管理相关法律法规的前提下，围绕安全管理工作来进行。其范例见表 6–11。

表 6–11　　　　　××公司特种作业人员培训计划

| 计划名称 | ××公司特种作业人员培训计划 | 编号 | |
|---|---|---|---|

一、背景说明

特种作业人员是本公司生产的重要生力军，搞好特种作业人员安全技术培训，提高特种作业人员安全素质和技能，不仅是本公司安全生产的一项重要的基础工作，也是建立本公司安全生产长效机制和保证本公司安全生产的有效途径，为此根据实际情况制订本计划。

二、培训目标

通过培训，达到特种作业人员数量满足安全生产要求，安全素质和操作技能达到一定水平，保证持证上岗，拒绝无证上岗和盲目操作现象。

三、培训原则

特种作业人员培训、考核、发证工作由相关主管部门实行统一规划、归口管理。从业证书每年由人力资源部派专人去相关主管部门进行年检。

四、培训对象

特种作业人员培训工作涉及的范围包括瓦斯检测工、通风监测工等。

五、培训时间

每年计划安排 2 次特种作业人员培训，每半年由公司组织培训，时间为每年开工的第一个星期和半年后的第一个星期，为期 5 天。

六、培训内容

1. 国家有关安全生产的法律、法规、政策及有关煤矿安全生产的规章、规程、规范和标准。
2. 安全生产管理知识、安全生产技术、劳动卫生知识和安全文化知识、有关煤矿安全生产管理的专业知识。
3. 特种作业人员的资格培训。
4. 从业人员的安全生产应知应会培训。
5. 国内外先进的安全生产管理经验。
6. 典型事故的安全分析。

七、培训安排和考核办法

1. 公司所属各级单位的特种作业人员进行穿插培训，培训完毕后进行各工种培训情况摸底考试，对考试不及格者进行复训和补考，参加复训者须交纳复训费用，复训不及格者停岗使用。
2. 除了当班特种作业人员外，其余所有特种作业人员必须按时参加，轮换进行，否则将按违章论处。
3. 培训结束后，对培训资料、考试成绩整理归档备查。
4. 根据安全生产监督管理局的培训计划，公司须准时组织特种作业人员参加培训。

续表

| 八、培训教育的组织管理和实施<br>1. 首次参加培训的特种作业人员要事先和人力资源部沟通，由人力资源部代其报名交学费，再根据培训机构确定的培训时间参加培训。<br>2. 参加复训的特种作业人员应根据证件的有效期提前3个月向人力资源部汇报，由人力资源部派人去培训机构报名并确定复训时间。<br>3. 通过培训，增强员工的安全意识和依法作业的自觉性，提高安全技术水平、工作能力和安全生产管理水平，保障员工的生命和健康，促进企业的安全生产。 | | | | | |
|---|---|---|---|---|---|
| 编制人员 | | 审核人员 | | 审批人员 | |
| 编制时间 | | 审核时间 | | 审批时间 | |

## （三）被派遣员工考核管理

### 1. 绩效信息收集

绩效信息主要包括员工在绩效考核过程中出现的，能够证明其绩效成绩的具体事实或数据。

（1）关键问题分析

绩效信息的收集、分析与管理对于企业的绩效管理而言，从一定程度上来讲起着主导的作用，其具体操作也是绩效管理过程的一个重点。因此，企业在收集绩效信息时，应对以下几项关键问题进行分析。

第一，绩效信息的收集要做到高效、准确和及时，收集时要掌握一定的方法和技巧。

第二，绩效信息在收集和记录过程中，除绩效管理人员外，其他相关各类员工都应提供相关绩效数据和信息。

第三，企业建立绩效信息收集和统计机制是做好信息收集的重要保证。

（2）问题解决工具

绩效信息收集与管理涉及的事项，主要包括绩效信息收集方法、绩效信息收集作用、绩效信息收集内容、绩效信息收集技巧以及绩效信息管理等。绩效信息收集与管理说明工具表内容具体见表6-12。

### 2. 绩效考核评价

在绩效考核评价环节，企业至少需做好以下几个方面的工作。

（1）绩效目标值设定

为了使企业设计出比较科学、合理、可行的绩效管理目标，目前使用较多的解决

表 6-12　　　　绩效信息收集与管理说明工具表

| 主要项目 | 内容分类 | 具体说明 |
| --- | --- | --- |
| 绩效信息收集方法 | 生产记录法 | 对于生产、加工、运输、服务等的数量、质量成本等，按照一定的规定和标准进行原始记录和统计 |
| | 定期抽查法 | 定期抽查生产、加工、服务的数量、质量，用来评定考核期内工作情况 |
| | 项目评定法 | 采用问卷调查形式并指定专人对员工逐项考评 |
| | 关键事件记录法 | 对员工特别突出或异常情况进行详细记录，做到及时反馈和纠偏 |
| | 减分法 | 在职位规定基础上，制定违反规定扣分方法，并定期登记 |
| 绩效信息收集作用 | 绩效考核事实依据 | 判定员工、组织绩效好坏或员工晋升、奖惩等人事决策的依据 |
| | 绩效改进事实依据 | 对员工不足方面及时记录，制定针对性的改善对策 |
| | 争议仲裁事实依据 | 当员工与绩效考评方发生争议时，即可利用绩效信息记录作为仲裁依据，这样可以维护企业和员工的正当权益 |
| 绩效信息收集内容 | | 工作目标和任务完成情况的信息 |
| | | 员工工作或其他行为受到表扬和批评的信息 |
| | | 证明员工工作绩效突出和低下的具体证据 |
| | | 对找出问题或成绩原因有所帮助的数据和信息 |
| | | 与员工就绩效问题进行谈话的记录及员工签字 |
| 绩效信息收集技巧 | | 定期收集绩效信息，要求各职能部门或员工按时提交绩效信息 |
| | | 制定出比较正式的、固定的工具表以供相关人员登记 |
| 绩效信息管理 | | 建立管理机制，将收集到的信息交给人力资源部管理 |

办法有历史数据法、杠杆比较法、竞争承诺法、上级职位目标分解法四种，每种方法的具体内涵及操作说明如图 6-4 所示。

还需说明的是：第一，下级目标值的设定应结合企业战略的侧重点，重点考虑可实现性，服务于本企业总体经营目标的实现，也就意味着职位应达到企业期望的战略目标；第二，每种目标值的确定方法实际上都存在一定的优缺点及操作的复杂程度，企业无论采用哪种方法进行目标值设定，都需要事先给目标制定找到依据。

（2）选择合适的考核方法

绩效考核的方法种类很多，如目标管理考核法、KPI 考核法、360 度考核法等，下

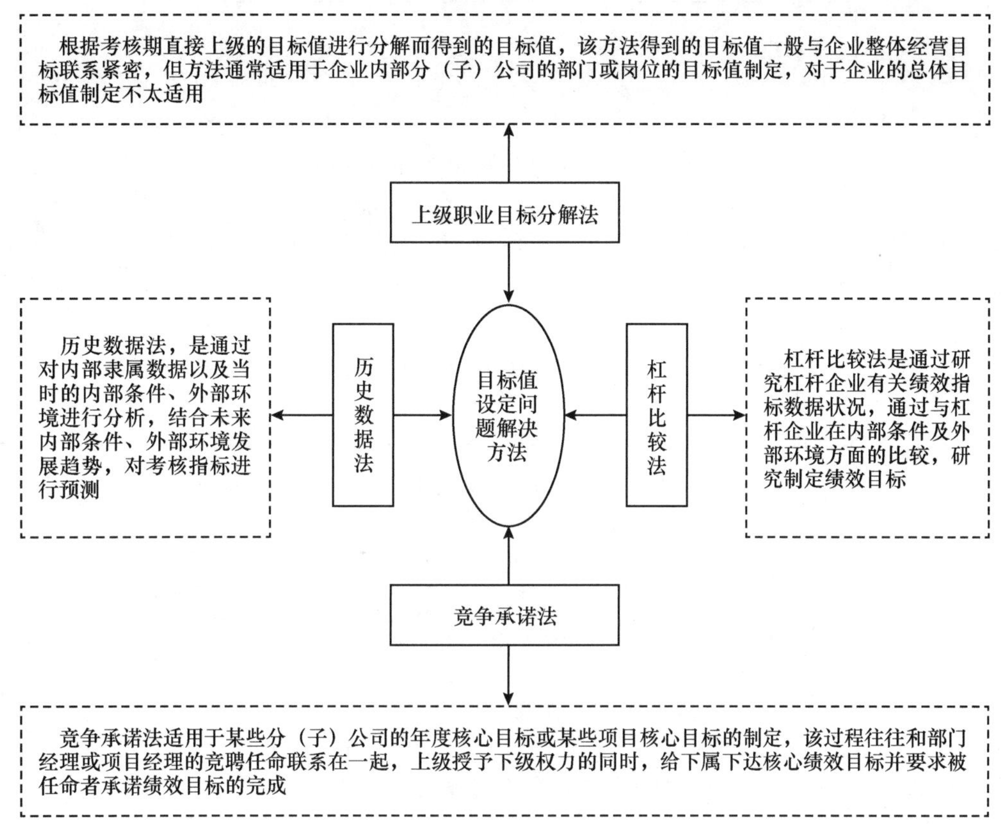


图 6-4　目标值设定问题的常用解决方法

面介绍其中的两种。

1）目标管理考核法。目标管理考核法即按一定的指标或评价标准来衡量员工完成既定目标和执行工作标准的情况，根据衡量结果给予相应的奖励。它是在整个组织实行目标管理的制度下，对员工进行考核的方法。

目标评估既要及时有效地掌握目标完成情况，又要科学合理地反映目标执行人的绩效，则何时进行评估最合适就显得十分重要。按周期不同可将目标评估分为以下三种。

第一，日常评估，即在工作告一段落，或进展达到某种程度时所进行的评估。

第二，定期评估，即周期性的评估，如每周一次或月底、年终进行评估。

第三，总评估，即在目标实现或实施项目达成终了时进行的评估。

目前，目标管理考核法被大量应用于企业考核过程中，其一般的操作流程如图 6-5 所示。

①建立工作目标计划表。员工工作目标列表的编制由员工和上级主管共同完成。

图 6-5 目标管理考核法操作流程图

目标的实现者同时也是目标的制定者，这样有利于目标的实现。工作目标计划表编制的具体内容如图 6-6 所示。表 6-13 为某公司销售部员工工作目标计划表，供参考。

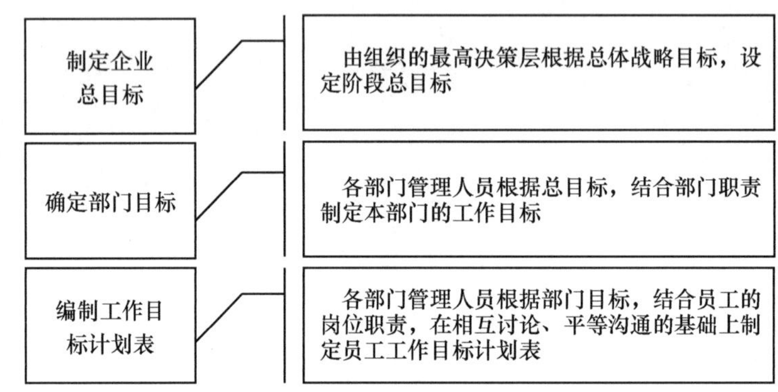


图 6-6 工作目标计划表的编制内容

**表 6-13　　某公司销售部员工工作目标计划表**

| 姓名 | | 工作岗位 | |
|---|---|---|---|
| 单位名称 | | 部门名称 | |
| 考核期 | | | |
| 工作概要 | 根据部门经理确定的销售目标和计划，具体执行产品销售工作，同时做好账款催收及客户服务工作 | | |

| 工作目标计划 | | | |
|---|---|---|---|
| 序号 | 工作计划内容 | 工作目标 | 备注 |
| 1 | 具体执行产品销售工作 | 完成销售额不低于××万元 | |
| 2 | 根据与客户达成的协议，按时催账收款 | 账款回收及时率达到××% | |
| 3 | 根据公司要求做好客户服务工作 | 客户有效投诉发生次数少于××次 | |
| 4 | 及时、准确填写各类销售记录、报表 | 各类销售记录、报表填制及时率达到 100% | |
| 5 | | | |
| 6 | | | |
| 被考核者签名 | | 部门负责人签名 | |

②明确业绩衡量标准。一旦确定某项目标被用到绩效考核工作中，就必须收集相关的数据，明确如何以该目标衡量业绩，并建立相关的检查和平衡机制。明确业绩衡量标准的具体内容如图 6-7 所示。

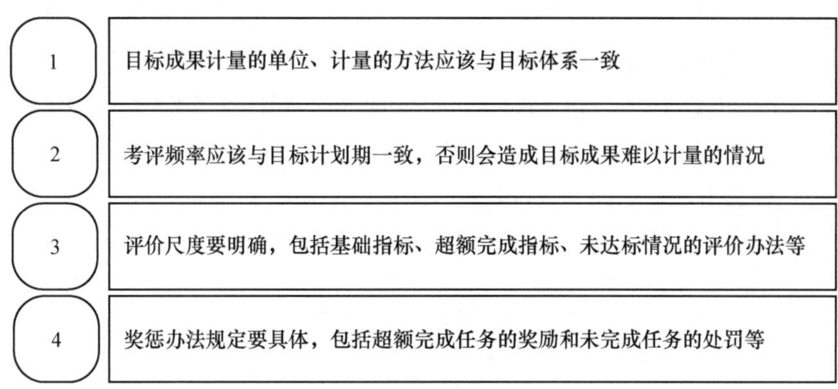


图 6-7　业绩衡量标准设定要求

③实施业绩评价。在给定时间结束时，将员工业绩与目标相比较，从而评价业绩，识别培训需要，评价组织战略成功性，或提出下一时期的目标。

④检查调整。通过业绩评价，员工找出了自己实际工作业绩与预定目标之间的差距，接着就必须分析造成这些差距的原因，并且通过调整自己的工作方法等，致力于缩小乃至消除这些差距，努力达到自己的目标。

2）KPI 考核法。KPI 考核法即关键绩效指标考核法。它是根据宏观的战略目标，经过层层分解之后提出具有可操作性的战术目标，并将其转化为若干个考核指标，然后借用这些指标，从多个维度，对组织或员工个人的绩效进行考核的一种方法。

关键绩效指标是用来衡量被考核者工作绩效表现的具体量化指标，它来自对企业总体战略目标的分解，反映最能有效影响企业价值创造的关键驱动因素。

①关键绩效指标体系的建立。关键绩效指标体系是对企业宏观目标进行层层分解后，产生的具有可操作性的一系列关键绩效指标。企业关键绩效指标体系的建立通常有三种方式，如图 6-8 所示。

②关键绩效指标选择。通常情况下，企业中能够用于绩效考核的指标很多，其涵盖的范围也比较广，如果对全部指标均进行监控和考核，就会因指标过多而混乱，因此确定和挑选企业重点关注的关键绩效指标显得尤为重要。企业确定关键绩效指标的常用方法有以下三种。

第一种是标杆基准法。企业将自身的关键绩效行为与本行业最强企业的关键绩效行为进行比较，分清这些基准企业的绩效形成原因，并在此基础上确定本企业的关键

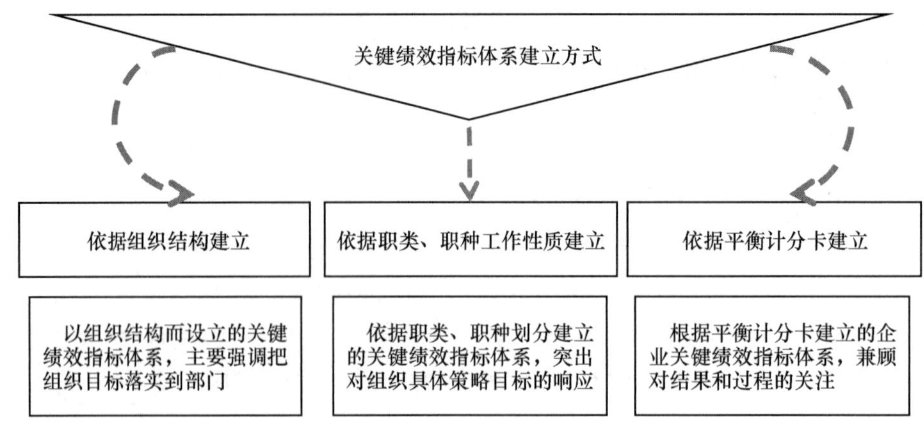


图 6-8 企业关键绩效指标体系建立方式

绩效指标。

第二种是成功关键法。通过寻找企业成功的关键要点，并对这些关键要点进行重点监控和层层分解，从而选择和确立企业评估的关键绩效指标。

第三种是策略目标分解法。通过建立财务指标与非财务指标的综合指标体系对企业的绩效水平进行监控，进而确立企业的关键绩效指标。

③指标所占权重确定。在选定关键绩效指标之后，需确定各指标所占权重。关键绩效考核指标权重的确定方法有经验法、强行排序法和权值因子判断表法等。经验法是依据历史数据和专家知觉判断来确定权重的方法。这种方法的决策率高、成本低，容易被人接受，但也存在可靠程度不高等方面的问题。强行排序法是将所有的关键绩效指标按照重要程度强行排序，然后根据“20/80”原则确定每个关键绩效指标的权重，这种方式实际上是经验法的一种延续。权值因子判断表法是由评价人员组成评价专家组，由专家组制定和填写权值因子判断表，然后用各位专家所填权值因子判断表来确定关键绩效指标的权重值。

④审核关键指标。在设定关键绩效指标和标准后，还应该对关键指标进行审核，以确认这些指标能否全面、客观地反映被考核者的工作绩效。关键绩效指标审核要点主要有六点：工作产出是否为最终产品；关键绩效指标是否可以被证明和观察；对同一指标多个考核者的评估结果是否一致；这些关键绩效指标是否可解释被考核者 80% 以上的工作目标；是否从客户角度来界定关键绩效指标；这些关键绩效指标是否可以操作。

（3）设计绩效考核方案

制定出的绩效考核方案为企业绩效考核工作的实施提供了明确的依据和要求，具体内容包括考核目的、考核对象、考核内容、考核时间、考核实施安排、考核结果运用等。

### （四）被派遣员工薪酬管理

《劳动合同法》第六十条规定："劳务派遣单位应当将劳务派遣协议的内容告知被派遣劳动者。劳务派遣单位不得克扣用工单位按照劳务派遣协议支付给被派遣劳动者的劳动报酬。劳务派遣单位和用工单位不得向被派遣劳动者收取费用。"实践中的操作是，用工单位将工资打到劳务派遣单位的账上，然后由劳务派遣单位发放给被派遣劳动者。

劳务派遣单位常用的工资支付方式包括现金支付、银行支付、现金支付与银行支付相结合，相关说明见表6-14。

表 6-14　　劳务派遣单位常用工资支付方式

<table>
<tr><th colspan="2">支付方式</th><th>支付方式说明及特点</th></tr>
<tr><td colspan="2">现金支付</td><td>1. 劳务派遣单位将员工薪酬以现金形式直接发给员工<br>2. 现金支付工作操作方便</td></tr>
<tr><td rowspan="2">银行支付</td><td>银行转账</td><td>1. 劳务派遣单位直接将员工工资从公司银行账户中划入员工的个人银行账户<br>2. 银行转账需要劳务派遣单位开通银行账户及网上银行，但工资支付较现金支付快捷便利，且安全系数高</td></tr>
<tr><td>银行代发</td><td>1. 劳务派遣单位在银行开立代付业务，将工资总额转入银行代付账户，并定期提供工资盘，然后银行根据工资盘及相关数据在规定时间内统一发放员工工资<br>2. 银行代发由银行进行批量操作，统一发放员工工资，可节省劳务派遣单位相关成本，提高工作效率</td></tr>
<tr><td colspan="2">现金支付与银行支付相结合</td><td>劳务派遣单位将员工的部分工资以现金形式发放，另一部分通过银行支付</td></tr>
</table>

劳务派遣单位应根据其实际需求选择合适的工资支付方式。但无论选择哪一种方式支付，用工单位和劳务派遣单位均不得以任何名义克扣被派遣劳动者的工资。

### （五）工时休假管理和安全卫生管理

#### 1. 工时、休假管理

《中华人民共和国劳动法》（以下简称《劳动法》）规定的工时有三种，即标准工时制、综合工时制和不定时工时制。根据《国务院关于职工工作时间的规定》，我国目前实行劳动者每日工作8小时、每周工作40小时这一标准工时制。有些企业因为工作性质和生产特点不能实行标准工时制，应保证被派遣员工每天工作不超过8小时，每周工作不超过40小时，每周至少休息一天。

对非正常工作日的工作时间，《劳动法》第四十一条规定，用人单位由于生产经营需要，经与工会和劳动者协商后可以延长工作时间，一般每日不得超过1小时；因特殊原因需要延长工作时间的，在保障劳动者身体健康的条件下延长工作时间每日不得超过3小时，每月不可以超过36个小时。第四十二条规定，若出现以下情形，延长工作时间不受第四十一条限制：①发生自然灾害、事故或因其他原因，威胁劳动者生命健康和财产安全，需要紧急处理的；②生产设备、交通运输线路、公共设施发生故障，影响生产和公共利益，必须及时抢修的；③法律、行政法规规定的其他情形。

对于在同一个用工单位工作时间较长的劳动者，用工单位应该给予一定休假权利。国务院颁布的《职工带薪年休假条例》第二条规定，机关、团体、企业、事业单位、民办非企业、有雇工的个体工商户等单位职工连续工作一年以上的，享受带薪年休假。这就意味着，尽管劳务派遣员工可能是刚由其他单位派遣到当前工作单位的，但只要是属于在同一用工单位或不同单位连续工作满12个月以上的任一情形，就具备享受法定的带薪年休假的条件，用工单位应当根据生产、工作的具体情况，并考虑员工本人意愿，统筹安排员工年休假。

用工单位除了制定正常的年休假管理制度外，还应当制定明确的休假管理制度，如法定节假日，以确保被派遣员工在提供正常劳动的同时，能得到充分的休息。

### 2. 安全卫生管理

用工单位应建立员工保护制度，包括安全生产责任制度、安全教育制度、安全作业制度、安全生产检查制度、安全事故管理制度、职业健康管理制度、安全考核管理制度等。在员工职业健康防护方面，做好职业病前期预防、劳动过程中的职业防护、职业健康检查、职业病诊断治疗等工作。

用工单位在工作过程中需要确认是否会产生职业危害的三类因素，分别是生产环境中的有害因素、生产工艺过程中的有害因素、劳动过程中的有害因素。用人单位根据本单位的业务性质和具体工作项目实施安全生产责任制度，将相关业务项目涉及的安全责任根据职务级别和责任大小逐级分配到人，以增强劳务派遣相关人员的安全意识、责任意识。用工单位应安排符合国家标准的安全生产设备设施、操作环境和劳动安全生产防护工具，排查产生职业危害的有害因素，为劳动者实施安全生产提供基本保障。各级别安全生产责任人在日常安全生产管理中，要督促被派遣员工在内的操作人员严格按照国家规定的标准和流程实施操作，加强安全生产意识。

为了减少女职工在工作中因生理特点造成的特殊困难，保护女职工的健康，劳务派遣单位和用工单位应根据《女职工劳动保护特别规定》及其他有关法律法规，在女性被派遣员工经期、孕期、产期和哺乳期对其进行特别保护。

### （六）被派遣员工服务与关怀

#### 1. 同工同酬

尽管《劳动合同法》明确规定了被派遣劳动者与用工单位劳动者同工同酬的权利，禁止差别对待。但是在实际操作中，部分用工单位的被派遣员工与本企业正式员工同工不同酬、社保缴费基数差别大等现象依然存在，损害了被派遣员工的合法权益。

针对这一不合理现象，《劳动合同法》明确了劳务派遣工享有与用工单位的劳动者同工同酬的权利，《劳务派遣暂行规定》也加强了对被派遣员工的保护。为了进一步完善劳务派遣相关规章制度，用工单位要加强此项工作，可以从以下六个方面入手。

（1）重视和加强普法工作。

（2）完善法律法规的工作。

（3）建立科学完善的薪酬工资体系。

（4）加强执法的监督、检查和处罚力度。

（5）加强教育引导，转变思想观念。

（6）发挥工会的维权作用。

用工单位对于员工的各种交通补助、餐补以及工作津贴与福利等都要公平对待，让这些福利真正发挥其普惠性，对被派遣员工也要使他们享受到企业提供的相关福利，增加被派遣员工对用工单位的归属感与满足感。

#### 2. 员工关怀

被派遣员工作为用工单位的一员，也需要用工单位对其进行情感关怀，但是大部分用工单位对派遣员工的这一需求没有予以重视。很多用工单位对被派遣员工各方面的生活困惑、情感需求以及工作困难等都没有进行真切的关心，被派遣员工感受不到用工单位对自身的关怀，缺乏情感的满足，种种因素导致下，就会造成该类群体对自身工作出现不满意情绪，并影响工作积极性。因此，用工单位在对被派遣员工管理当中，要注重对其进行必要的情感关怀，让被派遣员工能够感受到用工单位的温暖，增强归属感进而将这种感情体现到具体的工作当中，积极工作并增强责任感，为用工单位发展做出更大的努力。

## 二、任务要求

### 1. 具体任务

编制模拟公司绩效考核评价表。

### 2. 任务完成常用实际业务工具

车间工人绩效考核评价表见表6-15。

表6-15　　车间工人绩效考核评价表

| 考核项目（权重） | 考核内容 | 得分标准 | | | | 得分 |
|---|---|---|---|---|---|---|
| | | 优 | 良 | 中 | 差 | |
| 生产任务完成情况（20%） | 生产计划完成率（A） | | | | | |
| | 生产定额完成率（B） | | | | | |
| | 服从生产调度情况 | | | | | |
| 岗位知识技能要求（15%） | 岗位技能 | | | | | |
| | 对质量目标及质量要求的理解程度 | | | | | |
| 质量指标（20%） | 产品交验合格率（C） | | | | | |
| | 投入产出率（D） | | | | | |
| | 工艺标准的执行情况（点检、首检等相关质量记录） | | | | | |
| 设备模具工具维护使用（15%） | 使用设备工具的合理性 | | | | | |
| | 设备模具维护保养 | | | | | |
| | 设备利用率 | | | | | |
| | 设备模具故障率 | | | | | |
| 5S执行情况（15%） | 工作现场、卫生包干区的清洁程度 | | | | | |
| | 劳保用品穿戴情况 | | | | | |
| | 文明操作及现场定置管理维持程度 | | | | | |
| | 安全生产 | | | | | |
| | 出勤 | | | | | |
| 劳动纪律（10%） | 违纪情况 | | | | | |
| 工作态度（5%） | 工作主动性、协作性 | | | | | |

续表

| 考核项目（权重） | 考核内容 | 得分标准 | | | | 得分 |
|---|---|---|---|---|---|---|
| | | 优 | 良 | 中 | 差 | |
| 加分项目 | 节能降耗（节能资金额度——E） | | | | | |
| | 提高效率（工作效率提高率——F） | | | | | |
| | 合理化建议所带来的收益（G） | | | | | |
| 综合得分 | | | | | | |

备注：

1. 表中“优”“良”“中”“差”的最终得分不超过120分。

2. 在绩效改进中，员工合理化建议被验收并采纳，则按照公司科技奖励条例进行奖励，车间仍然加分，纳入年终考核。

3. 在生产工作中，如违反公司技术质量纪律条例四类以上、违反公司的行政纪律条例三类以上、违反安全纪律条例四类以上的，均实施一票否决。

## 三、任务评价指标和标准

**“编制绩效考核评价表”任务评价指标和标准**

| 序号 | 内容 | 评分标准 | | | |
|---|---|---|---|---|---|
| | | 优（90~100分） | 良（80~89分） | 中（70~79分） | 差（60~69分） |
| 1 | 内容规范性（30%） | 内容非常符合绩效考核和相关法律法规的要求 | 内容比较符合绩效考核和相关法律法规的要求 | 内容符合绩效考核和相关法律法规的要求，有1处错误 | 内容不符合绩效考核和相关法律法规的要求，有2处以上错误，需要修改 |
| 2 | 要素完整性（30%） | 要素很完整 | 要素比较完整，缺1~2个 | 要素不太完整，缺3~5个 | 要素不完整，缺7~8个 |
| 3 | 条款清晰性（20%） | 内容条理清晰，逻辑性强 | 内容条理清晰，有一定的逻辑性 | 内容条理比较清楚，逻辑性一般 | 内容条理不清晰，没有逻辑性，要修改完善 |
| 4 | 表述逻辑性（20%） | 内容可操作性强，语句通顺，语言准确 | 内容可操作性一般，语句较为通顺 | 内容可操作性有待提高，语言/语句有些拗口 | 内容可操作性差，语言/语句要修改 |
| 得分 | | | | | |

## 练习题

**选择题**

1. 根据劳动合同法律制度的规定，关于劳务派遣的下列表述中，正确的有（　　）。

A. 被派遣劳动者享有与用工单位的劳动者同工同酬的权利

B. 劳务派遣单位应当与被派遣劳动者订立二年以上的固定期限劳动合同，按月支付劳动报酬

C. 被派遣劳动者有权在劳务派遣单位或者用工单位依法参加或者组织工会

D. 用工单位应当根据工作岗位的实际需要与劳务派遣单位确定派遣期限，不得将连续用工期限分割订立数个短期劳务派遣协议

2. 根据劳动合同法律制度的规定，被派遣劳动者有下列（　　）情形之一的，用工单位可以将被派遣劳动者退回劳务派遣单位。

A. 不符合录用条件的　　B. 严重违反用人单位的规章制度的

C. 有失职及营私舞弊行为的　　D. 劳务派遣合同发生变更的

3. 在（　　）的模式下，用工单位只需将用人的条件向劳务派遣单位提出来即可，具体的招聘、管理和培训工作将由劳务派遣单位负责完成。

A. 一般派遣　　B. 完全派遣　　C. 转移安置　　D. 人才招募

4. （　　）即由用工单位自行招聘、选拔、培训应聘人员，再由劳务派遣单位与应聘员工签订劳动合同，并由劳务派遣单位负责这些员工的报酬、福利、绩效评估、处理劳动纠纷等事务。

A. 转移派遣　　B. 完全派遣　　C. 转移安置　　D. 长期派遣

5. 在劳务派遣这一用工形式中，涉及三方主体：劳务派遣单位、（　　）、被派遣员工。

A. 用工单位　　B. 派遣单位　　C. 员工　　D. 劳动局

6. 劳务派遣单位与被派遣员工之间属于劳动关系，因此，劳务派遣单位需与被派遣员工签订（　　）。

A. 劳动合同　　B. 劳务派遣协议

C. 录用合同　　D. 工作协议

7. 劳务派遣单位与用工单位之间属于合同关系，双方签订（　　）。

A. 劳务派遣合同　　B. 劳务协议

C. 录用合同　　D. 工作协议

8. 用工单位与被派遣员工之间是基于劳务派遣协议所产生的一种劳务（　　）关系。

A. 派遣　　B. 合作　　C. 用工　　D. 分工

9. 劳务派遣合同应当载明被派遣劳动者的用工单位以及派遣期限、（　　）等情况。

A. 工作岗位　　B. 工作纠纷　　C. 工作分析　　D. 工作协议

10. 劳务派遣合同在履行过程中，可以变更合同（　　）。需要变更的事宜，由双方协商解决，经双方协商一致对本合同进行修改、补充。

A. 条款　　B. 时间　　C. 效力　　D. 义务

# 项目七

# 人力资源外包服务

## 【项目导入】

### 一、主题案例

索尼电子在美国拥有14 000名员工，但人力资源专员分布在7个地点。在索尼电子找到翰威特之前，其人力资源机构在软件应用和文本处理方面徘徊不前，所有人力资源应用软件中，各地统一化的比例仅达到18%。索尼电子人力资源小组意识到，他们不仅仅需要通过技术方案来解决人力资源问题，还需要更有效地管理和降低人力资源服务成本，并以此提升人力资源职能的战略角色。

正是基于此，索尼电子决定与翰威特签订外包合同，转变人力资源职能。翰威特认为这将意味着对索尼电子的人力资源机构进行重大改革，其内容不仅限于采用新技术，翰威特还可以借此契机帮助索尼电子提高人力资源数据的质量，简化管理规程，改善服务质量，并改变人力资源部门的工作日程，进而提高企业绩效。

在这样的新型合作关系中，翰威特提供人力资源技术管理方案和主机、人力资源用户门户并进行内容管理。这样索尼电子可以为员工和经理查询所有的人力资源方案和服务内容提供方便。此外，翰威特提供综合性的客户服务中心、数据管理支持及后台软件服务。

索尼电子与翰威特合作小组对转变人力资源部门的工作模式寄予厚望。员工和部门经理期望更迅速、简便地完成工作，而业务经理们则期望降低成本和更加灵活地满足变动的经营需求。

此项目最大的节省点在于人力资源管理程序和政策的重新设计及标准化，并通过为员工和经理提供全天候的人力资源数据、决策支持和交易查询服务，使新系统大大提高效能。经理们将查询包括绩效评分和人员流动率在内的员工数据，并将之与先进的模式工具进行整合和分析。这些信息将有助于经理制定更加缜密、及时的人员管理决策。经理们可以借此契机提高人员及信息管理质量，进而对企业经营产生巨大的推进作用。

项目启动后，索尼电子与翰威特通力合作，通过广泛的调查和分析制定了经营方案，由此评估当前的环境并确定一致的、优质的人力资源服务方案对于索尼电子经营结果的影响。

索尼电子实施外包方案之后，一些结果已经初见端倪。除整合、改善人力资源政策之外，这一变革项目还转变了索尼电子80%的工作内容，将各地的局域网、数据维护转换到人力资源门户网的系统上。数据接口数量减少了2/3。新型的汇报和分析能力将取代原有的、数以千计的专项报告。

从未来看，到第二年，索尼电子的人力资源部门将节省15%左右的年度成本，而到第五年时，节省幅度将高达40%左右。平均而言，5年期间的平均节资额度可达25%左右。

索尼电子现在已经充分认识到通过外包方式来开展人力资源工作的重要性，因为可以由此形成规模经济效应并降低成本。此外，人力资源外包管理将人力资源视为索尼电子网络文化的起点。人力资源门户将是实施索尼电子员工门户方案的首要因素之一。索尼电子也非常高兴看到通过先行改造人力资源职能来进行电子化转变。

## 二、学习目标

1. 掌握人力资源外包服务的内容。
2. 掌握人力资源外包服务的实施流程。
3. 掌握辅助完成人力资源外包服务的技能。

# 任务一　外包服务准备

## 一、知识准备

### （一）招聘外包服务

招聘外包服务是人力资源管理业务外包的一部分，是将企业的招聘、甄选任务全部或部分委托给第三方专业人才服务机构，由专业化的人才服务机构利用自己在人力资源管理、评价工具和管理方面的技术优势为企业从众多的应聘人员中甄选出最适合岗位要求的人才的一种新型招聘形式。

就招聘渠道而言，招聘可以分为内部招聘和外部招聘。这是企业获取人才的最重要的方式，也是企业实现发展目标的前提和基础。科学、高效且能够有效控制成本的员工招聘活动，可以确保企业获得发展所需要的人才。

外部招聘职能外包主要是指企业把招聘职能中非核心的流程和内容，如招聘渠道选择、简历筛选、员工面试、心理测评、背景调查等日常事务交由第三方人力资源服务机构运作，使得自身能够从烦琐的非核心业务中脱离出来，将精力和资源集中在优秀关键人才的选、育、用、留方面。同时，专业的人力资源服务机构根据工作分析，确定岗位需求，制定招聘方案，实施招聘，在简化流程、节约成本的基础上提升招聘的高效性和专业性。内部招聘职能外包是指由第三方人力资源服务机构从内部竞聘渠道、竞聘流程等方面帮助企业挖掘和培养内部优秀人才，提升员工的满意度和忠诚度。

企业招聘外包的业务流程包括以下几个环节。

#### 1. 招聘需求分析

招聘需求分析是企业开展招聘的基础性工作，也是招聘工作应该关注的焦点。在招聘需求分析过程中，企业要明确战略目标，明确自身不同发展阶段、不同市场环境、不同部门对人才的需求到底是什么。人才代理机构可以为企业找到符合要求的人，然而具体需要什么类型的人才，是企业应该首先明确的事情，模糊、广泛的用人要求会直接影响招聘外包效果，因此需要企业首先收集各个部门的人员需求、职责要求，然后与部门业务主管进行充分的沟通，结合企业人力资源战略规划，对招聘需求进行科学、专业的分析，定位所需人才业务素质、行为风格、个性特征、专业技能、工作履历以及形象气质等方面的要求，最后制定出详细的工作描述和职位说明书。招聘需求的说明要尽可能明晰，这样招聘的质量才会有保证。

#### 2. 代理策略确定

企业在确定需要招聘外包服务时，会明确哪些岗位适合外包给第三方招聘，一般涉及企业战略营运的关键部门及核心技术部门的岗位外包要非常慎重，也要确定哪些招聘环节需要外包。人力资源招聘工作主要是由三大部分组成：渠道搜寻、人才甄选和面试评价。最终的面试评价应该由企业主导，在第三方帮助下完成，渠道搜寻和人才甄选可以交给外包服务商来完成。企业在制定招聘外包服务策略时，要从企业整体利益、具体岗位来统筹考虑，以此为原则确立相应的代理策略。

### 3. 外包服务机构的选择

外包服务机构的选择是企业使用招聘外包的关键环节之一，外包服务机构实际上是人力资源服务的供应商，企业应从相关因素进行综合调研和评估选择，主要包括外包服务机构的信誉、服务质量、技术水平、是否与企业文化有冲突、业绩状况以及服务价格等方面，特别是要对外包服务机构自身的素质、服务质量和服务费用三个方面进行重点考察评价。对外包服务机构素质可以从七个方面进行评价：业务范围、人员素质、稳定性、企业规模、经营策略、管理水平和企业文化相融性。外包服务机构的服务质量可以从五个方面进行评价：服务标准、及时性、符合性、以往业绩和行业信誉。服务费用可以从三个方面进行综合评价：服务价格高低、价格的变动性以及支付方式。

### 4. 外包合同的签订

在确定外包服务机构后，双方应该制定尽可能详细周密的外包协议。人力资源外包业务在我国刚刚起步，各个方面的规章制度还不健全，因此存在很多的经营漏洞。为了防范外包过程中的风险，双方签订的外包合同要尽可能完善，详尽的合同可以保障双方的利益，保证外包服务机构的服务质量，约束合作双方的行为，避免可能出现的法律纠纷。

### 5. 外包服务的实施

在启动和实施招聘外包项目过程中，企业人力资源部门与外包服务机构之间的沟通与协调非常重要。企业要选择内部级别较高、素质较强的管理人员负责相关的具体事情，随时进行监控和管理。首先要让外包服务机构熟悉企业的情况和要求，其次要对外包服务机构的业务进行检测和评估，依据双方签订的合同对外包服务机构进行追踪调查和间接约束，同时根据自身和外部环境的变化随时调整外包方案，保证项目的质量和速度。

### 6. 人才甄选及录用

初步人选甄选出来以后，企业人力资源部门应该及时按照计划参与最后阶段的招聘与录用。人力资源部门应组织相关的业务部门主管与外包服务机构共同合作，对最终提供的候选人进行甄选。因为外包服务机构在初选过程中已对候选人的业务技能进行测试，所以企业考察的重点是从企业全局上把握候选人是否适合本企业，是否符合本企业的企业文化、理念和价值观，是否能融入集体当中。一个理想的候选人应该和企业有着相同的愿景，能够认同企业的文化，只有这样的人才才能在企业里发挥最大潜力，为企业创造最大效益。

7. 服务质量评估

服务质量评估是依据服务质量标准，运用定性或者定量的方法，对服务质量水平进行评价的过程。起步阶段的候选人推荐环节尤为重要，企业可以依据候选人数量、推荐候选人速度、候选人质量等因素对外包服务机构的质量作出评估。企业要对整个招聘外包活动效果进行评价，考察招聘目标的实现程度，可从三个指标进行评价：录用情况，是否能及时找到所需人员以满足企业需要；财务情况，是否能以最少的投入找到合适人才，节约成本等；使用情况，所录用人员是否与预想的一致，能否胜任企业和岗位的要求，还要参考进入企业适应性阶段“危险期”内的离职率。

### （二）薪酬外包服务

1. 薪酬外包的概念

薪酬外包是指企业与其外部服务供应商之间建立合作关系，由外部专业机构负责该企业薪酬部门的日常事务性工作。薪酬外包是人力资源管理外包的重要组成部分，是一种新的管理方式，强调企业更关注最擅长、最核心的业务，同时从外部获取专业、高效、低成本的服务，保持核心竞争优势。

2. 薪酬外包的主要内容

一般而言，薪酬外包的工作类型包括职位评估、市场数据管理、协助进行工资规划（结构调整及奖励预算提案）、薪资发放、个税缴纳等。随着企业对薪酬外包业务的个性化需求，不同的薪酬外包服务商会根据企业的具体需求提供相关的个性化服务，内容更加具体和多样化。以下是几家品牌人力资源服务公司的薪酬外包内容。

成立于1979年的FESCO，是中国率先为外商驻华代表机构、外商金融机构和经济组织提供专业化人力资源服务的公司。其薪酬服务外包的内容主要为：员工主数据管理；薪资核算服务；税务代理；银行交易；薪资和工资单交付；信息沟通；考勤和休假核算；标准化及客户化报表服务。

中国国际技术智力合作公司成立于1987年，是中央管理的国有重点骨干企业。其薪酬外包的内容主要为：薪资计算、薪资发放、个人所得税计算申报缴纳的一站式服务；税务代理；代理记账；其他咨询服务（税收政策、会计制度咨询；代办工资手册；代办外资企业常驻代表机构免税申请，纳税方式核定等）。

HROne是中国专业的人力资源外包服务供应商，公司总部在中国，并在加拿大和伦敦等地设有分支机构，是目前国内为数极少的同时具有国际团队和本土资质的人力资源外包服务供应商之一。其薪酬外包的主要内容为薪酬/个税处理。具体服务项目为：原始数据收集与整理（客户内部政策的规范，原始数据的收集、整理与规范）；薪资计算与发放（工资、福利和个人所得税计算，新员工银行账户开立，员工工资的银行转账支付，电子工资单发放）；个人所得税申报（工资、年终奖、经济补偿金等个人所得税代扣代缴，员工个人所得税年度申报，提供个人完税证明）；报表制作（根据客户要求的格式制作客户化工资报表）；数据库管理（员工工资数据的管理和维护）。

### 3. 薪酬外包的运作流程

从薪酬服务的内容上看，不同的人力资源服务机构会根据企业的不同需求设计不同的有针对性的薪酬服务内容，不同的薪酬服务内容具体运作流程也不相同，即使相同或类似的薪酬内容，其因人力资源服务机构各自提供服务的特点和方式不同，薪酬服务的运作流程也有不同。同时，即使是标准流程，随着客户选择的具体服务内容的不同，该流程也会有所调整。

HROne 薪酬外包的主要内容为薪酬/个税处理，图 7-1 是 HROne 薪酬服务的标准流程。通过这个清晰、有效的流程，HROne 已为几百家客户提供了可靠和及时的薪酬服务。

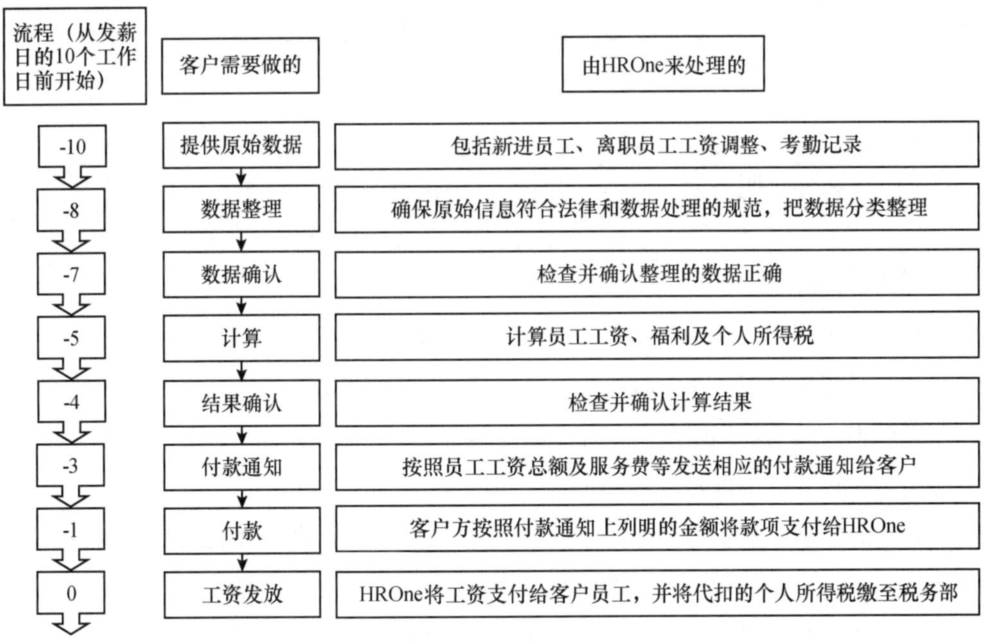


图 7-1　HROne 薪酬服务的标准流程

上海外服从 2004 年正式进入薪酬外包行业。为了能够帮助客户提高人力资源管理效率，将人力资源部门从繁杂的行政性事务中解脱出来，上海外服为客户提供了从薪酬原始数据读取到薪资福利计算发放的相关服务。其服务产品主要包括：

（1）公司薪资福利政策的审核与优化。该服务产品能够帮助客户重新检查其原来使用的薪酬福利政策的合法性以及合理性，并提出薪资福利政策的改进方案。

（2）薪资福利系统的设置。薪资福利的人工计算已经越来越不能满足现代企业，特别是大型企业的需求。为此，上海外服利用强大的计算系统，为每一个客户定制个性化的薪酬计算模块，帮助其计算各类薪资福利数据。

（3）薪资福利计算过程的流程控制。薪资福利计算是在既定流程框架下每月实施的一个有规律的工作。上海外服薪酬中心设计了一套切实可行的操作流程，在强大计算系统的支持下实现薪资福利计算的高度精确性和有效性。

为了实现薪酬外包管理的准确、有效，上海外服将整个薪酬外包服务过程分成以下几个阶段，如图 7-2 所示。

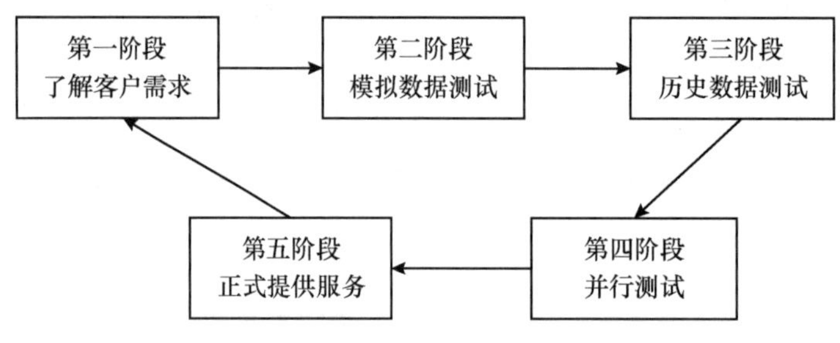


图 7-2　上海外服薪酬外包服务过程

## （三）福利外包服务

### 1. 福利外包的含义

福利是指员工因为保持与企业之间的雇佣关系而获得的各种间接经济性或非经济性的报酬，是每位员工的薪酬收入中一个非常重要的组成部分。福利一般包括法定福利、带薪假期、储蓄计划以及企业补充保险等。

当前员工福利已不再是内容和形式上简单的事务性工作，而是多层次、全方位的员工福利保障体系。随着信息化和经济的全球化，企业面临着日益复杂、竞争激烈的外部环境，企业正在进行一系列的管理变革，相应地，人力资源管理的职能也需要作出变化。员工福利在这种大的趋势中也出现了新的管理模式，即企业把福利外包给外部福利服务商，由其提供多样化的福利项目，“一站式”为企业员工提供法定福利、健康管理、金融保险及员工生活、购物、娱乐、学习、交际等福利服务。这种福利外包模式有利于降低企业在福利方面的各项成本，有利于企业把有限的资源集中在发展自身核心竞争力上。

### 2. 福利外包的主要内容

通常情况下，福利外包的主要内容为法定福利外包、弹性福利外包、企业补充福利外包等。但由于福利在吸引和激励人才方面的作用凸显，越来越多的企业更加关注员工的福利计划，以期获取对于人才的核心竞争力。因而，福利外包的内容也随企业和员工需求的多样化而变得更加细致和具有个性化。以下列举的品牌人力资源服务外包商为企业提供的员工福利外包内容，可以看出目前福利外包内容的发展状况和趋势。

1）FESCO 的福利外包。作为品牌人力资源服务公司，FESCO 的福利外包业务服务种类较多，主要为法定福利、健康福利、综合福利、弹性福利、企业年金、员工活动等。

法定福利：社会保险费和住房公积金代缴及管理服务是 FESCO 的核心服务产品之一。FESCO 依据政府相关规定，为符合条件的客户提供社会保险和住房公积金账户的建立、日常缴纳、基数核定及账户查询等服务。同时，为外籍员工提供社会保险代理服务。

健康福利：FESCO 为所服务的客户及其员工提供内容全面、丰富且实用的健康补充福利，包括定制化的意外保障方案、补充医疗保障方案、住院补贴、大病救助及重疾安康等保障性福利，以及惠及配偶和子女的补充医疗保障，还可以为外籍员工和大型客户提供高端医疗保险或定制化医疗保险的保险经纪服务。不仅可以使员工在个人健康方面得到充分保障和额外特定数额的补贴，还因其配偶及子女的保障服务，使员工可以更加安心地投入工作，从而提高员工的工作积极性和对企业的忠诚度及满意度。

综合福利：主要包含供暖补贴、家财保障、综合福利补助、子女福利等。

弹性福利：弹性福利作为一种新型福利解决方案，能够有效解决企业成本控制和员工满意度之间的矛盾，吸引和保留关键人才，改善企业文化，提升雇主品牌。FESCO 弹性福利服务提供先进的网络服务和管理平台，集合众多优质的供应商资源，提供涵盖健康管理、节日慰问礼品、福利卡、培训、旅游、员工关爱等多个方面的福利套餐和产品。以庞大的员工数量发挥集中采购的优势，为员工提供更加丰富、实惠的福利产品，有效地为企业节省成本。

企业年金：企业年金日渐成为客户关注的一项重要福利，为员工所重视。FESCO 不仅为中小客户制订了多套适应不同投资需求的年金集合计划（方案），还为客户设计和实施个性化的年金方案，或协助客户办理年金计划的政府报备事宜，从而全方位帮助客户解决实施企业年金计划中遇到的难题，让员工享受到周到便捷的服务，充分发挥年金福利的激励作用。

员工活动：员工关系及员工活动是企业文化的重要组成部分。做好这两项规划及实施对提高员工的工作积极性有着重要的推动作用，对企业可持续发展有着深远的意义。为使客户能更加专注于自身企业的战略性人力资源管理，满足客户对自身员工的福利规划与制定，同时丰富广大员工的业余生活，舒缓紧张工作所带来的疲劳与压抑，FESCO 推出了丰富多彩的员工活动产品。

2）ADP 公司的福利外包内容。ADP 公司的福利外包的主要内容为：提供政策检索库，确保遵守本地法律法规设立社会保险账户；为入职和离职员工管理账户的转入和转出；为员工办理社会保险及住房公积金的抵扣和缴纳，并支付至相应的政府机构；根据政府规定申报社会保险；实现在线追踪社会保险状态；自动获取、保存并生产符合本地规定的标准报表。

3）HROne 公司的福利外包内容。HROne 公司的福利外包的主要内容为招退工手续办理、相关政府关系协调、档案管理、政策跟踪与更新。

招退工手续办理：为入职、离职员工办理社会保险和公积金的建立和退出手续。

相关政府关系协调：为客户和员工开设社会保险和公积金账户，缴纳社会保险费、公积金、残疾人就业保障金、补充公积金等法定福利费用。

档案管理：提供有资质的供应商为员工管理档案，协助办理员工档案转移事宜，代为开具相关的个人证明。

政策跟踪与更新：提供各地最新的社会保险与公积金政策的更新信息，如果客户同时选择了其薪酬服务，HROne 公司会帮助客户及时按最新的政策调整计算和操作社会保险、公积金的提取协助：协助员工查询和申请社会保险和公积金，协助客户处理工伤鉴定等，提供社会保险、公积金的提取咨询。

### 3. 福利外包服务的运作流程

从福利服务的内容上看，不同的人力资源服务机构会根据企业的不同需求设计不同的有针对性的福利服务内容，不同的福利服务内容具体运作流程也不相同，即使相同或类似的福利内容，其因人力资源服务公司各自提供服务的特点和方式不同，福利服务的运作流程也有不同。同时，即使是标准流程，随着客户选择的具体服务内容的不同，该流程也会有所调整。下面以品牌人力资源服务公司的福利服务流程为例进行说明。

(1) 中智关爱通全面弹性福利实施流程

中智关爱通全面弹性福利实施流程如图 7-3 所示。

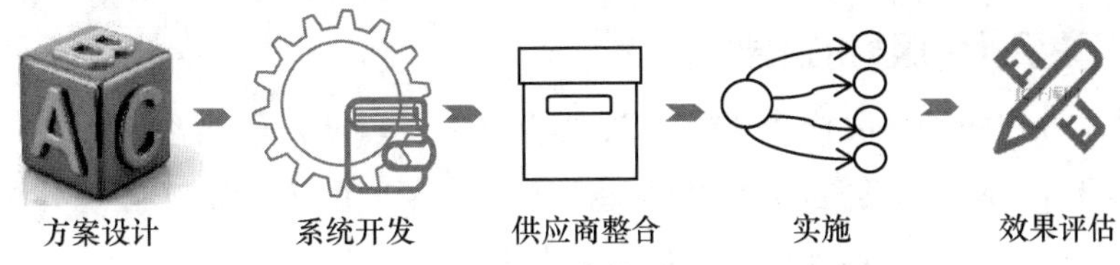


图 7-3　中智关爱通全面弹性福利实施流程

(2) 某外企人力资源服务公司福利流程

某外企人力资源服务公司社会保险服务工作具体流程如图 7-4 所示。

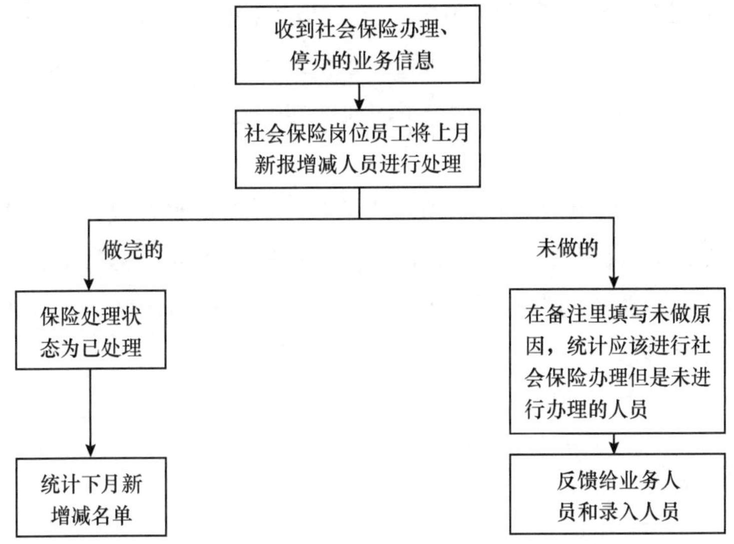


图 7-4　某外企人力资源服务公司社保服务工作流程

## (四) 员工关系外包服务

### 1. 员工关系外包的含义

员工关系服务外包是在劳务派遣、人事代理等操作服务基础上升级的一项人力资源服务解决方案，在新形势下已成为企业劳动合同用工的补充形式。企业将非核心岗位员工或部分人力资源工作职能外包，并借助专业的第三方管理平台与顾问团队支持，最终实现降低成本、控制风险的平衡化运作。

员工关系服务产品通过提供内容丰富、涵盖全面的服务菜单，对企业员工从入职到离职的整个职业生涯进行全程跟踪服务，并对员工在职期间的员工活动、心理咨询、员工内部沟通及职业生涯晋升路径等给予配套的整体解决方案，有效提升员工忠诚度，减少盲目离职事件的发生，降低企业人力成本。

### 2. 员工关系外包服务的主要内容

员工关系外包服务产品内容丰富，对企业员工可以从入职到离职的整个职业生涯进行合理的设计，提供有针对性的整体解决方案。不同的人力资源服务外包机构根据企业需求提供不同类型的员工关系外包服务内容。

苏州英格玛人力资源外包公司员工关系服务内容主要为：①员工调研计划，包含员工满意度调研、员工离职率调研、员工需求服务调研；②员工福利计划，包含节假日慰问关怀、庆生会、员工旅游、系列讲座等；③员工激励计划，包含优秀员工评选、技能竞赛、入职纪念、员工光荣榜等；④员工活动计划，包含节日晚会、拓展训练游园会、趣味运动会、卡拉 OK、俱乐部等；⑤员工关爱计划，包含心理咨询、健康体检、伤病员工慰问、月度海报等；⑥员工沟通计划，包含圆桌会议、员工接待日、400 员工热线、员工助理等。

劳达集团综合运用中国本土的劳动法规政策，解决企业人力资源管理过程中的员工关系问题，帮助企业降低人力成本，控制法律风险，实现卓越员工关系管理。其员工关系管理岗位外包服务的内容主要为：组成专业后台服务团队，并选派专业咨询顾问或律师，长期派驻客户，协调处理其有关日常员工关系管理工作，承担客户员工关系管理岗位应当承担的工作职能。

## 二、任务要求

### 1. 任务具体要求

列举人力资源服务外包的优势。

要求：

（1）结合所学知识，各团队列举人力资源服务外包的优势。

（2）利用鱼骨分析法把相关内容标示出来。

### 2. 任务完成常用实际业务工具

鱼骨分析法如图 7–5 所示。

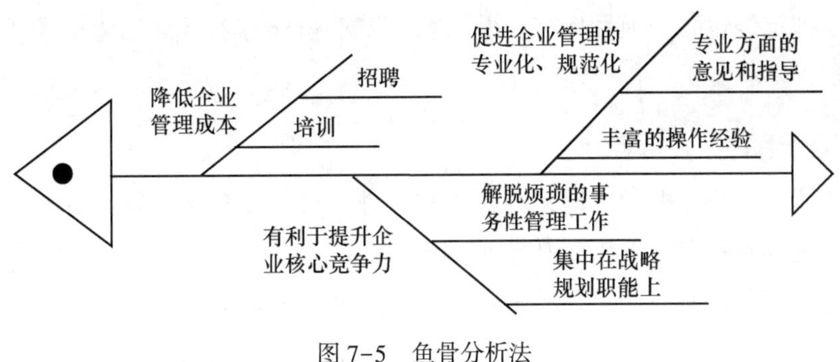


图 7-5　鱼骨分析法

## 三、任务评价指标和标准

**“列举人力资源服务外包的优势”任务评价指标和标准**

| 标准<br>指标 | 优<br>（5 分） | 良<br>（4 分） | 中<br>（3 分） | 差<br>（2 分） | 很差<br>（1 分） |
|---|---|---|---|---|---|
| 能够列出主要优势 | | | | | |
| 能够列出一般优势 | | | | | |
| 标识重要因素 | | | | | |

# 任务二　制定外包服务方案

## 一、知识准备

### （一）人力资源外包服务流程

#### 1. 对象确认

人力资源外包服务机构在开展人力资源外包服务前，应与客户进行前期接洽，初步了解双方的意向，确认彼此的资质，交换各自公司的基本情况并详细说明相关事宜，确认人力资源外包项目范围和内容，核准、查实人力资源外包项目的合法性和合理性。

#### 2. 服务准备

人力资源外包服务机构应与客户共同对外包需求进行深入探讨和分析，确认外包服务类别，拟定外包服务项目标准，根据客户需求和外包项目标准选择或开发合适的外包工具。

3. 制定方案

人力资源外包服务机构应根据客户需求，进行可行性分析，制定适合的人力资源外包服务方案，并与客户确认，内容包括但不限于：

（1）客户委托开展人力资源外包项目的目标和实施步骤。

（2）人力资源外包项目的流程、制度、岗位职责等文件资料。

（3）人力资源外包项目所需生产要素的整合和运用计划。

4. 签订合同

人力资源外包服务机构与客户签订人力资源外包合同时，应包括以下步骤：

（1）明确双方的权利和义务，合同的变更、终止和违约责任等条款。

（2）核查客户的营业执照、组织机构代码证，并留存相关证件复印件备查。

5. 服务实施

人力资源外包服务机构履行合同，并监测实施过程中存在的问题，在与客户不断协商的基础上，推进人力资源外包项目。

6. 结果反馈

人力资源外包服务机构向客户反馈人力资源外包服务结果，接受客户审核并协助客户进行人力资源外包服务的交接工作或洽谈进一步合作事宜。

7. 项目结算

人力资源外包服务机构根据人力资源外包服务合同中的规定及项目的实际实施完成情况，进行外包项目的人员、系统、服务等方面的财务结算工作。

### （二）人力资源外包服务的要求

1. 主动向客户出示自身能够提供人力资源外包服务的资质证明材料。

2. 根据客户要求和自身服务能力，提供切实可行的人力资源外包服务方案。

3. 按照合同要求的服务过程或结果定时定额、保质保量完成。

4. 客观、真实地报告外包实施过程中的实时信息及完成后的准确结果。

5. 给予客户必要的人力资源外包服务的相关指导，协助客户实施人力资源外包方案。

6. 了解客户所属领域的专业知识或管理技能，为客户提供人力资源服务专业性解答和科学管理。

## 二、任务要求

### 1. 任务具体要求

制定春节福利外包方案。

要求：

（1）每个团队选定一家公司。

（2）根据公司的情况，量身定制一份春节福利方案。

### 2. 任务完成常用实际业务工具

员工福利发放表见表 7-1。

表 7-1　　员工福利发放表

| 福利方案 | 福利内容 | 发放对象 | 预算 |
| --- | --- | --- | --- |
| 超市购物卡 | 入职员工三个月以内的发放 1 张 100 元面值超市购物卡；入职员工三个月以上半年以内的发放 1 张 300 元面值超市购物卡；入职员工半年以上的发放 1 张 500 元面值超市购物卡 | 全体员工 | 100 元×____人＋300 元×____人＋500 元×____人＝____元 |
| 礼品组合 | 本公司工龄一年以下人员，价值 100 元礼品一份；本公司工龄一年及以上人员，价值 300 元礼品一份；主管级人员，工龄礼品＋现金红包 200 元/人；经理级人员，工龄礼品＋现金红包 400 元/人；总监级人员，工龄礼品＋现金红包 800 元/人 | 全体员工 | |
| …… | | | |

## 三、任务评价指标和标准

“判定春节福利外包方案”任务评价指标和标准

| 指标＼标准 | 优（5 分） | 良（4 分） | 中（3 分） | 差（2 分） | 很差（1 分） |
| --- | --- | --- | --- | --- | --- |
| 方案的合理性 | | | | | |
| 方案的创新性 | | | | | |
| 方案的灵活性 | | | | | |

# 任务三　外包服务实施

## 一、知识准备

在人力资源外包流程中，人事代理流程是传统人力资源外包流程中的最基础的三个基本流程之一。因此我们从员工入职、员工离职和薪酬管理这三个环节对外包服务实施进行概要介绍。

### （一）员工入职流程

员工入职流程是指企业客户正式录用员工后，由客户委托人事外包服务提供商办理员工入职手续的服务流程，主要是指人事外包服务提供商按照相关政策规定，协助企业客户和客户新录用的员工，完成必要的录用手续和转入员工的社会保险、公积金的过程。该流程主要包括以下几个方面的功能。

1. 企业客户向服务商提供员工录用通知，表示企业客户已经同意录用员工，这是员工入职流程的起点。一旦企业需要录用员工，必须提供书面通知给员工，这是员工与企业建立劳动合同关系及服务商接受委托的合法手续。

2. 在服务商获得企业的员工录用通知后，服务商将向企业提供“人事代理员工基本信息表”，通过基本信息表，服务商获得员工的个人准确信息，为外包服务商后续联系和管理工作做好准备。入职员工的基本信息包括姓名、户籍、学历、联系方式、地址等。

3. 基于规模化和专业化的运作，将服务商“人事代理员工基本信息表”中的信息录入服务商的信息系统中，通过信息系统将不同的任务分配到不同的服务岗位，以完成后续工作。

4. 由客户企业服务专员根据“人事代理员工基本信息表”中的员工联系方式与员工沟通，核实员工的个人情况，并通知员工提供个人办理录用及社会保险的相关资料（一般服务商会提供一个标准的资料准备清单和书面通知单）。入职员工需递交的材料包括劳动手册、退工单、户籍档案受理凭证复印件、个人基本情况表、照片等。

5. 员工根据材料准备清单，在规定时间内将个人资料提供给服务商，服务商在材料收取后会提供材料收取清单，并将材料收取情况录入系统。

6. 服务商的人事管理部门将根据国家和地方省市的相关劳动用工和社会保险管理的法律、法规和制度的规定，办理入职员工用工手续和社会保险开户手续。

7. 为了保证服务的沟通和质量保障，根据客户要求，服务商必须每月提供“人事代理手续办理和社会保险办理情况汇总表”，客户企业负责对汇总表进行审核，可以及时发现双方在工作中的差错，以有效控制外包服务的整体质量。

8. 在实际服务中，很难避免因员工提供材料有误或不足导致服务延期的情况，这时，服务商应根据系统中的记录，与未及时提供材料或材料有误的员工进行沟通，要求其在限定时间内补齐相关材料。

将上述流程简要编制如图 7-6 所示，供参考。

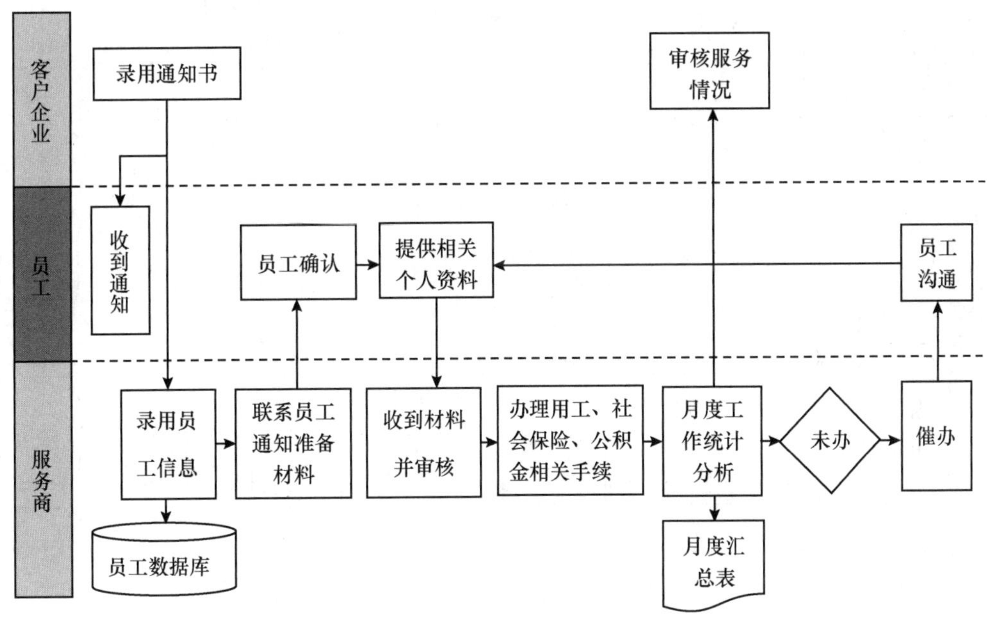


图 7-6　员工入职流程

## （二）员工离职流程

员工离职流程反映的是人事外包服务提供商按照相关政策规定，协助企业客户和将要离职的员工，完成必要的退工手续和转出员工的社会保险、公积金的过程。该流程主要包括以下几个方面的功能。

1. 员工提出离职，或客户企业提出不续签通知或解除劳动合同，由客户企业向服务商提供离职通知书，通知服务商办理退工和社会保险停缴的有关手续。

2. 服务商记录员工离职信息，并按规定计算员工社会保险费和公积金应缴纳金额及其他离职相关费用，交由客户企业审核确认。

3. 员工在离职后，服务商通知员工办理离职手续，领取退工单和劳动手册。

4. 服务商在规定时间内为员工办理社会保险转出和公积金封存手续。

5. 服务商将月底人事社会保险汇总交由客户企业审核确认，完成员工离职程序。

6. 对于未及时办理离职手续的员工，服务商将根据月度汇总表反映的情况，与员工沟通，要求员工及时办理离职手续。

将上述流程简要编制如图 7-7 所示，供参考。

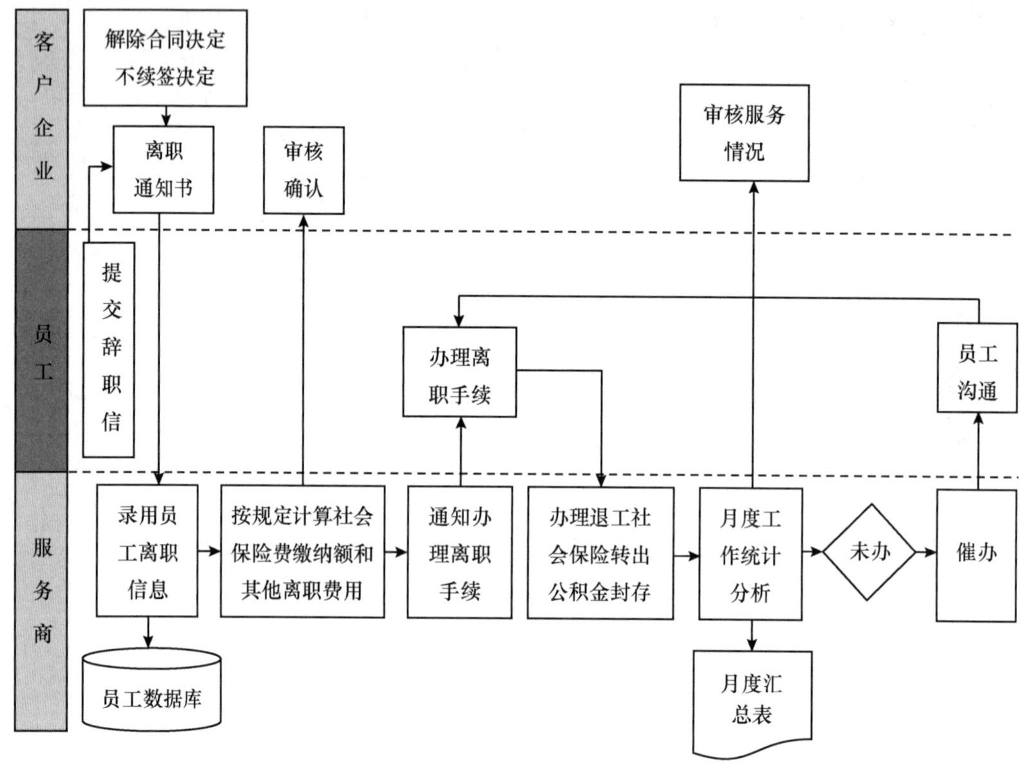


图 7-7　员工离职流程

### （三）薪酬管理流程

薪酬管理流程是指根据企业的委托，由人事外包服务提供商在企业提供数据的基础上，计算员工工资项目，计算社会保险和个人所得税，并根据双方确定的工资计算结果，由服务商代发工资和代缴个人所得税的服务流程。

薪酬管理流程包括薪酬数据的确认、工资计算、薪酬报告的生成和工资发放等几个基本环节，具体的流程功能说明如下。

1. 客户企业在委托服务商管理薪酬服务时，必须向服务商提供书面的企业薪资政策，薪资政策是企业内部关于各岗位员工薪资发放的具体政策性规定，规定的内容包括薪资构成、薪资项目、每个薪资项目的具体含义和标准等。

2. 服务商根据客户企业提供的薪资政策，整理成一个标准化、规范化的薪酬计算模型，模型包括所有计算项目认定、计算标准、项目数据采集规范、合理性规范及计算公式等。

3. 服务商根据薪酬计算模型，在服务商薪酬服务信息系统中对客户企业的薪酬管理服务系统进行初始化，即薪酬计算模型在系统中进行设定，实现系统未来的自动计算和报表生成。

4. 服务商将薪酬计算模型和初始化后的系统与客户进行共同审核和试运营，以确保计算模型和初始化系统的准确性，切实满足客户的计算需求，并符合相关法律法规的规定。

5. 每月，客户企业将薪酬计算原始数据采用规范的电子文档或书面文档的形式提供给服务商，由服务商录入薪酬计算系统，薪酬计算系统将进行自动计算，生成计算结果。

6. 服务商薪酬专员将专门对薪酬计算的结果数据进行复核校对，复核校对的方式一般对小规模企业采用抽条校对法（即采用人工计算与系统计算数据结果校对，发现是否有差错）；对大中型规模企业，一般在首次外包的前三个月采用逐条校对，以确保系统的准确性，三个月后采用按2%～5%的数据进行抽样校对。校对一旦发现差错，必须进行全面校对。

7. 校对无误后，系统将自动生成按客户企业要求定义的薪酬报表和报告，对于客户的特殊要求，可以生成一次性的特殊报表和报告。

8. 服务商将客户企业定义的薪酬报告交由客户确认，若客户企业提出异议，则重新确认工资；变更信息后再次进行工资计算，直至客户企业确认无误。

9. 服务商就客户企业确认结果生成账单，客户企业付款后由服务商生成银行文件交由银行进行工资发放，服务商同时打印员工工资单。

10. 员工收到工资，并领取工资单。

将上述流程简要编制如图7-8所示，供参考。

### （四）人力资源外包服务提供商的运作案例

#### 1. 某人力资源外包服务供应商公司案例

（1）公司概况

ABC公司成立于1990年，是注册在上海地区的一家国有人事外包服务机构。ABC

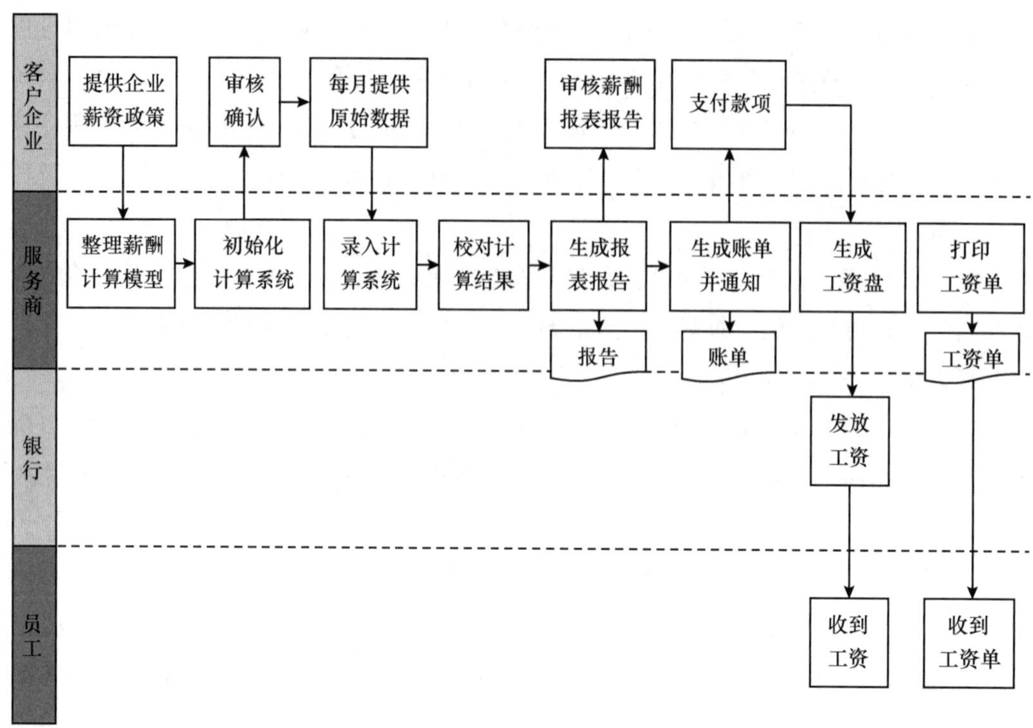


图 7-8　薪酬管理流程

公司注册资金为 1 000 万元人民币。ABC 公司主要经营范围是为各类外企、民企和国有企事业单位提供综合性人事外包服务，包括人才中介、培训、人事代理、企业管理咨询服务等。公司经过 28 年的发展，在人力资源外包服务行业已经成为行业知名企业，拥有一支非常专业的服务团队。

ABC 公司现服务的企业客户数达到 1 300 余家，服务雇员数达到近 5 万人，服务总营业收入达 20 亿元，净服务费收入达 1 亿元，净利润达到 1 500 万元。

（2）ABC 公司的发展理念和发展战略

1）以客户需求为导向。ABC 公司拥有专业的服务团队，始终坚持以客户需求为中心，在满足客户基本需求的同时，追求进一步满足客户的个性化需求。ABC 公司不仅提供客户要求的服务，更以专业眼光关注表面问题的深层原因，提供解决方案，提高服务的附加值。为了适应市场的多变性和特殊性，ABC 公司制定了内部各个部门协同合作的运行规则，以保证随时能够提供符合市场要求的、有竞争力的服务方案。

2）发展与客户的战略伙伴关系。ABC 公司在为客户提供优质服务产品的同时，努力在人事外包的整个过程中构建与客户的战略伙伴关系，开发能够与客户保持持续合作的人力资源工具。例如，嵌入客户运作流程中的绩效管理系统，通过一体化的招募、测评、甄别、培训、职业规划等手段来确保客户的每个工作职位都能匹配到合适而稳定的人选。

（3）ABC 公司组织结构

ABC 公司各部门的主要职能说明如图 7-9 所示。

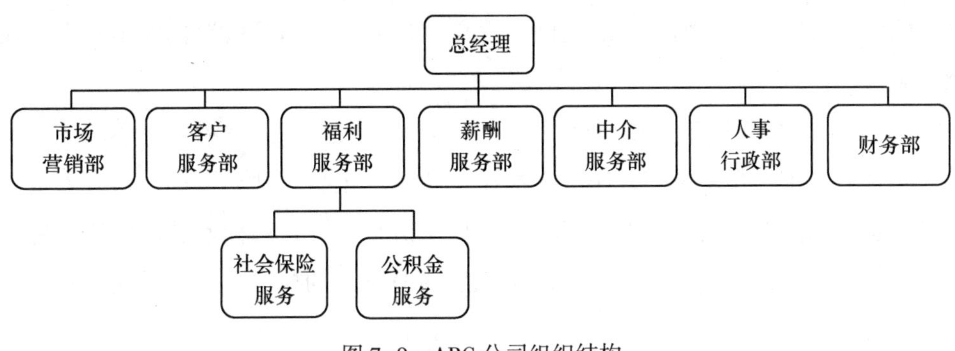


图 7-9　ABC 公司组织结构

1）市场营销部：主要负责市场调查、客户拜访、服务销售、服务洽谈、服务合同签订等职能。

2）客户服务部：主要负责对客户的日常服务，包括对企业客户和员工个人客户两个部分的客户联系、服务跟踪、服务反馈、客户咨询、投诉处理等职能。

3）福利服务部：主要负责客户企业中员工的用退工、社会保险、公积金手续办理等具体事务的职能；根据专业化分工，下设社保服务和公积金服务两个部门。

4）薪酬服务部：主要负责薪酬客户模型设计、薪酬系统管理、数据处理、报表报告生成、工资发放、员工工资咨询等职能。

5）中介服务部：主要负责向企业客户提供人才推荐的服务，并向个人客户提供职业发展咨询服务。

6）人事行政部：主要负责公司内部人力资源事务和行政后勤等事务的管理职能。

7）财务部：主要负责公司会计核算及财务管理等工作。

（4）ABC 公司的具体服务项目

ABC 公司人事外包服务项目包括人事代理、员工派遣、人才招聘和猎头、企业培训、员工关系管理、人力资源咨询服务等。在其主要项目“人事代理”和“员工派遣”方面具体包括合法用工手续办理、社会保险费及公积金缴纳、档案管理、薪酬福利管理、商业医疗保障、岗位人员推荐和配置、法律咨询和争议处理、满意度调查等。

（5）ABC 公司的服务优势

1）全面、专业的服务体系。ABC 公司提供的服务涉及招聘、培训、劳动关系管理、薪酬管理、法定和商业福利管理等各个领域，基本覆盖了企业客户人力资源外包的服务需求，而且在每个管理领域都拥有专业的人才团队，专业团队在行业内都拥有三年以上服务经验。

2）专业的服务团队。作为专业的人力资源服务公司，ABC 公司十分重视内部员工的专业化程度提升和客户服务团队建设，其业务部门和职能部门拥有资深的业务团队，各个部门团队之间权责清晰、职能明确，旨在以科学的组织机构设置为客户提供最专业化的服务。

3）先进信息系统服务。ABC 公司建立了基于专业数据库和网络技术的人力资源服务信息化管理系统，几乎所有运作过程都使用此系统进行管理和操作。以人力资源服务信息化管理系统、专业在线服务网站、客户电话服务中心三种渠道构建的信息技术平台大大缩小了 ABC 公司和客户之间的距离。依托先进的技术，ABC 公司人事外包服务日益迅捷、高效。

4）严格而规范的质量管理体系。为了提高内部的管理水平，并为客户提供完善的服务，ABC 公司在同行业中全面通过了 ISO 9001：2000 版质量管理体系的认证。通过对质量管理体系的监控和调校，ABC 公司对每一项服务内容都设置了工作流程，提高了服务质量管理的可控性。同时，按照 ISO 9001 质量管理体系的要求，ABC 公司为客户提供满意度调查和通畅的服务反馈渠道，多方位保证了人事外包的服务质量。

5）规模效应有效降低了企业成本。ABC 公司拥有较大的客户群体、良好的现金流量、优质的财务信用以及和谐的政府协作关系，这些资源优势创造了显著的规模经济效应，为客户提供更为优良的成本效益。

6）积累丰富的社会资源。在多年的服务过程中，ABC 公司积累了丰富的与社会各界包括政府行政部门沟通、合作的经验，并与人才中介行业的政府主管部门建立了良好和密切的协作关系。凭借这些无形资产的累积，ABC 公司为客户节约了大笔对外沟通和公关的成本，获取了准确的市场和政策信息动向，可以为客户提供更为快捷、有效的政策咨询和政府事务的相关服务。

7）覆盖区域广，具有全国服务能力。ABC 公司可以提供覆盖 100 余个城市的专业服务，公司通过自行建立分支机构和与当地主要服务商建立合作关系的形式，建立了全国统一的标准化服务体系及服务质量监控系统，向客户提供全国一体化的人力资源服务。

### 2. 某通信产品销售公司人事外包服务案例

（1）公司背景简介

甲公司是一家总部位于上海市的全国性通信产品销售公司，在全国 20 个一、二线城市开展销售业务，每个城市的销售人员规模从5人到200人不等。随着市场竞争的加剧和新的销售区域的快速拓展，提升销售人员的管理水平对公司战略实现至关重要。

由于公司涉及的区域广、发展迅速，而企业人力资源部门的主要工作过去主要集中在员工招聘、社会保险办理等职能方面，不能有效支持人力资源最关键的职能，如人员能力的发展和绩优员工的有效挽留。

为此，甲公司希望通过选择一家专业的人力资源外包服务提供商，帮助企业解决人员招聘和社会保险办理等人力资源工作。

（2）外包需求和目标

甲公司通过对公司发展战略的分析，就销售人员的管理目标进行了明确：

1）每年将在全国新设50余家门店。

2）需要为新门店及时配置2~3名高素质的销售人员。

3）需要通过不断的培训，提升销售人员的技巧和能力。

4）需要建立一套规范的招聘、培训、绩效和薪酬管理体系。

5）需要使用外包服务来获得专业化的管理，降低销售员工管理的风险和成本。

因此，甲公司确定了外包的具体需求：

1）需要一家在零售行业具有丰富经验的人力资源外包服务企业。

2）需要外包的内容包括员工招聘、初步筛选、入职培训、员工人事关系管理、社会保险化管理、薪酬发放等一系列的人力资源服务。

3）需要服务商根据甲公司要求设计一整套的外包服务流程，并确保服务流程有效执行。

4）需要服务商能够协助甲公司进行人力资源信息和运营成本的管理，通过服务商的系统及时获取相应的决策参考信息。

（3）服务商选择流程

甲公司设计了一套服务商选择的流程，以便有效评估和筛选服务商。

1）组建了由公司总经理负责的服务商评估工作小组，由人力资源部牵头外包服务商选择工作。

2）公司内部多个部门经理进行专题沟通，理清企业内部需求，制定服务需求说明书，制定服务商选择标准。

3）根据选择标准，向初选合格的3家以上服务商发出邀请。

4）与服务商进行专题沟通，详细介绍企业需求。

5）由服务商提供服务项目建议书，并进行演示和讲解。

6）服务商评估工作小组基于设定的标准，对服务商进行评估，最终选择服务商。

（4）外包过渡期的工作

甲公司意识到将原有销售人员转由服务商管理，不仅是一个企业理念转变的过程，也是销售人员个人理念转变的过程。为了保证过渡期的稳定，甲公司专门与服务商召开了过渡期工作会议，就自行管理向外包管理过渡设计了具体方案，方案主要内容如下。

1）实施全体销售人员宣讲会。为了保证所有销售人员对外包服务的理解和支持，甲公司销售副总裁与服务商共同策划和实施了销售人员宣讲会。

2）制定和发放销售人员服务手册。为了保证销售人员在外包后获得与公司自行管理同样的服务承诺，服务商根据甲公司原有的管理体系，在进一步规范的基础上设计了销售人员服务手册，使销售人员能够了解服务商提供的具体服务项目和服务方式。

3）确定服务热线。为了保证销售人员及时获得服务商的服务，服务商专门设定了指定服务热线，向员工提供高效的咨询服务。

（5）外包服务的成果

最终，经过选择和最后评估，甲公司选择了以下人力资源服务外包项目：

1）销售人员专业招聘服务。

2）销售人员入职培训服务。

3）按各地政策，为销售人员办理劳动合同签订事务、办理用工手续、管理人事档案。

4）按各地政策，缴纳销售人员社会保险费、公积金，办理人身意外商业保险。

5）协助改进销售人员绩效考核方案，并代理发放工资、代扣缴个人所得税。

6）组织销售人员季度和年度业绩表彰活动、企业文化建设活动。

7）提供各地的劳动争议调解、仲裁、诉讼的代理服务。

8）提供专门网站，支持客户在线自助查询和数据统计。

9）提供销售人员的保留和流动管理服务。

经过服务商一年的服务，甲公司不仅从事务性工作中解脱出来，而且进一步提高了销售人员的服务水平，具体成效如下：

1）实现了新开门店招聘满足率 80%以上的招聘效果。

2）与服务商共同开发了 180 天销售人员培训进阶课程，快速提高销售人员的能力。

3）通过服务商优化服务流程，制定了销售人员服务手册、督导管理手册、销售人员能力素质模型和绩优员工标准。

4）通过服务商的绩效和薪酬管理咨询服务，优化了销售人员绩效和薪酬体系，提高了单位人工销售收入。

5）及时预测员工流动动向，制定员工保留措施和方案。

6）通过服务商的管理信息系统，甲公司可以及时了解到销售团队的状况，对销售和人力资源管理决策提供了有效支持。

## 二、任务要求

### 1. 任务具体要求

以小组为单位，制定模拟公司销售人员入职培训计划。

要求：

（1）各小组明确培训目标和内容。

（2）运用表格法制定具体培训内容和时间，形成销售人员入职培训计划表。

### 2. 任务完成常用实际业务工具

员工培训项目计划表见表 7-2。

表 7-2　　员工培训项目计划表

<table>
<tr><td>培训目标</td><td colspan="4">1. 了解公司的业务内容<br>2. 明确公司销售岗位的职责及职业操守<br>3. 培养其正确的工作态度及方法<br>4. 帮助其快速投入工作及成长<br>5. 贯彻公司的销售政策及团队建设方针</td></tr>
<tr><td>培训内容</td><td colspan="4">1. 公司概况、行业概况及业务范围<br>2. 公司所处行业的发展及现状，公司目前的市场地位及主营业务介绍<br>3. 公司的各项规章制度<br>4. 一线销售人员的工作职责、工作方法及业务流程<br>5. 通过经验与案例分析，资深销售传授各方面工作技巧及心态把控技巧<br>6. 公司经典销售案例穿插解析</td></tr>
<tr><td colspan="5">课程安排</td></tr>
<tr><td colspan="2">培训内容</td><td>主讲人</td><td>时间</td><td>受训人员</td></tr>
<tr><td>动员</td><td>培训宣言</td><td></td><td>×月×日<br>8：30—8：50</td><td rowspan="2">全体新入职员工</td></tr>
<tr><td>公司简介、业务介绍</td><td>公司所处行业的发展及现状；公司目前的市场地位及主营业务；介绍公司的优势、同行态势</td><td></td><td>×月×日<br>9：00—10：00</td></tr>
</table>

续表

| 课程安排 | | | | |
|---|---|---|---|---|
| 培训内容 | | 主讲人 | 时间 | 受训人员 |
| 公司简介、业务介绍 | 公司组织架构及人员构成；公司规章管理制度 | | ×月×日<br>10：30—11：30 | 全体新入职员工 |
| | 销售人员的工作职责、工作方法、业务流程简介 | | ×月×日<br>14：00—15：00 | |
| | 资深销售传授各方面工作技巧及心态把控技巧 | | ×月×日<br>15：30—16：30 | |

## 三、任务评价指标和标准

**“制定销售人员入职培训计划”任务评价指标和标准**

| 标准<br>指标 | 优<br>（5分） | 良<br>（4分） | 中<br>（3分） | 差<br>（2分） | 很差<br>（1分） |
|---|---|---|---|---|---|
| 培训目标明确 | | | | | |
| 培训内容清晰 | | | | | |
| 培训计划内容全面 | | | | | |

## 练习题

**选择题**

1.（　　）外包是在劳务派遣、人事代理等操作服务基础上升级的一项人力资源服务解决方案，在新形势下已成为企业劳动合同用工的补充形式。

A. 员工关系服务　　B. 招聘服务

C. 福利服务　　D. 薪酬服务

2. 员工入职流程是指企业客户正式录用员工后，由客户委托（　　）办理员工入职手续的服务流程。

A. 代理商　　B. 服务机构　　C. 代理机构　　D. 服务商

3. 项目结算是指根据人力资源外包服务合同中的规定及项目的实际实施完成情况，进行外包项目的人员、系统、（　　）等方面的财务结算工作。

A. 办事　　B. 任事　　C. 服务　　D. 效劳

4. 人力资源外包服务内容包括（　　）。

A. 招聘外包服务　　B. 福利外包服务

C. 薪酬外包服务　　D. 员工关系服务

5. 人力资源外包服务的具体流程包含的内容有（　　）。

A. 对象确认　　B. 签订合同　　C. 制定方案　　D. 计划实施

6. 薪酬外包的工作类型包括职位评估、市场数据管理、协助进行工资规划、结构调整及奖励预算提案、（　　）等。

A. 数据统计　　B. 薪资发放　　C. 岗位分析　　D. 个税缴纳

7. 企业招聘外包的业务流程包括（　　）。

A. 招聘需求分析　　B. 代理策略确定

C. 外包服务机构的选择　　D. 外包合同的制定

8. 福利外包的主要内容为（　　）。

A. 法定福利外包　　B. 员工福利外包

C. 弹性福利外包　　D. 企业补充福利外包

9. 薪酬外包是指企业与其（　　）服务供应商之间建立合作关系，由外部专业机构负责该企业薪酬部门的日常事务性工作。

A. 外部　　B. 政府　　C. 内部　　D. 社会

10. 福利是指员工因为保持与企业之间的雇佣关系而获得的各种（　　）经济性或非经济性的报酬。

A. 直接　　B. 全额　　C. 间接　　D. 法定

# 项目八

# 人力资源管理信息化服务

## 【项目导入】

### 一、主题案例

吉利控股集团总部设在杭州，集团下有五个子集团：吉利汽车集团、沃尔沃汽车集团、吉利商用车集团、吉利集团和铭泰集团。集团员工人数超过77 000人。它在中国上海、杭州、宁波、瑞典哥德堡、英国考文垂、西班牙巴塞罗那、美国加州建有设计、研发中心，研发设计、工程技术人员超过2万人，而且在中国、美国、英国、瑞典、比利时、白俄罗斯、马来西亚建有世界一流的现代化整车工厂，产品销售及服务网络遍布世界各地。

2009年之前，吉利内部的人力资源管理是粗放式的管理，没有人力资源管理体系，各子公司都是各自为战，根据自己的需要找人，企业意识到这种粗放式的管理越来越不能满足企业快速发展的需要，人力资源管理亟须进行变革。

2009—2013年，吉利集团花费四年的时间，逐步搭建了现代人力资源管理体系，整个体系包括若干子模块如招聘、培训、干部管理、员工关系、薪酬福利等，通过人力资源信息化建设推动整个体系的落地与实践。

2014年，HR三支柱模式席卷大江南北，吉利也提出了利用三支柱架构来深化人力资源服务业务，通过建立人力资源共享中心（HRSSC）以及专家中心（COE）全面推进人力资源业务合作伙伴（HRBP）模式，人力资源重心调整为业务驱动创新。为了配合集团未来的发展战略，吉利希望利用文化与人才来驱动业务的快速发展。

1. HRBP模式

一开始，吉利HRBP模式的主要作用是为了配合业务部门来招揽人才，实际上还是常规的HR事务。但这还远远不够。HRBP的关键在于“BP”，BP（人力资源业务专员）的主要工作职责将不断发生变化。吉利要求BP要向做团队等方向转化，也就是BP跟业务要跟得非常紧，要了解业务的发展趋势如何，业务的升级方向是什么，业务的负责程度在哪里，需要什么样的复合型人才，如何做前瞻性的规划。吉利同时也认为未来的HRBP更多的是做企业文化的推进，聚焦人才发展，做人才的规划和人才梯队的建设，做战略型人才的招募和储备工作。

2. 人力资源共享中心

吉利在主要业务区域建立了人力资源共享中心，充分利用信息化互联网技术，实现员工自助服务，建立高效统一的共享服务平台，形成有市场竞争力的高效运营团队。目前，吉利共设了23个共享服务站、33个服务网点，覆盖吉利汽车集团、吉利商用车集团、新业务等7万余人。它们工作的主旨是做有温度的人力共享服务团队，以客户为出发点，设立了贯穿员工在企业生命周期的入职、在职、离职的服务产品，如“吉时语”“吉时办”“吉淘淘”，还有统一的大数据和计算机管理平台，提供多数据分析，推动人力资源管理的预警和决策。

3. 招聘共享中心

招聘共享中心是根据人力资源的业务需求，把招聘市场化的一个机制。因为有了这个中心，吉利对外部猎头的依赖程度就要降低。仅2018年上半年，招聘共享中心在成本上为吉利节省了4 000万元，招聘共享中心大大提高了各个业务人才供给的服务效率，也收集了大量的人才共享数据。

## 二、学习目标

1. 了解信息技术在人力资源服务中的应用。
2. 了解信息技术服务平台。
3. 掌握客户需求信息收集方法。

# 任务一　客户需求信息收集

## 一、知识准备

### （一）信息技术对人力资源服务的影响

信息是人力资源服务业的生命线，人力资源服务业的发展必须深度融合现代信息技术。信息技术在人力资源服务中的广泛应用将对原有的业态结构产生影响，同时也将促使现有商业模式发生相应的改变。

#### 1. 人力资源服务信息化乃大势所趋

现代管理学之父彼得·德鲁克指出："我们对未来最大的确定就是它的不确定性。"在"变化"成为唯一不变主题的年代，面对瞬息万变的环境，传统的人力资源管理正面临着许多新的挑战。促成这种改变的主要力量，除了劳动人口结构的改变以及经济需求导致的变革外，信息技术的快速发展也是巨大的推动力之一。在科技革命的引领下，人力资源服务业正在以计算机取代传统手工操作模式，逐步实现数据标准化、信息共享平台化、系统功能模块化的目标。由于传统的人力资源服务信息系统难以适应企业业务发展的需要，未来要借助于信息技术使服务价值突破时空限制，实现人力资源服务数字化与网络化，为终端用户提供精准的信息与个性化服务。为此，人力资源服务企业为进一步提升人力资源服务水平，必须基于现代信息技术来开发先进的操作技术平台。

随着网络化、信息化的发展，西方发达国家在人力资源服务体系中广泛应用信息技术，通过信息化和现代化手段有效降低了交易成本。例如，它们利用信息网络建立起人力资源的信息库、求职库和数据库等，可以为客户提供更为专业化的人力资源服务，从而提高了服务质量和服务水平。未来，我国要进一步完善人力资源服务体系，必须加大信息技术在人力资源服务领域中的应用，加快建立与国际接轨的人力资源服务体系，促进人力资源服务方式由粗放型向集约型转变。

#### 2. 信息技术对人力资源服务将产生诸多影响

一般而言，信息技术在人力资源服务中的应用主要源于三个前提条件：第一，信息技术在社会生活和经济生活各方面的广泛应用，使人力资源服务业也同样面对技术升级的问题；第二，信息是人力资源服务业的生命线，信息技术的广泛应用已引起人力资源服务行业的普遍重视；第三，信息技术的应用必将对人力资源服务业的现有格局产生影响，使得人力资源服务业的边界不断被打破，产业结构面临升级换代。这三个前提条件主要表现为，人力资源服务企业在内部管理和服务创新中纷纷采用信息技术手段以提高市场竞争能力。可以看出，信息技术在人力资源服务业中的应用，起源于技术应用层面，而最终将归结为技术应用对人力资源服务业的影响。一般而言，信息技术对人力资源服务业的影响，主要包括对企业的影响和对行业的影响两个方面。

（1）对人力资源服务企业的影响

对于企业的影响，在运作层面上表现为企业采用基于信息技术的新生产运作方式、新管理工具和新营销工具，在管理层面上表现为组织结构的变化、管理过程的变化和经营理念的变化，在战略层面上表现为采用基于信息技术的新手段获得竞争优势。一般来说，最先引进信息技术的是操作层面，操作层面的技术升级产生了新的管理问题，要求管理层面作出相应的调整，当管理层面调整到适合新技术的应用时，企业就具备了制定新战略的基础。在信息技术飞速发展的今天，企业在制定战略的过程中不可能忽略对信息技术的应用，而为了保证信息技术应用的顺利实现，要相应地对组织结构等管理层面进行调整。

现代企业人力资源管理正在逐步从注重控制的人事管理发展到聚焦人力资源开发的战略人力资源管理，在专业化、信息化、标准化、流程化等方面提出了更高要求，在一定程度上促进了人力资源服务企业的发展。目前，人力资源服务企业以人力资源专业服务为核心，开展职业介绍、人员招聘、人员测评、人力资源专业软件等多元化业务，如人力资源外包公司（北京外服、上海外服等）、网络招聘（前程无忧、智联招聘等）、人力资源软件公司（金蝶、用友等），在优化配置人力资源、促进社会就业、提升劳动力素质等方面发挥了重要的纽带作用。在当代信息技术融入企业人力资源服务的过程中，服务信息化已成为人力资源服务企业提高人力资源服务水平的必由之路。

（2）对人力资源服务行业的影响

信息技术对人力资源服务行业的影响一般表现为行业内企业之间网络化关系的加强，并有可能形成的竞争合作关系。从目前情况看，我国人力资源服务业的技术革新还相对滞后。随着互联网、信息化的高速发展，使得用人单位对于一个覆盖面广、现代化、高效化的人力资源服务平台产生了前所未有的需求。

人力资源服务业作为信息密集型行业，其价值链主要是通过信息的传递来实现服务，如图 8-1 所示。由此可见，科学合理地应用信息技术将显著提高人力资源服务的效率和质量。

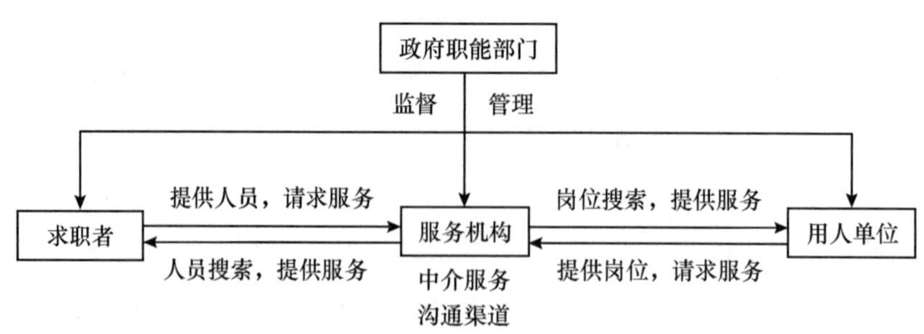


图 8-1 基于信息化的人力资源服务行业价值链

### 3. 人力资源服务信息化面临新的需求与挑战

随着信息技术的快速发展，在传统人力资源服务信息系统的开发模式下，人力资源服务提供商面临着诸多新的需求和挑战。

首先，分公司、跨国公司、连锁机构等的发展对人力资源服务多地域性支持提出了新要求，希望人力资源服务提供商可以为跨地域的集团公司或者连锁公司提供一致性的服务。而现有的人力资源服务信息系统通常会根据地域性特点，将事务处理流程以及保险福利限额等固化在代码中，这在一定程度上导致了系统的可维护性不高，不仅增加了人力资源服务信息平台的开发维护成本，也为各公司不同地域间人力资源管理信息的共享带来不便。

其次，快速的市场变化对人力资源服务信息系统的可扩展性提出了更高要求。随着企业规模的扩大，员工数量会不断增加，员工的流动性也不断增强。而且，随着人力资源服务供应商之间竞争的日趋激烈，其客户的流动性也会增强。新客户的加入以及老客户的离开，都会给整个人力资源服务信息系统规模带来巨大的变化。为了更好地提高人力资源服务信息平台的可用性，需要一种更加灵活的规模变化模式，以适应市场快速变化的需求。

最后，人力资源服务信息系统巨大的开发和维护成本，使很多规模较小的人力资源服务企业望而却步，无法通过信息化技术的支持来提高人力资源服务的效率和质量。这种现象不仅导致了该行业的服务水平参差不齐，还很容易形成大企业的垄断，影响人力资源服务整体水平的提高。

## （二）信息技术在人力资源服务中的应用现状

加大服务信息化力度是未来我国人力资源服务业发展的重要方向。从我国人力资源服务信息化的实践来看，信息技术在人力资源服务业中的应用经历了以信息系统改进替代传统操作的技术发展阶段，目前已进入运用互联网思维、刷新传统技术手段的技术发展阶段。

### 1. 基于信息系统的人力资源管理软件

进入 21 世纪以来，我国人力资源服务行业经历了一场以计算机信息系统为核心的技术改进，逐步代替传统操作模式，研制开发了多种专业高效的人力资源管理软件，进一步推进了人力资源服务业务管理的科学化、信息化水平，提高了服务效率，实现了主要业务的整合贯通和管理的整体信息化。一些人力资源管理软件开发公司开始致力于对计算机系统的开发和投入，以确保用最强大、最先进的信息技术为客户企业提供人力资源外包服务的支持。随着企业科学化管理和数字化管理要求的提高，企业越来越需要对人才这种重要的资产进行科学量化分析，并以此分析为基础开展人才的管理工作。在人力资源规划、绩效、薪酬、劳动关系等各个环节的设计上强调与人才特点相融合，一些符合企业本身特点的人才管理系统应运而生。

### 2. 基于信息系统的人力资源公共服务平台

近年来，各地为规范公共就业和人才服务业务流程、提高公共就业和人才服务效率，按照人力资源社会保障部、财政部《关于进一步完善公共就业服务体系有关问题的通知》（人社部发〔2012〕103 号）的要求，以“数据向上集中、服务向下延伸、网络到边到底、信息全国共享”为目标，基本形成了覆盖城乡的公共就业和人才服务信息网络平台。北京市于 2003 年起开始建设“北京市劳动力市场信息系统”（现已更名为“北京市人力资源市场信息系统”），该系统于 2008 年 12 月投入使用，在提高公共就业和人才服务效率方面发挥了重要作用。目前，该系统共有 14 个子系统，为失业人员、就业困难群体、外地来京务工人员等城乡劳动者和各类企事业单位提供失业保险待遇发放、促进就业经费审核发放、求职招聘服务、培训鉴定考核、人事档案管理和社会保险经办等服务工作。同时，北京市针对不同群体建立了招聘服务网站，内容涵盖了招聘信息发布、求职登记服务、就业指导、招聘会信息发布更新、政策解读等，为促进劳动者就业和流动提供了有力的支撑。

### 3. 基于互联网思维的人力资源服务系统

随着“大云平移”（大数据、云计算、平台、移动互联网）的互联网思维不断颠覆传统产品，一些人力资源服务企业通过有效整合各种服务产品和渠道，根据客户的不同需求为其制定专门的解决方案，提高服务的附加值。典型的应用包括 ERP 系统、SSC 系统和人才搜索系统等。

ERP（enterprise resource planning）系统横跨公司业务的各个方面，是一款针对传统人事外包、专项事务外包、福利外包等业务的集成一体化企业软件。ERP 系统从新客户建立、报价单建立到管理层审批、客服和后台运行的配合、质量的管控等环节都发挥着巨大作用，在各部门的流程衔接、及时反馈等方面具有卓越优势。

SSC（staffing service center）系统将公司所有面向员工的服务内容进行统一整合，提高服务质量和员工满意度。员工可以通过客服热线、公共咨询邮箱、公司官网留言板、手机 App 等多种方式随时随地进行咨询。所涉及的内容涵盖薪资、福利、社会保险和公积金、补充医疗保险、入离职办理、各项证件办理、员工俱乐部活动、员工满意度调研和员工投诉处理等。

人才搜索系统能够实现候选人简历批量录入和批量查询筛选，使海量人才库的建立变得更加高效、快捷，并能在招聘过程中更迅速地从海量信息中第一时间锁定符合要求的候选人。同时，该系统能够实现招聘项目的系统化管理和调配，从客户开发、人才管理、资源分配、数据分析、财务管理等多个方面整体优化项目进程。

#### 4. 基于互联网思维的人力资源服务

近年来，一些线上招聘网站利用互联网科技手段开发中低端的招聘市场，解决了企业的用人难题，代表了人才招聘行业细分化的趋势。但是，对于高端人才的招聘以及企业整体的招聘流程外包（RPO）需求，则很难完全通过现代化的信息技术手段来突破和解决。人才招聘行业的未来趋势将以线上线下相结合的方式为主，借鉴“大云平移”的互联网思维以及移植这些技术优势，帮助人力资源服务客户优化流程，提高客户体验度。目前，我国一些人力资源服务企业在结合互联网思维方面进行了有益探索，以中华英才网、前程无忧、智联招聘为代表的网络招聘企业已经成为人力资源服务业信息化发展的新动力。

### （三）客户功能需求收集

人力资源管理信息化服务是指为企业人力资源管理提供专业的信息系统服务，涵盖企业人力资源管理的各职能，主要包括人力资源管理核心功能、劳动力管理、薪酬与激励、招聘与选拔、人才管理、学习与发展等功能模块。

准确收集客户需求信息，对企业在战略方向、产品研发、生产制造、产品销售等方面的决策都有很大的帮助作用。只有在准确识别客户需求的前提条件下，才谈得上满足客户需求。那如何来收集客户需求，帮助企业进行准确决策呢？

第一，与客户进行沟通收集客户需求。收集客户需求最为直接的方法就是与客户面对面沟通交流。在与客户沟通前，最好能先设计好沟通话术，这些话术内容要紧密结合公司需要了解的信息，从而在沟通交流中去识别客户的需求。

第二，采用问卷调查收集客户需求。企业根据产品和行业特点等信息，设计一套针对性较强的调查问卷。调查问卷的题型最好是设计成选择题的形式，尽可能不要出现问答题的题型，因为客户会嫌填写这种题型麻烦，很可能放弃不填写。另外，还要注意调查问卷题量不要太大，最好是控制在10项左右，题量太大客户就没有耐心填写下去，很可能出现乱填的现象，导致识别的需求不准确。

第三，从消费数据中去收集客户需求。客户的消费数据都包含了大量的客户需求信息，什么规格的产品销量好，什么颜色的产品选购的人更多，客户是否申请了质保延期等，这些信息都包含了大量的需求信息。例如，红色的产品销量更高，则说明大部分客户的需求是红色的。通过这种方法对所有消费信息进行统计分析，可以更为全面地找出客户需求。

第四，通过行业协会收集客户需求。每个行业都有相应的行业协会，而行业协会主要承担了招商引资、帮助企业进行市场分析、收集客户需求信息等职责，而且行业协会掌握了更多的资源，平台更大，就有机会获取更多的信息。企业可以直接通过行业协会索要相关资料，从而获取客户需求信息。

第五，通过大数据收集客户需求。和各种搜索引擎、网购平台等进行合作。由于搜索引擎和网络平台比较大，每天都会接受各种信息查询，自然通过收集用户的查询信息就能了解用户在关注什么，对什么感兴趣。只要对这些数据进行分类、统计和分析，最终就能找出客户的需求点。

第六，通过邮件收集客户需求。邮件收集客户信息的方法是指企业设计出适合于用户填写的调查问卷，通过邮件的形式发送给客户，由客户来填写需求信息，填写完成后通过邮件寄回。为让客户能够认真填写问卷信息，企业可以为填写信息的客户准备一些小礼品，对客户的付出表示感谢。最后再将所有邮件进行汇总分析，从而找出客户的需求信息。

第七，通过销售人员收集客户信息。销售人员是“冲锋”在“一线”的“战斗人员”，是离“炮火声”最近的人员。他们在销售产品的时候客户免不了会提出一些建议和意见，销售人员只要将这些信息进行记录，积累一段时间之后就将这些记录进行汇总，按提出次数进行排序，出现次数最多排序靠前的几个建议就是大部分客户的需求，对这些问题要引起高度重视。

第八，通过售后服务收集客户需求。售后服务有三种方式可以收集客户需求信息：一是通过现场售后服务人员收集；二是通过客服电话收集；三是通过客户投诉收集。这三种方式都可以直接听到客户的不满、客户的抱怨，客户的抱怨和不满都是产品实际与客户心理预期相比较的结果。例如，客户抱怨产品寿命短，则说明客户需求是希望能够提供质量更好、寿命更长的产品。

第九，通过客户评价收集客户需求。现在有很多的电商平台，而基本所有的电商平台都有客户评价功能，通过去这些电商平台查看客户评价，从客户评价中读取客户的关注焦点，从而找到客户需求信息。

## 二、任务要求

### 1. 任务具体要求

描述信息技术在人力资源服务中的应用现状。

### 2. 任务完成常用实际业务工具

头脑风暴法如图 8-2 所示。

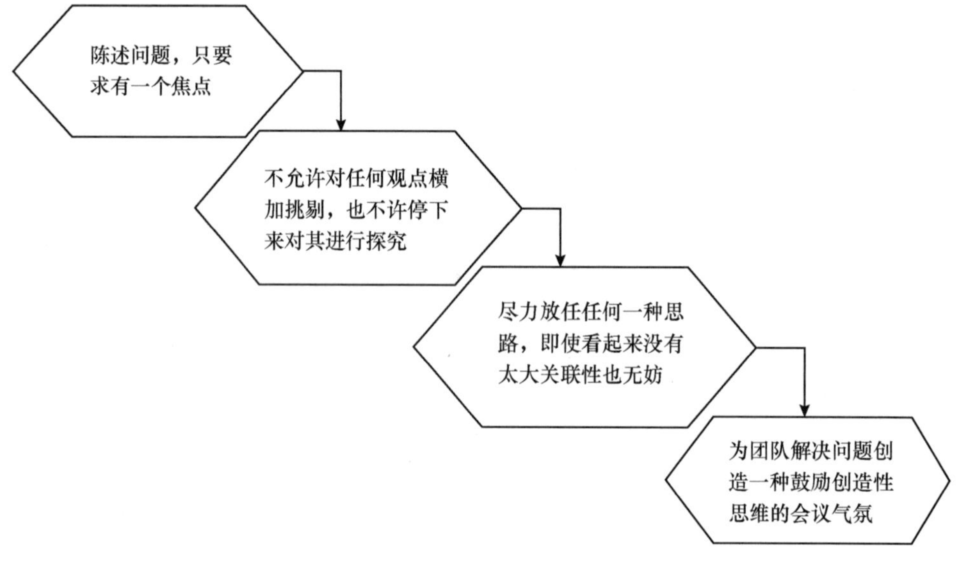


图 8-2 头脑风暴法

## 三、任务评价指标和标准

**“描述信息技术在人力资源服务中的应用现状”任务评价指标和标准**

| 指标 | 评分分数 |
| --- | --- |
| 语言正确（20 分） | |
| 思路清晰（20 分） | |
| 层次分明（20 分） | |

续表

| 指标 | 评分分数 |
| --- | --- |
| 内容全面（20分） | |
| 团队合作（20分） | |
| 合计 | |

# 任务二　信息技术服务

## 一、知识准备

### （一）基于移动互联网的人力资源服务

未来，人力资源移动网络业务将逐步增加，主要应用领域涵盖弹性福利选择平台、微招聘猎头平台、基于社交网络的在线招聘、移动视频招聘平台等。

#### 1. 弹性福利选择平台

弹性福利是一种有别于传统固定式福利的新型员工福利制度，员工可以从该平台的福利菜单上任意选择自己所需，其更加强调“员工参与”的过程，让每一个员工都有自己专属的福利组合。对于提供弹性福利管理的平台来说，移动化也是企业发展与创新服务的又一契机。借助移动端的布局以及承接第三方即时通信应用，能够进一步拓展弹性福利选择平台，使选择最优化。这不仅能够帮助企业有效控制福利成本，更照顾到员工对福利项目的个性化需求，成为实现双赢的管理模式。

#### 2. 微招聘猎头平台

移动化已成为当今社会发展的趋势，线下对于招聘的实际利益需求也具备了在这个互联网平台得到满足的可能性，更具备了从PC端向移动端转移的可行性。雇主建立移动版本和微信版本招聘主页将成为大势所趋，这给招聘管理软件公司带来重大机遇。无论是职位搜索、职位推送还是微简历，都已成为用户最基本的生活形态。对于在线招聘网站来说，要想在移动化的时代里谋得生存，不仅需要让自己的产品线更适应移动化趋势，更需要将终端移动化。

全球职业社交巨头LinkedIn（领英）称其用户通过手机注册的数量占整体注册数

量的近50%，移动端的流量也几乎占到了整体流量的一半。在移动终端上，每天有超过1 500万次档案浏览和145万个工作岗位浏览，有200多个国家的44 000份求职申请。而领英在中国也与微信、微博等即时通信应用进行了深度整合，领英与微信在账号互通等合作的基础上进一步实现了双向绑定等。

总之，人力资源服务业与互联网技术的结合日益密切，人力资源服务企业不仅可依托互联网等技术优势建立新的人力资源服务商业模式，更拥有很高的竞争壁垒和利润率。互联网行业的创新方向正在转向移动互联，而人力资源服务业与移动互联的结合将会诞生全新的业务形态与商业机会。

### 3. 基于社交网络的在线招聘

艾瑞咨询资料显示，社交网络自2009年以来呈现较快发展趋势，用户在使用社交网络的过程中逐渐培养出对社交网络价值的体验和使用习惯，这为社交介入与撼动在线招聘孕育了良好的市场商机。

与此同时，1. 0版本的在线招聘网站及模式业已历经数十载，面对互联网的冲击低迷尽显。最早最大的传统招聘网站Monster逐步低迷，而垂直招聘网站Dine、高端人才招聘LinkedIn日益火爆；国内传统招聘网站，如前程无忧等，面临业务量下降的压力，猎聘、拉勾网、大街网强势介入。自2013年以来，资本市场对在线招聘行业企业的融资热却再一次触动了整个行业的神经，整个在线招聘行业呈现出多样化、多元化发展态势。LinkedIn选择入华就是最好的证明，而这也进一步强化了当前在线招聘市场不可忽视的特征符号：社交化。

LinkedIn在企业社交招聘中占据绝对优势，2002年之初其率先将社交与招聘相结合，创建了社交招聘的新模式；2009年开始步入快速发展轨道，并在2014年年初与红杉中国、宽带资本在中国成立合资公司，2014年2月25日推出中文测试版，宣布中文名为“领英”。2014年3月6日，LinkedIn中文网站“领英”正式开放注册，其用户数不断呈现爆发性的增长。截至2014年4月，LinkedIn全球用户突破3亿，截至2014年5月，LinkedIn在中国用户数就已突破500万，而且2014年8月每周的用户增长量与6月的每周用户增长量相比提高了200%，8月每周用户增长量是6月每周用户增长量的3倍。从财务数据来看，LinkedIn在2013财年收入为15. 29亿美元，其中招聘收入约为8. 4亿美元，同期全球最大的传统工作公告板模式网站Monster仅为8. 07亿美元。而相关数据也显示，Monster的股价现已下跌80%。

优势上的凸显使得不少企业将目光投向了社交招聘领域，一系列的职业社交平台风起云涌。2014年5月，新浪微博宣布推出一款全新产品——“微招聘”，计划利用微博用户庞大的社交关系网络进军在线招聘市场。新浪微博作为国内最具影响力的平台，旨在运用大数据技术，根据职位要求自动匹配、推荐候选人。而微博平台因为有着每天6 000万以上的活跃度，可以承载微招聘的落地，这再次印证了在线招聘领域的社交化形态。

不仅如此，各大传统招聘网站也开始纷纷试水社交招聘模式，以期为自己的网站添加社交因素。智联招聘宣布与千橡互动集团联合推出商务社交网站——经纬网，中华英才网与智联招聘联手腾讯推出招聘组件“腾讯朋友”，前程无忧也推出了名为“机会敲门”的有社交色彩的功能频道。

#### 4. 移动视频招聘平台

（1）欧孚视聘

欧孚视聘是国内第一家专注现代服务业的移动垂直招聘平台，隶属于博尔捷人力资源集团。它跨越了传统1.0的招聘会、2.0的互联网、3.0的App，已经到了4.0的移动互联网时代视频招聘平台，为客户提供了一个更加广阔的招聘渠道。欧孚视聘整合了视频简历、移动互联网、云计算等技术，致力于为企业和个人提供更高效的招聘服务和更精准的职业机会。

欧孚视聘的服务内容包括视频招聘（视频面试+视频简历）、网络人才市场、人才市场ERP、人才测评等。它的服务特点有三。一是理念的创新——“soLoMo+video”。欧孚视聘以“social”（社交化）、“local”（本地化）、“mobile”（移动化）、“video”（可视化）的招聘理念帮助人才市场为客户优化人才招聘服务。二是模式的创新——“人才招聘O2O服务”。欧孚视聘专注打造招聘会运营平台，平台重新定义了企业——人才市场——求职者三者之间的关系，打通招聘会承办机构线下与线上双线业务运营的O2O模式。三是产品的创新。第一，简历形式从“一维”到“三维”的创新。欧孚视聘通过信息技术手段将个人简历的表现方式从“一维”发展到“三维”，即从传统标准化简历（文字维度）过渡到“标准化简历（文字维度）+视频简历（声音和影像维度）”，让用人单位可通过“三维”简历全面、真实地了解候选人。第二，简历内容的创新。欧孚视聘支持候选人随时随地拿起手机向自己属意的公司发送视频简历。第三，简历筛选的创新。企业可以随时随地给求职者打分，发送安排面试、决定录用等信息。

欧孚视聘的社会效益主要包括：一是它以移动互联网及三维视频作为技术核心，帮助建立线上人才市场，使人才市场利用平台更好地黏合招聘单位和个人，拓展了服务区域，提高了可服务的企业客户数量；二是它的移动化、视频化简历录制方式更符合新生代求职者的需求，便于人才市场更方便地整合区域人才信息，拓展了区域人才云数据库；三是它的“人岗匹配系统”能够帮助企业在任何地方都可以通过定制化的视频简历更加快速、直观地筛选最佳求职者，节约了招聘时间和招聘成本，大幅提升了人才市场的服务质量和服务效率；四是它可以为人才市场提供实时用户大数据分析，以便掌握市场供求动态并给予政策指导，为市场分析提供强大的数据基础；五是它可以为人才市场打造区域用人单位与求职者的诚信体系，帮助其更好地履行行政职能，打造区域和谐环境。

（2）乐聘科技

潍坊乐聘信息科技有限公司是一家领先的移动互联网服务提供商，主营项目“职通天下”是中国领先的视频招聘云平台，以移动视频招聘为核心应用，综合提供功能创新型的人力资源服务产品。“职通天下”产品布局从终端到移动终端，提供多媒介、全方位的视频求职体验，大大提高了求职招聘效率，是国内领先的新一代网络招聘平台，同时也正在成为全新的移动招聘时代的领军者。

移动视频招聘模式是“职通天下”首创的新一代招聘产品，产品核心包括个人端（App）、企业端（同步部署到 App、PC 端）。用户核心应用模式为：企业用户通过生成在移动终端的品牌招聘门户，以二维码的方式发布到线上与线下的营销渠道，个人用户扫描二维码即可查看品牌招聘门户，同时能够依据职位进行简历投递与视频面试，使求职效率大幅提升。企业可以即时接收到同时包含文字与视频的简历，从而大幅提升招聘效率。并且，企业能够通过后台管理系统完成简历的管理、候选人的管理，实现视频面试、招聘任务的协同化操作以及招聘报表的生成与应用，从而大大规范了招聘管理流程。

“职通天下”为各个区域、各种规模、各种行业的企业提供移动视频招聘解决方案，几乎涵盖所有有招聘需求的企业。“职通天下”产品在中国的 100 多个城市推广使用，越来越多的企业通过与“职通天下”合作来拓展招聘渠道，使招聘迅速升级。

### （二）基于云计算的人力资源平台服务

#### 1. 趋势分析

云计算作为信息技术产业革命性的商业模式，这一理论最早可以追溯到 1959 年，在 2008 年迎来发展高潮。

目前人力资源服务行业的发展特点是以信息化帮助企业提高服务效率与降低人力资源交易成本，体现服务个性化，同时为多家客户提供标准化服务，实现规模经济效应。而服务客户中涌现的分公司、跨国公司、连锁机构等形式，要求人力资源服务企业在不同地域提供一致性服务，原有针对不同地域开发的信息系统已难以满足多地域多层次的客户需求。人力资源服务企业多为中小型企业，在开发经营多种人力资源服务系统时往往难以承受较高的系统维护和开发成本。现有人力资源服务企业信息平台较为简单，难以整合内外部资源（人力资源、政府资源、合作伙伴等），人力资源服务企业信息系统的可扩展性对扩大服务规模形成一定的瓶颈。因此，从本质上说，现有信息技术所支持的人力资源服务企业经营模式在现代市场环境中难以有效表现，服务效率与质量不能较好契合客户的需求，亟须云计算这种更加灵活的信息技术优化人力资源服务企业的信息系统及经营模式，提升人力资源服务企业的内部管理与客户价值。

云计算作为一种新型信息技术，通过广泛互联、弹性数据部署，有效支持企业的产品经营和服务经营，实现从简单服务向大规模个性化服务的转变。德勤咨询发布的人力资本趋势报告指出："云计算和软件即服务（SaaS）是人力资源管理的一个必然趋势。"早在2011年，中国人力资源外包服务业就已经开始涉足"云计算"，目前越来越多的人力资源服务企业尝试以云计算为技术基础，为客户提供人力资源服务的共享平台、人力资源服务交易平台和人力资源服务支付平台，其未来的应用价值潜力巨大。

### 2. 应用领域

（1）基于云计算的SaaS服务平台

SaaS（software-as-a-service，软件即服务）由于其投入低、应用灵活、易于实施和管理等特点，正在对中小企业的信息化产生深远影响。与传统的应用软件相比，SaaS应用的最大特点在于它部署在软件供应商或第三方的数据中心服务器上，客户只需要通过因特网即可访问到该应用，并实现按需使用、按需付费。将SaaS技术引入人力资源服务中，不仅可以增强信息系统的可配置性和可扩展性，满足信息系统在人力资源服务中对多地域性的支持，提高系统对市场变化的适应能力，还可以降低服务信息化成本，提高行业的服务质量和效率。

基于云计算SaaS模式的软件多用户租赁模式，可以让用户如使用水电煤一般，按使用量按月支付服务费。与传统的以许可证为中心的"买断式"软件相比，更具成本优势。在这个千亿级市场中，几乎所有的相关企业都希望能够进入云计算领域，SaaS模式的人力资源软件打入人力资源软件市场，而越来越多的人力资源管理软件企业也在进入云计算领域。

目前，SaaS技术已在管理信息系统中应用，但在人力资源服务领域中的应用还不多见。最有名的是美国Success Factors公司，它是全球领先的员工绩效和人才管理解决方案供应商。它为不同行业和规模的公司提供整套价格经济、可按需选用的绩效与人才管理套件，涵盖了从招聘到绩效考核、从薪酬制定到确定继任者等工作的方方面面。Success Factors 拥有世界上最大最复杂的 SaaS 平台，为超过 800 万的用户提供服务。其平台在多租户数据库结构、对象模型、分层数据算法、Web2.0 平台无关性技术等方面具有其鲜明的特色。但 Success Factors 的 HR 平台是针对一般企业的人力资源管理，不是针对人力资源外包管理。

成立于 2004 年的 Workday 作为最早采用此模式的人力资源软件供应商之一，以其先发优势迅速累积客户资源，实现营业收入持续双位数增长，2015 财年第二季度总营业收入达 1.868 亿美元。在不断扩大市场份额的同时，Workday 也得到资本市场的热捧，市值一度超过 100 亿美元。

目前，传统软件巨头如 Oracle、SAP 也纷纷加快云端人力资源软件的发展速度。2011 年，SAP 以 34 亿美元收购人才管理软件公司 Success Factors；2012 年，Oracle 以 19 亿美元收购了 Workday 的合作伙伴 Taleo；同年，IBM 也花费 13 亿美元收购 Kenexa，进军人力资源软件行业。现有业务的“云转型”成绩斐然，如 Oracle 在 2014 财年 SaaS 领域的年度营业收入超过 10 亿美元。

1990—2000 年，许可证式传统企业软件的购买达到高潮，而传统软件的使用寿命通常在 10~20 年，这也就意味着如今有大量的企业将会更换已有的管理软件，而这些企业极有可能选择基于云计算的模式。

（2）基于云计算的 SaaS 服务终端

Oracle 创始人拉里·埃里森认为，完整的云计算服务离不开计算机基础架构的服务化。从 2004 年开始，Oracle 加快布局云计算三个层面的产品：并购 PeopleSoft 等各专门领域顶尖的企业级软件公司，并将人力资源传统应用软件基于云架构重写，以提供 SaaS 服务；整合全球广泛应用的中间件、数据库和编程语言基础构建 PaaS（platform-as-a-service，平台即服务）平台；与此同时，持续发力构建 IaaS（infrastructure-as-a-service，基础设施即服务），集硬件、服务器、存储和基础软件为一体。

成立于 1977 年的 Kronos 公司是全球最大的劳动力管理解决方案和第三大人力资本管理软件厂商，占有 37%的美国市场份额、25%的世界市场份额。公司从生产打卡钟起家，以为企业提供考勤和时间管理的软硬件出名，到如今提供在云端的劳动力管理解决方案。其最新财报显示，Kronos 的营业额已经突破 10 亿美金。通过从“云”到“端”的一体化解决方案——劳动力管理应用软件和考勤终端，运用商业智能，Kronos 公司解决了大型跨地区企业人力资源数据采集、分析、呈现、预测、规划等需求。如今，数万客户使用 Kronos 应用系统的集成套件来帮助企业优化排班，加强考勤、缺勤和时间管理，并分析人力资源，以获得最佳效果。

### （三）基于大数据的人力资源应用服务

#### 1. 趋势分析

目前企业界讨论最多的依然是大数据在市场营销和消费市场研究方面的应用。但是根据德勤人才管理顾问的分析，大数据在人力资源领域的市场潜力更大。人力资源服务行业既是对管理新趋势、新理念最为敏感的行业，又是推动人力资源管理实践不断前行的重要力量。

大数据分析将成为人力资源服务行业的发展趋势之一。我国人力资源服务机构的服务与世界其他国家同行相比还比较低端，处于低端的劳务派遣占较大比例，服务方式还是手工操作的传统方式较多，在大数据的技术支持方面提供服务的能力比较弱。例如，在招聘这一块，智联招聘、前程无忧等在网络招聘中处于领先地位的企业，在分析网络求职市场数据方面的能力相对较强，但从整体上看，目前的招聘服务与市场需求之间尚有一些差距。随着网络技术的发展，如何通过分析网络大数据捕捉人力资源供求双方的实际需要，进而提供合理、高效、便捷的服务，将是招聘服务行业需要依托大数据技术获得提升的方向。

#### 2. 应用领域

（1）大数据公共服务平台建设

在从粗放式管理向精细化管理的转变中，数据发挥着重要作用。同样，如何更好地为企业提供人力资源服务，进一步提升企业人力资源的绩效和功用，大数据理念同样适用。如何从企业视角出发，通过收集数据、分析指标，从人力资源服务使用效能方面进一步了解人力资源需求，最终得出“企业看重什么服务，未来期望得到什么服务”。未来的人力资源服务借助大数据，如同软件的升级，通过对软件功能的使用数据进行收集和分析，那些几乎无人使用的服务将会在下次版本升级中被去除，而频繁使用的功能则需要进一步强化。此外，从整体上来说，大数据这种提升技术在未来人力资源服务应用上应该没有太大障碍，但是在不同服务的应用上可能会有差异。因此，可以先从政府在人力资源方面的公共服务平台切入，或者以高校或科研机构为依托，建立一个大数据集成、分析、共享的先行案例，然后通过分享机制把这种大数据的分析技术和理念输入其他机构。

（2）智能数据分析系统建设

互联网行业比较注重用户体验，要尽一切可能带给用户更轻松便捷的“经历”，而这种关注点是当前人力资源行业所欠缺的。进入大数据时代之后，随着现代通信技术、计算机网络技术以及“智能数据分析”技术的推广和飞速发展，人力资源服务也将进入一个精准服务的新时代。大数据有所谓的“3V”特征，即“大量化”（volume）、“多样化”（variety）和“快速化”（velocity）。然而，光是大量的数据采集是不够的，这些数据本身还需要具有较高价值，即增加第四个“V”，即 value（价值），成为“4V”。而经过“大数据”技术的处理（数据采集、数据分析、数据处理、数据显示等）之后更会产生较高的价值。服务终端通过连接实现管道化，给用户带来了极大的便利，大大提高了生产率，但是这些还不够，还需要体现“智能化”。智能数据分析有助于实现这种智能化，它以数据分析为主线，旨在利用模糊集、粗糙集、遗传算法和机器学习等人工智能方法分析数据间的依赖关系、概率因果关系、数据分类与聚类，并用于人力资源决策、对策及融合分析，从而有助于实现从“大数据”到“智能数据”的转变。

（3）企业数据库开发

对于企业而言，可以从自身管理实践出发来梳理最迫切的大数据需求，或者与科研机构、咨询机构开展合作。其中，最基础的工作就是要在日常的管理中注重数据积累和整理，养成注重数据分析的管理习惯，没有这一基础，不仅谈不上大数据化的管理，连传统的管理需求也难以满足。在此基础上，再通过自我提升或借助外部咨询机构的协助，筹划建设自己的数据库系统，进而逐渐步入大数据化的管理。很多企业在进行绩效考评、人员素质测评、岗位管理的时候，就是因为平时不注意数据的积累，到了考评测评时临时整理、临时分析，导致非常被动，费时费力，效果也不好。

（4）区域人才招引模式创新

当今社会，各地人才招引频出新招，竞争日趋激烈。如何在竞争中吸引和保留最适合本地区的人才？各地政府在加大人才投入、改善人才发展环境之外，更需要思考如何运用科学化的新手段来分析和选择真正适合本地区的人才。运用大数据技术，可以避免粗放式引才模式。相关数据的收集、分析和应用，可以为人才引进和使用提供决策参考。一是当地产业数据的分析，哪些产业有哪些企业，哪些企业有哪些人才需求，哪些新兴产业或技术需要引进人才。通过采集数据，加以汇总分析，从而形成点（企业）、线（产业链）、面（城市或地区）的完整分析，再用这份数据报告去按图索骥。二是人才端分析，哪些高校聚集哪些人才，特定产业人才来自哪些科研院所，这些都可以通过数据收集和分享来实现。大数据时代带来的商务智能，与以往相比，联机分析（多维分析）能力将大大提高。

## 二、任务要求

### 1. 任务具体要求

以小组为单位，进行模拟客户的信息化服务需求调研。

### 2. 任务完成常用实际业务工具

客户满意度调查表见表 8-1。

**表 8-1　　　　客户满意度调查表**

尊敬的用户：

您好，为促进我们持续优化和改进工作成效，现就我们为您提供的产品、服务以及对本公司综合能力的感知情况，占用您一些宝贵的时间进行调研。我们会认真对待您所填写的每一项内容和意见建议，及时改进我们的工作，并作出令您满意的调整。同时我们也会严格遵守客户信息隐私保护规定，感谢您的参与和配合！

| 客户满意度调查表 | |
|---|---|
| 单位： | 部门： |
| 电话： | 传真： |
| 通信地址： | E-mail： |
| | 用户签字： |
| 备注： | |
| 客户隶属部门： | 客户经理： |
| 问卷发放人： | 问卷回收人： |
| 发放日期： | 回收日期： |
| 第一部分：整体感知 | |

1. 相比国内其他的同类软件开发和技术服务企业，您感知的我公司整体实力在市场中的位置如何？

非常低　　　　　　　　　　　　　　　　　　　　非常高

0　1　2　3　4　5　6　7　8　9　10

2. 相比本地区其他的软件开发和技术服务企业，您感知的我公司整体实力在市场中的位置如何？

非常低　　　　　　　　　　　　　　　　　　　　非常高

0　1　2　3　4　5　6　7　8　9　10

续表

3. 综合各种因素，您对我公司整体满意程度如何？

完全不满意　　　　　　　　　　　　　　　　　　　　　　　　完全满意

0　1　2　3　4　5　6　7　8　9　10

4. 请您描述一下为什么对问题 3 给出这样的评价？请尽可能详细并希望提出改进建议，以便我们理解您的意思，及时针对意见制定改进措施：________________________________________

________________________________________________________________

________________________________________________________________。

5. 在您与我公司开展合作时，您看重哪些因素？

□企业品牌　□技术实力　□本地化　□规模　□服务能力　□资质证书　□其他________

6. 今后您再次我本公司合作意愿如何？

不会合作　　　　　　　　　　　　　　　　　　　　　　　　一定会合作

0　1　2　3　4　5　6　7　8　9　10

7. 如果其他单位有同样的需求，您是否会推荐我公司？

不推荐　　　　　　　　　　　　　　　　　　　　　　　　推荐

0　1　2　3　4　5　6　7　8　9　10

第二部分：软件研发业务感知

请对我公司的软件产品（或定制开发软件）进行评价，如无接触，请跳至 17 题。

8. 请问您是从什么渠道找到我们合作软件产品（或定制开发软件）业务的？

□公司人员上门交流　□自行外界考察接触到公司　□同行业推荐　□报刊媒体

□上级主管机构下文要求　□其他________________________。

9. 您对我们提供的软件产品（或定制开发软件）的总体质量如何评价？

完全不满意　　　　　　　　　　　　　　　　　　　　　　　　完全满意

0　1　2　3　4　5　6　7　8　9　10

10. 您对我们提供的软件产品/项目交付及时性如何评价？

延期很严重　　　　　　　　　　　　　　　　　　　　　　　　非常及时

0　1　2　3　4　5　6　7　8　9　10

11. 您对我们提供的软件产品的界面美观性及操作方便性是否满意？

很不满意　　　　　　　　　　　　　　　　　　　　　　　　很满意

0　1　2　3　4　5　6　7　8　9　10

12. 我们提供的软件产品是否可靠、稳定？

非常低　　　　　　　　　　　　　　　　　　　　　　　　非常高

0　1　2　3　4　5　6　7　8　9　10

13. 在产品实施和研发过程中，项目负责人是否能够听取您提出的合理化建议和及时沟通？

完全一意孤行　　　　　　　　　　　　　　　　　　　　　　及时研究讨论

0　1　2　3　4　5　6　7　8　9　10

14. 产品验收交付过程中，您觉得流程的规范性如何？文档资料是否全面完备？

完全不满意　　　　　　　　　　　　　　　　　　　　　　　　完全满意

0　1　2　3　4　5　6　7　8　9　10

续表

15. 您今后还会与我公司在软件业务方面进一步合作吗？

完全不会 肯定合作

0 1 2 3 4 5 6 7 8 9 10

16. 您认为我们软件产品工作在以下哪些方面需要立即改进？

□前期需求了解不清晰 □技术研发能力有欠缺 □实施过程控制不足 □售后服务无法保障

□其他__________________________________________________。

第三部分：技术服务业务感知

请对我公司的技术服务（或售后服务）进行评价，如无接触，请跳至 27 题。

17. 请问您是从什么渠道找到我们合作技术服务业务的？

□公司人员上门交流 □自行外界考察接触到公司 □同行业推荐 □报刊媒体

□上级主管机构下文要求 □其他____________________________。

18. 您对我们提供的技术服务（或售后服务）的总体服务质量如何评价？

完全不满意 完全满意

0 1 2 3 4 5 6 7 8 9 10

19. 您对我们受理服务的响应速度如何评价？

完全不满意 完全满意

0 1 2 3 4 5 6 7 8 9 10

20. 如果对响应速度不满意，您认为主要由哪些方面造成的？

□申告渠道不明确，一时找不到联系人 □公司受理后无联系，不知道什么时候得到回应

□对无法一时解决的问题，没有给予后期解决的时间 □异地提供服务的方式方法有缺陷

□其他__________________________________________________。

21. 如果不考虑是否当时完全解决问题，单从我们提供的服务能力方面，您是如何评价的？

完全不满意 完全满意

0 1 2 3 4 5 6 7 8 9 10

22. 在我们提供的服务过程中，操作流程规范性如何？

完全无规范可言 规范性很强

0 1 2 3 4 5 6 7 8 9 10

23. 如果对操作流程规范性不满意，您认为主要有以下哪些方面造成的？

□进出机房等现场没有穿戴相应工装 □完全不遵守客户方的规定纪律

□事先没有进行必要的询问记录或备份，直接动手

□维护服务后没有留下任何资料，也无交代叮嘱 □事后没有收到任何调查或回访

□其他__________________________________________________。

24. 您认为我们在提供服务后，文档资料移交的全面性和规范性如何？

完全不满意 完全满意

0 1 2 3 4 5 6 7 8 9 10

25. 您今后还会与我公司在技术服务方面进一步合作吗？

完全不会 肯定合作

0 1 2 3 4 5 6 7 8 9 10

续表

26. 您认为我们技术服务工作在以下哪些方面需要立即改进？
□不清楚公司能够提供什么服务产品和服务范畴　□找不到得到服务的渠道和途径
□技术能力亟待提高　□及时响应时间需要进一步缩短　□服务规范性要加强
□没有得到事后或定期回访　□其他________________________________。

第四部分：客户抱怨及解决渠道

27. 如果您想要投诉时，主要从因为哪几个方面导致您的不满意？
□产品质量　□实施工期　□服务保障　□技术能力　□报价　□其他______________
28. 当您投诉时是否有通畅的渠道？
找不到投诉渠道　　　　　　　　　　　　　　　　　很容易找到投诉渠道
0　1　2　3　4　5　6　7　8　9　10
29. 当您抱怨投诉后，是否得到了及时有效的反馈？
没有任何反馈　　　　　　　　　　　　　　　　　　反馈很及时
0　1　2　3　4　5　6　7　8　9　10
30. 您是否得到我们的人员的拜访（项目经理、售前工程师、客户经理等）？
几乎见不到　　　　　　　　　　　　　　　　　　　经常来拜访
0　1　2　3　4　5　6　7　8　9　10
31. 您是否还有对我们其他的评价和想法需要补充？

________________________________________________________________

________________________________________________________________。

再次对您的细心回复表示十分感谢！我们能够感受到，您的每个问题的回答都是对我们工作深切的期望，也是我们对更高目标追求的鞭策和要求。我们会继续坚持“以客户为中心”的经营理念，携手推进信息化建设，为您创造价值，与您共同成长。

## 三、任务评价指标和标准

**“客户信息化服务需求调研”任务评价指标和标准**

| 指标 | 标准 | | | | |
|---|---|---|---|---|---|
| | 优（10分） | 良（8分） | 中（6分） | 差（4分） | 很差（2分） |
| 调研方案完整性 | | | | | |
| 调研方法使用是否得当 | | | | | |
| 调研工具使用情况 | | | | | |
| 调研方案可操作性 | | | | | |

## 练习题

**选择题**

1. 信息是人力资源服务业的生命线，人力资源服务业的发展必须深度融合现代（　　）。

A. 信息技术　　B. 管理技术　　C. 云计算　　D. 系统技术

2. 信息技术在人力资源服务业中的应用，起源于（　　）应用层面，而最终将归结为技术应用对人力资源服务业的影响。

A. 管理　　B. 技术　　C. 信息　　D. 数据

3. 现代企业人力资源管理正在逐步从注重控制的（　　）发展到聚焦人力资源开发的战略人力资源管理。

A. 人事管理　　B. 技术管理　　C. 经济管理　　D. 财务管理

4. 信息技术对人力资源服务行业的影响一般表现为行业内企业之间（　　）关系的加强，并有可能形成的竞争合作关系。

A. 信息化　　B. 趋势化　　C. 网络化　　D. 现代化

5. 随着信息技术的快速发展，在传统人力资源服务信息系统的开发模式下，人力资源服务提供商面临着诸多新的需求和（　　）。

A. 调整　　B. 挑战　　C. 信息　　D. 融合

6. 加大服务（　　）力度是未来我国人力资源服务业发展的重要方向。

A. 现代化　　B. 革命化　　C. 信息化　　D. 网络化

7. 一些人力资源服务企业通过有效整合各种服务产品和渠道，根据客户的不同需求为其制定专门的解决方案，提高服务的（　　）。

A. 附加值　　B. 有序化　　C. 覆盖率　　D. 适应性

8. 人才搜索系统能够实现候选人简历批量录入和批量查询筛选，使海量人才库的建立变得更加（　　）、快捷。

A. 高效　　B. 灵活　　C. 适应　　D. 丰富

9. 收集客户需求最为直接的方法就是与客户（　　）沟通交流。

A. 面对面　　B. 有效地　　C. 快速　　D. 邮件

10. 借助移动端的布局以及承接第三方即时通信应用，能够进一步拓展弹性福利选择平台，使选择（　　）。

A. 最大化　　B. 快捷化　　C. 便利化　　D. 最优化

# 参考文献


1. 余兴安. 人力资源服务概论［M］. 北京：中国人事出版社，2016.

2. 王红，徐姗姗. 人力资源第三方服务工作手册［M］. 北京：中国劳动社会保障出版社，2017.

3. 王军，高尚. 劳务派遣服务操作实务手册［M］. 北京：化学工业出版社，2019.

4. 朱庆阳. 人力资源服务与咨询［M］. 上海：华东理工大学出版社，2017.

5. 孙建立. 中国人力资源服务业发展报告［M］. 北京：中国人事出版社，2018.

6. 王颖. 人力资源外包服务［M］. 北京：中国人民大学出版社，2014.

7. 朱莉莉. 人力资源市场服务业务经办实务［M］. 上海：复旦大学出版社，2016.

8. 李琦，朱莉莉. 人力资源市场服务理论与实训［M］. 北京：中国劳动社会保障出版社，2013.

9. 胡爽雨. 现代人力资源服务实践与研究［M］. 北京：中国劳动社会保障出版社，2016.

10. 尹晓峰. 人力资源管理必备制度与表格规范［M］. 北京：北京联合出版公司，2015.